다양한 레시피로 보는 D3.js 쿡북

다양한 레시피로 보는 D3.js 쿡북

웹 기반 상호작용이 가능한 강력한 데이터 시각화

닉 치 주 지음 | 김동영 옮김

[PACKT] PUBLISHING 에이콘

지은이 소개

닉 치 주 Nick Qi Zhu

소프트웨어 개발 분야에서 10년 이상의 경력을 쌓은 전문 프로그래머이자 시각화의 열광적인 팬이다. D3에 기반을 둔 다차원 차트 라이브러리인 dc.js 의 개발자이기도 하다. 현재 ThoughtWorks에서 리드 컨설턴트로 즐겁게 일 하며, 또 배우고 있다.

책을 집필하는 동안 나를 지원해준 팩트출판사 직원들, 특히 투박한 내 표현들을 읽기 쉬운 표현으로 다듬어 준 마틴 벨(Martin Bell)과 스웨니 수쿠마란(Sweny Sukumaran)에게 감사의 마음을 전합니다. 그리고 건설 적인 비판으로 이 책의 완성도를 높여준 기술 감수자들에게 정말 감사드 립니다.

마지막으로 지난 몇 달 동안의 나와 함께 인고의 시간을 견디며 물심양면 으로 지원해준 아내 쉐리(Sherry)에게 고마움을 표현하고 싶습니다. 그녀 의 지원이 없었다면 이 책을 완성할 수 없었을 것입니다.

기술 감수자 소개

앤드류 벌스 Andrew Berls

캘리포니아 산타바바라에 살고 있는 루비&자바스크립트 개발자다. HTML 태그를 배운 이후로 웹사이트를 만들기 시작했으며, 지금까지 풀-스택full-stack 애플리케이션 개발에 푹 빠져있다. 최근 Causes.com에서 인턴으로 일하며 소셜 네트워크 시각화에 D3.js를 사용해 데이터 대시보드를 개발한 경험이 있다. UC산타바바라에서 컴퓨터 과학 학위를 받았으며, 프로그래밍을 하는 시간 외에는 요리(하수)를 배우거나 하이킹을 즐긴다.

케빈 코플린 Kevin Coughlin

뉴저지 대학TCNJ, The College of New Jersey에서 컴퓨터 과학과 경제학을 공부했다. 2년 이상의 실전 경험을 가진 자바스크립트 개발자로, 집과 일터를 가리지 않고 오픈 웹에 대한 효과적인 방안을 내놓기 위해 Angular.js와 Backbone.js, Node.js 같은 최신 서버 사이드Server-side 기술을 HTML5 표준과 결합하고 있다.

주기적으로 자신의 웹사이트(http://kevintcoughlin.com)에 요즘 뜨고 있는 웹 기술에 대한 튜토리얼을 포스팅한다.

이스미니 로렌초우 _{Ismini Lourentzou}

경영학 학사를 취득하고 오랫동안 그리스 국립은행에서 금융 업무를 담당했다. 시간이 날 때마다 공부한 자바 프로그래밍과 새로운 배움에 대한 끝없는 열정으로 아테네 대학교^{AUEB, Athens University of Economics and Business}에서 컴퓨터 과학으로 두 번째 학위를 시작한다. 학부 생활 중에 미카리스 바지르지아니스 ^{Michalis Vazirgiannis} 교수가 이끄는 AUEB의 데이터와 웹 마이닝 그룹의 일원으로 Knowledge Discovery and Data Mining Cup 2012에 참가했으며, CIKM 2013에 개제된 <Automated Snippet Generation of Online Advertising> 논문 작업에도 참여했다. 뿐만 아니라 디어도르 칼람보우키스^{Theodore Kalamboukis} 교수가 이끄는 AUEB의 정보 검색 그룹의 멤버로 ImageClief 2013에 참가했다. 해당 그룹으로 참가해 Textual Ad-hoc image-based retrieval 분야에서 2위를 차지하고 Visual Ad-hoc image-based retrieval에서는 5위를 차지했다. 연구와 프로그래밍에 대한 사랑으로 경력의 변화는 크게 놀라운 일은 아니었다. 현재 일리노이 주에 위치한 UIUC에서 박사 과정으로 기계 학습과 정보 검색을 결합한 지능형 정보 시스템을 개발하는 중이다. 이 시스템은 원문에서 정보를 검색하고 정리, 이해하는 수작업의 작업량을 줄여 사용자의 생산성을 향상시켜줄 것으로 기대된다. 박사를 졸업한 후에도 계속해서 연구를 수행하며 더 많은 것을 배우고자 한다.

항상 바쁜 나를 보살펴주고 아껴주는 엄마와 언니, 어려운 상황이 있을 때마다 나타나는 아빠와, 항상 같은 자리에서 동기를 부여해주고 아낌없는 지원을 해주는 나의 모든 가족에게 감사드립니다. 더불어 이 책을 감수하는 동안 변치 않은 사랑과 인내로 지켜봐 준 남자친구와, 많은 충고와 도움을 준 친구들에게도 고맙다는 말을 전하고 싶습니다.

파블로 나바로 Pablo Navarro

칠레에서 온 데이터 시각화 컨설턴트다. 프랑스 에콜레 드 미네스 드 세인트 에티엔 대학에서 응용수학 석사 학위를 받았다. 연구와 데이터 분석 분야에서 몇 년간 일을 한 후에 현재 직업이 된 웹 플랫폼에 대한 데이터 시각화의 전문가가 되기로 마음을 먹는다. 주로 시간이 있을 때마다 수채화 그리기나 달리기, 인간의 진화와 관련된 책을 즐겨 읽는다. 최신 작업들은 http://pnavarrc.github.io에서 확인할 수 있다.

옮긴이 소개

김동영(dckyoung@gmail.com)

미국 아이오와 주립대학교^{Iowa State University}에서 컴퓨터 과학^{Computer Science} 전공으로 학부를 졸업하고, 동 대학원에서 HCI^{Human Computer Interaction}로 석사 학위를 받았다. 현재는 DGIST(대구경북과학기술원)에서 머신 러닝과 영상처리 관련 연구를 수행 중에 있으며, 이와 관련된 다수의 논문과 특허를 보유하고 있다.

옮긴이의 말

우리는 매일 반복되는 일상 속에서 수많은 정보를 접하게 됩니다. 각종 포탈에서 보여주는 음원 차트, 인간의 기대 수명, 대선 후보 지지율 등과 같은 다양한 자료들이 매일매일 쏟아지고 있습니다. 하지만 이들 중에서 과연 몇 가지나 우리 기억 속에 남아 있을까요?

숫자와 문자열로 구성된 단순한 데이터에서 의미 있는 결과를 도출한 것을 정보라고 합니다. 과거에는 이러한 정보의 시각적 표현을 위해 간단하게 엑셀이나 유사한 프로그램을 사용해 막대그래프나 선 그래프를 그리는 것이 최선이었으며, 정보의 양이 그리 많지 않았기 때문에 정보 전달 측면에서도 굉장히 효율적이었습니다.

하지만 최근 빅데이터의 출현으로 정보 생산자의 경우 어마어마한 정보를 다뤄야 할 뿐만 아니라, 정보의 소비 주체 또한 예전에 비해 그 범위가 넓어지고 정보를 해석할 수 있는 능력이 향상됐습니다. 따라서 이러한 새로운 요구에 부합하기 위해 정보 표현에 있어 좀 더 효율적이고 정확하며, 감성적인 기능까지 갖춘 D3.js가 데이터 시각화 분야에서 대세론의 흐름에 올라탄 것이 아닐까 합니다.

데이터 시각화는 무미건조한 일련의 정보 사막에서 오아시스 같은 역할로 꼭 필요한 정보를 더욱 효율적으로 전달할 수 있게 해줍니다. 이 책의 다양한 예제들을 하나씩 따라 해보면서 자신의 것으로 만들면 책을 마무리할 때쯤이면 데이터 시각화에 있어 상당한 자신감을 가질 수 있을 것입니다. 아직까지 대부분이 엑셀로 그래프나 차트를 만들고 있을 때 웹 기반의 상호작용이 가능한 데이터 시각화 자료를 만들어 본인의 가치와 품격을 더욱 두드러져 보일 수 있게 되길 기원합니다.

D3.js는 대학원 시절에 다이앤 쿡 Dianne Cook 교수님을 통해 처음 접했습니다. D3.js를 만든 마이크 보스톡 Mike Bostock 과도 깊은 친분이 있던 교수님을 통해 D3의 다양한 매력과 강력한 기능들을 접했으며, 이를 이용해 다양한 시각화 통계와 인포그래픽스를 만들어봤습니다. 이러한 경험을 바탕으로 첫 번역에 도전했고, 쉽지 않은 여정이었지만 많은 분들의 관심과 격려 속에 무사히 마무리를 할 수 있었습니다. 저를 응원해준 모든 분께 감사를 전하며, 특히 뒤에서 묵묵히 응원해준 아내 윤이에게 Big Hug and Kiss를 보냅니다.

김동영

차례

들어가며

D3.js는 디지털 데이터를 동적인 시각화의 유형으로 보여주기 위해 설계된 자바스크립트 라이브러리며, HTML과 SVG, CSS와 함께 사용해 여러분의 데이터에 생명을 불어넣어 줄 것이다. D3는 시각화에 있어 막강한 제어를 할 수 있게 하고, 현재 웹 기반의 데이터 시각화 기술 중에서 가장 강력하며 가장 많이 사용되고 있다.

이 책은 D3에서 다룰 수 있는 모든 데이터 시각화 기술에 대한 실질적인 예제를 제공해 좀 더 쉽게 데이터 시각화를 이해할 수 있도록 돕는다. 책에서 제공하는 예제와 그림, 코드 샘플을 참고해 거의 전문가 수준의 효율성과 정확성을 갖는 데이터 시각화를 만들 수 있다.

이 책은 데이터 시각화의 개념과 D3 기초에서부터 시작해 점차적으로 D3에 대해 알아야 하는 다양한 주제를 수많은 예제를 통해 다룬다.

데이터 시각화의 기본 개념과 함수형 자바스크립트, D3의 핵심 내용(요소 선택, 데이터 바인딩, 애니메이션, SVG 생성)을 다룬다. 뿐만 아니라 사용자 정의 보간이나 트위닝, 타이머, 레이아웃 매니저, 포스 조작 등과 같이 좀 더 어려운 내용도 다룬다. 이 책은 빠르게 학습할 수 있도록 샘플 코드를 미리 준비해 놓았다.

이 책의 구성

1장, D3.js 시작에서는 D3.js가 무엇인가에서부터 D3.js 데이터 시각화를 시작하기 위한 환경을 구성하는 방법을 다룬다.

2장, **선택**에서는 D3를 사용해 데이터 시각화를 수행할 때 가장 중요한 작업인 선택에 대해 다룬다. 선택은 페이지 내에서 어떤 요소를 목표로 하도록 도와준다.

3장, **데이터 다루기**에서는 데이터 시각화 프로젝트를 진행하면서 데이터가 프로그래밍 구조와 이를 나타내는 시각화 메타포(은유)에서 어떻게 표현될 수 있는지 알아본다.

4장, **스케일 사용**에서는 데이터 시각화에서 가장 중요한 세부 주제 중 하나인 스케일을 사용하는 방법을 다룬다. 데이터 시각화 개발자로서 반복해서 수행해야 될 작업은 데이터 도메인에서 시각화 도메인으로 값을 매핑하는 작업일 것이다. 4장에서는 값을 매핑하는 방법을 중점적으로 다룬다.

5장, **축 다루기**에서는 직교 좌표계 기반의 시각화에서 사용되는 축 요소와 이와 관련된 기술을 다룬다.

6장, **스타일 전환**에서는 주로 D3 라이브러리에서 제공되는 전환과 애니메이션 지원에 대해 다룬다. "한 장의 그림은 수천 마디의 가치를 가진다."라는 속담처럼 6장에서 다루는 다양한 주제는 데이터 시각화의 초석이 된다.

7장, **모양 다루기**에서는 W3C 표준으로 현재 시각화 프로젝트에서 널리 사용되는 SVG를 다룬다.

8장, **차트 다루기**에서는 데이터 시각화에서 사용된 가장 오래되고 신뢰할 수 있는 기법 중 하나며, 데이터 시각화의 표현으로 정의가 잘돼 있고 이해가 쉬운 차트의 몇 가지 표현을 다룬다.

9장, **레이아웃 다루기**에서는 D3 레이아웃을 집중적으로 다룬다. D3 레이아웃은 꽤나 복잡하고 흥미로운 시각화를 생성할 수 있는 요소 그룹에 대한 위치 정보를 계산하고 생성할 수 있게 하는 알고리즘이다.

10장, **시각화 상호작용**에서는 D3가 인간과 시각적으로 상호작용할 수 있도록 지원하는 데 초점을 맞춘다.

11장, 포스 사용에서는 D3의 가장 매력적인 주제 중 하나며, 시각화에 추가할 수 있는 가장 멋진 기법 중 하나인 포스 시뮬레이션을 다룬다.

12장, 맵 다루기에서는 기본적인 D3 지도의 시각화 기법을 소개하고, 완벽하게 동작하는 지리적인 시각화를 구현한다.

13장, 시각화 테스트에서는 TDD^{Test Driven Development} 기법을 사용해 전문가처럼 시각화를 테스트하는 방법을 다룬다.

부록, 몇 분 안에 대화형 분석 기능 구현에서는 Crossfilter.js와 dc.js를 이용해 대화형 차원 차트를 만드는 방법을 다룬다.

준비 사항

- **텍스트 편집기** HTML과 CSS, 자바스크립트 파일을 수정하거나 생성할 수 있는 편집기
- **웹 브라우저** 최신 웹브라우저(파이어 폭스 3, IE9, 사파리 3.2나 상위 버전)
- **로컬 HTTP 서버** 이 책의 예제에서 제공하는 데이터 파일을 실행하기 위해서는 로컬 HTTP 서버가 필요하다. 1장에서 소개되는 Node나 파이썬을 통해 간단하게 HTTP 서버를 구동할 수 있다.
- **깃(Git) 클라이언트(옵션)** 예제의 소스코드를 깃에서 직접 체크아웃하고자 한다면 깃 클라이언트의 설치가 필요하다.

이 책의 대상 독자

이 책은 HTML과 CSS, 자바스크립트의 개발자이거나 이러한 언어들에 굉장히 익숙하며, D3를 사용해보고자 하는 독자들을 대상으로 한다. 기존 데이터 시각화 개발자들에게는 빠르게 찾아볼 수 있는 참고서가 될 것이다.

편집 규약

이 책에서는 독자의 이해를 돕고자 다루는 정보에 따라 다음과 같이 글꼴 형식을 다르게 적용했다.

텍스트에서 단어 단위의 코드는 다음과 같이 표기한다.

"d3.select 함수를 사용해 HTML 요소를 선택할 수 있다."

코드 블록은 다음과 같이 표기한다.

```
instance.description = function (d) {
    if (!arguments.length) d;
    description = d;
    return instance;
};
```

코드 블록에서 주목해야 할 부분을 표현하고자 할 때는 연관된 줄이나 아이템을 굵게 강조 처리한다.

```
instance.description = function (d) {
    if (!arguments.length) d;
    description = d;
    return instance;
};
```

커맨드라인 입력이나 출력은 다음과 표기한다.

```
> npm install http-server --g
```

새로운 용어나 중요 단어들은 고딕체로 표기한다. 메뉴나 대화상자처럼 화면에 나오는 단어는 문장에서 다음과 같이 표기한다.

"다음 스크린으로 이동하려면 Next 버튼을 클릭한다."

경고나 중요한 내용 표시는 이와 같은 상자 안에 나타난다.

유용한 팁과 요령을 이와 같이 표현한다.

독자 의견

독자 의견은 언제나 환영이다. 이 책에 대한 생각을 알려주기 바란다. 이 책의 좋은 점이나 싫었던 점을 가리지 않아도 된다. 독자에게 더욱 유익한 도서를 만들기 위해 무엇보다 독자 의견이 중요하다.

일반적인 의견이라면 도서 제목으로 이메일 제목을 적어서 feedback@packtpub.com으로 이메일을 보내면 된다.

자신의 전문 지식을 바탕으로 도서를 집필하거나 기여하는 데 관심이 있다면 http://www.packtpub.com/authors에 있는 저자 가이드를 읽어보기 바란다.

고객 지원

팩트출판사의 구매자가 된 독자에게 도움이 되는 몇 가지를 제공하고자 한다.

예제 코드 다운로드

이 책에 사용된 예제 코드는 http://www.packtpub.com의 계정을 통해 다운로드할 수 있다. 다른 곳에서 구매한 경우에는 http://www.packtpub.com/support를 방문해 등록하면 파일을 이메일로 직접 받을 수 있다. 또한 에

이콘출판사의 도서정보 페이지인 http://www.acornpub.co.kr/book/d3js-cookbook에서도 예제 코드를 다운로드할 수 있다.

오탈자

내용을 정확하게 전달하려고 최선을 다했지만 실수가 있을 수 있다. 팩트출판사의 도서에서 문장이건 코드건 간에 문제를 발견해서 알려준다면 매우 감사하게 생각할 것이다. 그런 참여를 통해 그 밖의 독자에게 도움을 주고, 다음 버전의 도서를 더 완성도 높게 만들 수 있다. 오자를 발견한다면 http://www.packtpub.com/submit-errata를 방문해 책을 선택하고, Errata Submission Form 링크를 클릭해서 구체적인 내용을 입력해주기 바란다. 보내준 오류 내용이 확인되면 웹사이트에 그 내용이 올라가거나 해당 서적의 정오표 부분에 그 내용이 추가될 것이다. http://www.packtpub.com/books/content/support에서 해당 도서명을 선택하면 기존 정오표를 확인할 수 있다. 한국어판은 에이콘출판사 도서정보 페이지 http://www.acornpub.co.kr/book/d3js-cookbook에서 찾아볼 수 있다.

저작권 침해

인터넷의 모든 매체에서 저작권 침해가 심각하게 벌어진다. 팩트출판사에서는 저작권과 사용권 문제를 아주 심각하게 인식한다. 어떤 형태로든 팩트출판사 서적의 불법 복제물을 인터넷에서 발견한다면 적절한 조치를 취할 수 있도록 해당 주소나 사이트명을 알려주길 부탁한다.

의심되는 불법 복제물의 링크를 copyright@packpub.com으로 보내주기 바란다.

저자와 더 좋은 책을 위한 팩트출판사의 노력을 배려하는 마음에 깊은 감사의 마음을 전한다.

질문

이 책과 관련해 질문이 있다면 questions@packtpub.com으로 문의하기 바란다. 최선을 다해 질문에 답하겠다. 한국어판에 관한 질문은 이 책의 옮긴이나 에이콘출판사 편집 팀(editor@acornpub.co.kr)으로 문의해주길 바란다.

1

D3.js 시작

1장에서 다루는 내용은 다음과 같다.

- 간단하게 D3 개발 환경 설정
- NPM 기반 개발 환경 설정
- D3 스타일 자바스크립트 이해

소개

1장은 D3.js를 본격적으로 시작하기에 앞서 D3.js에 대한 기본적인 소개와 더불어 일반적으로 D3.js 데이터 시각화 환경을 설정하는 방법에 대해서 알아본다. 특히 마지막 절에서는 기존 자바스크립트에서 많이 알려지지는 않았지만, D3.js에서 주로 사용된 자바스크립트 구현 방법에 대해 알아본다.

D3란 무엇일까? D3는 데이터 기반 문서Data-Driven Documents를 나타내며, 공식 D3 위키에서는 다음과 같이 D3를 정의한다.

> D3.js는 데이터 기반의 문서를 다루기 위한 자바스크립트 라이브러리다. D3 는 HTML과 SVG, CSS를 사용해 여러분의 데이터에 생명을 불어넣어주는

역할을 한다. 웹 표준을 강조하는 D3는 강력한 시각화 요소와 데이터 기반 접근 방식을 DOM 조작으로 결합해 특정 프레임워크에 대한 얽매임 없이 최신 브라우저의 모든 기능을 제공한다.

D3 위키(2013년 8월)

어떤 의미에서 D3는 기존 웹 표준을 준수하면서 좀 더 단순한 (데이터 기반) 접근 방식을 사용해 여러분이 놀라운 데이터 시각화를 만들 수 있도록 특화된 자바스크립트 라이브러리다. D3.js는 마이크 보스톡^{Mike Bostock}(http://bost. ocks.org/mike/)이 처음 개발했으며, 그가 이전에 개발한 자바스크립트 기반 데이터 시각화 라이브러리인 프로토비스^{Protovis}를 대체했다. D3의 탄생 배경과 더불어 D3와 프로토비스의 이론적 배경에 대한 자세한 정보는 다음의 박스 글에 제공된 링크를 참고하라. 이 책에서는 여러분의 시각화에 힘이 돼줄 D3.js의 사용법에 더 초점을 맞춘다. 처음에는 D3의 일부분이 자바스크립트를 사용하는 데이터 시각화에 대한 다른 접근 방식으로 인해 약간의 혼란을 야기할 수도 있을 것이다. 나는 기본부터 응용에 이르기까지 D3에 대한 다양한 주제를 다루는 이 책을 통해 D3가 여러분에게 편안하고 효율적인 도구로 다가가길 기대한다. 이러한 주제에 대해 충분히 이해를 한다면 D3는 데이터 시각화에 있어서 여러분에게 엄청난 생산성과 효율성을 보장할 것이다.

 D3에 기반을 둔 아이디어의 공식적인 소개는 다음 논문을 참고하라.

- Declarative Language Design for Interactive Visualization paper published by Mike Bostock on IEEE InfoVis 2010
- http://vis.stanford.edu/papers/protovis-design

D3 탄생 배경은 다음 논문을 참고하라.

- D3: Data-Driven Document paper published by Mike Bostock on IEEE infoVis 2011
- http://vis.stanford.edu/papers/d3

D3.js가 나오기 전에 스탠포드 대학 시각화 그룹의 마이크 보스톡과 제프 히어에
의해 만들어진 프로토비스는 다음을 참고하라.

- http://mbostock.github.io/protovis/

간단하게 D3 개발 환경 설정

D3에서 제공하는 데이터 시각화 프로젝트를 시작하기 전에 먼저 개발 환경
을 구성해야 한다. 이 예제에서는 간단하게 D3 개발 환경을 구성하는 방법
을 보여준다.

준비

시작하기에 앞서 평소에 즐겨 쓰는 텍스트 편집기를 준비한다.

예제 구현

D3.js의 다운로드부터 시작한다.

1. D3의 최신 안정화 버전을 http://d3js.org에서 다운로드한다. 참고로
   이전 버전은 https://github.com/mbostock/d3/tags에서 다운로드할 수
   있다. 이와 더불어 현재 개발이 진행 중인 최신 버전을 이용하고자 한
   다면 https://github.com/mbostock/d3에서 마스터 브랜치를 포크하면
   된다(현재 최신 버전은 4.4.0이며, 이 책은 3.x.x 기준으로 작성돼 해당 버전을 다운로드하
   려면 https://github.com/d3/d3/releases에 방문해서 3.x.x 버전을 다운로드한다 - 옮긴이).

2. D3를 다운로드하고 압축을 풀면 압축을 푼 폴더에서 d3.js와 d3.min.js,
   그리고 라이선스 파일을 찾을 수 있다. 개발을 염두에 둔다면 압축 혹
   은 최소화되지 않은 d3.js 파일의 사용을 권장한다. 이 파일은 가독성

을 유지하고 있어서 D3 라이브러리의 자바스크립트를 디버그하거나 추적하는 데 도움이 되기 때문이다. d3.js의 압축을 푼 폴더에 다음과 같은 HTML을 포함하는 index.html 파일을 작성해보자.

```html
<!-- index.html -->
<!DOCTYPE html>
<html>
<head>
    <meta charset="UTF-8">
    <title>Simple D3 Dev Env</title>
    <script type="text/javascript" src="d3.js"></script>
</head>
<body>

</body>
</html>
```

 소스(source)나 태그드(tagged) 버전의 D3를 다운로드했다면 자바스크립트 파일명이 약간 다를 수 있다. d3.v3.js 대신 파일명은 d3.js일 수 있다(현재는 d3.js 파일로 통용된다. - 옮긴이).

이와 같은 방법으로 D3 기반 데이터 시각화 개발 환경을 구성하는 가장 간단한 방법에 대해 알아봤다. 지금이라도 당장 좋아하는 텍스트 편집기로 위의 HTML을 열어서 데이터 시각화 개발을 시작할 수 있으며, 그 결과를 웹 브라우저를 통해 확인할 수 있다.

 이번 예제의 소스코드는 아래 링크를 참고하라.
https://github.com/NickQiZhu/d3-cookbook/tree/master/src/chapter1/simple-dev-env

예제 분석

D3 자바스크립트 라이브러리는 자급자족이 가능하다. 다시 말해 D3 라이브러리는 브라우저에서 이미 제공되는 것 외에 어떠한 다른 자바스크립트 라이브러리에 대한 의존성을 갖지 않는다. 뿐만 아니라 Node.js 같은 브라우저 환경이 아닌 곳에서도 최소한의 설정을 통해 사용이 가능하다(이와 관련해서는 나중의 장들에서 자세히 다룬다).

 개발 대상이 되는 웹 브라우저 중에 인터넷 익스플로러 9을 포함한다면 호환성 라이브러리인 Aight와 Sizzle selector engine을 사용하기를 권장한다.

- Aight: http://github.com/shawnbot/aight
- Sizzle selector engine: http://sizzlejs.com/

헤더 섹션에 다음의 문자 인코딩 지시를 포함하는 것은 매우 중요하다.

```
<meta charset="utf-8">
```

문자 인코딩은 브라우저와 유효성 검사기에게 웹 페이지를 렌더링할 때 어떤 문자 집합을 사용해야 하는지 알려주는 역할을 한다. D3는 π와 같은 특정 기호에 utf-8 문자를 사용하기 때문에 해당 인코딩 명령 없이는 D3 자바스크립트 라이브러리를 불러올 수 없게 된다.

 D3는 저자인 마이클 보스톡이 정한 사용자 정의 라이선스 규약 아래에 완전하게 오픈된 소스다. 이 라이선스는 제작자의 허가 없이 제품의 인준이나 홍보에 마이클 보스톡의 이름을 사용할 수 없다는 점을 제외하고는 MIT 라이선스와 굉장히 유사한 점이 많다.

부연 설명

이 책에서는 다양한 예제 코드를 제공한다. 모든 예제 소스코드는 유명한 코딩 저장 플랫폼인 깃허브^{Github}를 통해 호스팅된다.

소스코드를 얻는 방법

필요한 모든 예제 소스코드를 얻는 가장 간단한 방법은 이 책의 깃 저장소 (https://github.com/NickQiZhu/d3-cookbook)를 복제하는 것이다. 이러한 예제들에 대해서 개발 환경을 설정할 계획이 없다면 이번 절을 마음 편히 건너뛰어도 좋다.

> 깃(Git)에 익숙하지 않다면 복제는 다른 버전 컨트롤 소프트웨어의 체크아웃 기능과 유사하다고 생각하면 좋다. 하지만 복제는 단순하게 파일을 체크아웃하는 것보다 훨씬 더 많은 것을 한다. 이것은 전체 저장소를 로컬 머신에 저장하면서 모든 브랜치와 히스토리 또한 로컬 머신에 저장함에 따라 개발 환경에서 완벽하게 오프라인으로 복제된 저장소에서 작업할 수 있게 한다.

먼저 여러분의 컴퓨터에 깃 클라이언트를 설치해보자. 깃 클라이언트 소프트웨어는 http://git-scm.com/downloads에서 찾을 수 있고 다양한 운영체제에 따른 자세한 설치 방법은 http://git-scm.com/book/en/Getting-Started-Installing_git에서 찾을 수 있다.

> 깃과 깃허브를 동작시키는 또 다른 보편적인 방법은 깃허브 클라이언트를 설치하는 것이다. 이는 기존의 깃보다 더욱 풍부한 기능을 제공한다. 하지만 이 책을 집필할 때 윈도우와 맥에서만 깃허브에서 제공하는 클라이언트 소프트웨어를 제공받을 수 있었다(현재 깃허브 클라이언트는 깃허브 데스크톱으로 불림 – 옮긴이)
>
> • 윈도우용 깃허브: http://windows.github.com/

깃 클라이언트가 설치된 후에는 다음 명령어를 입력함으로써 모든 예제 소스코드를 컴퓨터로 다운로드할 수 있다.

```
> git clone git://github.com/NickQiZhu/d3-cookbook.git
```

 깃허브 클라이언트를 사용하기로 한 경우에 https://github.com/NickQiZhu/d3-cookbook 저장소 페이지를 방문해 간단하게 포크 버튼을 클릭하면 여러분의 깃허브 클라이언트 저장소에 나타나게 된다.

NPM 기반 개발 환경 설정

다양한 자바스크립트 라이브러리 사용이 요구되는 좀 더 복잡한 데이터 시각화 프로젝트를 작업할 경우에 앞에서 이야기한 간단한 방법은 이를 충족시키기에는 많이 부족하다는 점을 알아차릴 것이다. 이번 절에서는 자바스크립트 라이브러리 관리 시스템인 NPM^{Node Packaged Modules}을 이용해 향상된 개발 환경 설정을 보여준다. 여러분이 나만큼 참을성이 부족해 당장이라도 책의 예제 코드를 실행해보고자 한다면 이번 절 또한 가벼운 마음으로 건너뛰어도 좋다. 향후에 언제라도 생산성이 요구되는 프로젝트를 수행할 기회가 생길 때 다시 돌아와 살펴볼 수 있다.

시작하기 전에 NPM이 잘 설치돼 있는지 먼저 확인하자. NPM은 Node.js 설치의 한 부분으로 따라온다. Node.js는 http://nodejs.org/download에서 다운로드할 수 있다(현재는 http://nodejs.org에서 바로 다운로드할 수 있다 – 옮긴이). 사용 중인 운영체제에 해당하는 Node.js 바이너리 빌드를 선택하라. 설치가 완료 되면 터미널 창에서 npm 명령어를 사용할 수 있을 것이다.

```
> npm -v
1.2.14 ( Node.js V6.9.2 LTS 버전을 받았을 경우 3.10.9 – 옮긴이)
```

위 명령어로 NPM 클라이언트에 대한 버전을 확인할 수 있다면 설치가 성공 적으로 된 것이다.

예제 구현

NPM을 설치한 후에 번거롭게 매번 입력해야 하는 설정 과정을 자동화하기 위해 패키지 서술자 파일package descriptor file을 만들 수 있다

1. 먼저 프로젝트 폴더에 다음의 코드를 포함하는 package.json을 만들어 보자.

```
{
    "name": "d3-project-template",
    "version": "0.1.0",
    "description": "Ready to go d3 data visualization project
        template",
    "keywords": [
        "data visualization",
        "d3"
    ],
    "homepage": "<project home page>",
    "author": {
```

```
        "name": "<your name>",
        "url": "<your url>"
    },
    "repository": {
        "type": "git",
        "url": "<source repo url>"
    },
    "dependencies": {
        "d3": "3.x"
    },
    "devDependencies": {
        "uglify-js": "2.x"
    }
}
```

2. package.json 파일이 정의되면 간단하게 실행할 수 있다.

```
> npm install
```

예제 분석

Package.json 파일 내부에 있는 name, description, homepage, author, repository 같은 대부분의 필드는 정보 제공을 목적으로 한다. name과 version 필드는 향후에 NPM 저장소에 여러분의 라이브러리를 발행하고자 할 때 사용할 것이다. 지금 시점에서는 dependencies와 devDependencies 필드를 가장 눈여겨봐야 한다.

- dependencies 필드는 여러분의 프로젝트가 갖는 런타임 라이브러리 의존성을 말해준다. 이는 브라우저 내에서 여러분의 프로젝트가 올바르게 동작하기 위해 필요한 라이브러리를 의미한다. 이번의 간단한 예제에서는 d3에 대한 한 가지 의존성만을 가진다. d3는 NPM 저장소에 게재된 D3 라이브러리의 이름이다. 3.x와 같이 버전을 나타내는 숫자는 프로젝트가 모든 버전의 3 릴리스와 호환되고 NPM은 이 의존성을

충족시키기 위해서 최신 안정화 버전 3 빌드를 검색해야 한다.

 D3는 외부 런타임 의존성이 단 하나도 없는 자급자족 라이브러리다. 하지만 이 말이 다른 많이 사용되는 자바스크립트 라이브러리와 함께 사용할 수 없다는 것을 의미하지는 않는다. 나는 작업의 효율성을 위해 자주 D3와 함께 JQuery나 Zepto.js, Underscore.js, Backbone.js 같은 라이브러리를 사용한다.

- devDependencies 필드는 개발할 때(컴파일 시)의 라이브러리 의존성을 이야기한다. 여기서 이 카테고리에 포함된 특정 라이브러리는 프로젝트를 빌드하기 위해 반드시 필요하지만 자바스크립트 프로젝트를 실행하기 위해서는 필요 없다.

 NPM 패키지 JSON 파일 문서에 대한 자세한 설명은 다음 링크를 참고하라.
https://npmjs.org/docs/json.html
(현재 https://docs.npmjs.com/getting-started/using-a-package.json로 변경됨 - 옮긴이)

npm install 명령의 실행은 여러분의 프로젝트가 필요로 하는 모든 의존성을 재귀적으로 다운로드할 수 있게 자동으로 NPM을 트리거할 것이다. 모든 의존성 라이브러리는 여러분의 프로젝트 루트 폴더 아래 node_modules라는 폴더로 다운로드될 것이다. 이 과정이 완료된 후에 이전 예제에서 본 것처럼 간단하게 HTML 파일을 만들 수 있고, node_modules/d3/d3.js에서 D3 자바스크립트 라이브러리를 직접 불러올 수 있다.

자동 빌드 스크립트와 관련된 이번 예제의 소스코드는 https://github.com/NickQiZhu/d3-cookbook/tree/master/src/chapter1을 참고하라.

NPM을 사용하면 자바스크립트 라이브러리를 수동으로 다운로드하는 데 발생할 수 있는 모든 문제를 해결해주고, 변함없이 최신 버전으로 유지하는 데 간단하면서 효과적이다. 눈치 빠른 독자들은 이러한 방법이 쉽게 환경 설정을 향상시킬 수 있음을 알아챘을 것이다. 여러분이 수천 줄의 자바스크립트 코드로 만들어질 대형 시각화 프로젝트를 수행한다고 가정하면 지금 소개된 간단한 설정은 더 이상 충족되지 않음을 알 수 있을 것이다. 이를 위해 모듈러 자바스크립트 개발을 다룬다면 이 주제 하나로만 책 전체를 채울 수 있을 것이다. 따라서 이 책에서는 데이터 시각화와 D3에 초점을 맞추고 있기 때문에 이 주제는 다루지 않는다. 관심이 있다면 여기서 구현된 간단한 자동화 빌드 스크립트 위에 더 많은 모듈러 접근을 구현하는 이번 예제의 소스코드를 참고하라. 나중에 유닛 테스트와 관련된 예제를 다룰 장에서 자동화된 유닛 테스트로 인해 우리의 설정이 얼마나 향상될 수 있는가를 보여주기 위해 이 주제에 대한 범위를 확장할 예정이다.

부연 설명

앞 절에서 여러분이 만든 HTML 파일을 열어 시각화 결과물을 직접 브라우저에서 볼 수 있었다만 이러한 접근법에는 한계가 있다. 브라우저 내부의 보안 정책에 의해 여러 파일에서 데이터를 불러와야 할 경우 이러한 단순한 접근법은 더 이상 동작하지 않는다(향후에 이와 관련된 내용을 다룰 예정이며, 아마 여러분의 일상 작업 환경에 해당될 것이다). 이러한 보안 제약을 극복하기 위해 로컬 HTTP 서버의 설정을 강력 추천한다. 이러한 설정을 통해 HTML 페이지와 데이터 파일을 시스템에서 직접 불러오지 않고 이 서버를 통해 제공받을 수 있을 것이다.

로컬 HTTP 서버 설정

HTTP 서버 구성은 운영체제에 따라, 혹은 사용할 소프트웨어 패키지에 따라 다양한 설치 방법이 있다. 여기서는 가장 많이 사용하는 몇 가지 방법을 소개한다.

파이썬 SimpleHTTP 서버

파이썬은 내가 가장 좋아하는 개발 및 프로토타이핑 언어다. 여러분의 운영 체제에 파이썬이 설치돼 있다면 다음 명령어를 터미널에 입력해보자(보통 유닉스/리눅스/맥에서는 별다른 설치 없이 바로 명령어의 실행이 가능하다).

```
> python -m SimpleHTTPServer 8888
```

새로운 파이썬 배포판일 경우에는 다음과 같이 입력하면 된다.

```
> python -m http.server
```

이 조그마한 파이썬 프로그램은 HTTP 서버를 동작시키고 이 프로그램이 실행된 폴더 안의 모든 파일에 대한 서비스를 시작할 것이다. 파이썬을 사용하는 방법이 운영체제와 무관하게 HTTP 서버를 동작시키는 가장 쉬운 방법이다.

 컴퓨터에 파이썬이 설치돼 있지 않다면 http://www.python.org/getit/)(현재는 https://python.org/downloads/ – 옮긴이)에서 다운로드할 수 있으며, 윈도우와 리눅스, 맥을 포함하는 모든 최신 운영체제에서 사용 가능하다.

Node.js HTTP 서버

앞 절에서 Node.js 환경을 구성했다면 이미 Node.js가 설치됐을 것이다. 그렇다면 간단하게 http-server 모듈을 설치함으로써 파이썬 SimpleHTTP 서버와 유사하게 어떤 폴더에서든 가벼운 HTTP 서버를 실행할 수 있고, 바로 웹 페이지에 대한 서비스를 제공할 수 있다.

먼저 http-server 모듈을 설치한다.

```
> npm install http-server -g
```

여기서 -g 옵션은 http-server 모듈을 전역으로 설치해 자동으로 터미널

어디에서든지 사용이 가능하게 해주는 옵션이다. 설치가 완료되면 여러분이 있는 폴더 어디서든 다음 명령어를 통해 서버를 시작할 수 있다.

```
> http-server
```

이 명령어는 기본 포트 8080을 갖는 Node.js 기반 HTTP 서버를 실행시킨다. 포트를 지정하고자 할 경우에는 -p 옵션을 지정한 후에 원하는 포트 번호를 지정할 수 있다.

 리눅스나 유닉스, 맥 OS에서 npm install 명령어를 실행한다면 -g 전역 설치 옵션의 사용을 위해 sudo나 관리자 권한이 필요하다.

D3 스타일 자바스크립트 이해

D3는 함수 스타일 자바스크립트를 사용해 설계됐고 빌드됐다. 이러한 스타일은 기존의 절차지향이나 객체지향 자바스크립트에 익숙한 사람들에게 다소 생소하게 보일 것이다. 이번 예제에서는 D3를 이해하기 위해 필요하고, 나아가 직접 D3 스타일로 시각화 코드를 작성할 수 있게 해주는 함수형 자바스크립트의 가장 기본적인 몇 가지 개념에 대해 알아본다.

준비

다음 파일을 다운로드한 후에 로컬 머신의 웹 브라우저에서 열어본다.

https://github.com/NickQiZhu/d3-cookbook/blob/master/src/chapter1/functional-js.html

자바스크립트의 장점(대부분 함수 부분)에 대해 좀 더 자세히 알아보자. 다음의
코드 조각을 살펴보자.

```
function SimpleWidget(spec) {
    var instance = {}; // <-- A

    var headline, description; // <-- B

    instance.render = function () {
        var div = d3.select('body').append("div");

        div.append("h3").text(headline); // <-- C

        div.attr("class", "box")
            .attr("style", "color:" + spec.color) // <-- D
            .append("p")
            .text(description); // <-- E

        return instance; // <-- F
    };

    instance.headline = function (h) {
        if (!arguments.length) return headline; // <-- G
        headline = h;
        return instance; // <-- H
    };

    instance.description = function (d) {
        if (!arguments.length) return description;
        description = d;
        return instance;
    };

    return instance; // <-- I
}

var widget = SimpleWidget({color: "#6495ed"})
```

```
        .headline("Simple Widget")
        .description("This is a simple widget demonstrating
            functional javascript.");
widget.render();
```

이 코드 조각은 다음과 같은 간단한 위젯widget을 웹 페이지에 생성한다.

Simple Widget

This is a simple widget demonstrating functional javascript.

함수형 자바스크립트를 이용한 Simple Widget 예제

예제 분석

이러한 간단함에도 불구하고 이 위젯의 인터페이스는 자바스크립트의 D3 스타일에 대한 부정할 수 없는 유사성을 가진다. 이는 함수형 객체로 불리는 자바스크립트 프로그래밍 패러다임의 영향을 받았다. 다른 많은 흥미로운 주제들처럼 이 또한 그 자체로 책 한 권을 가득 채울 만한 주제다. 그럼에도 불구하고 이번 절에서는 D3 구문에 대한 이해와 더불어 이러한 방식으로 라이브러리를 작성할 수 있도록 이 패러다임의 가장 중요하고 유용한 면을 다룬다. D3의 프로젝트 위키에서는 이러한 함수형 프로그래밍 스타일이 D3 구현에 좀 더 유연함을 제공하고 있다고 한다.

D3의 함수형 스타일은 다양한 구성 요소와 플러그인들을 통한 코드 재사용을 허용한다.

D3 위키(2013년 8월)

함수는 객체

자바스크립트에서 함수는 객체다. 다른 객체와 마찬가지로 함수는 이름과 값의 한 쌍을 가진다. 함수 객체와 일반 객체 사이의 한 가지 차이점이 있다면 함수는 호출되고 추가적으로 두 개의 숨겨진 속성(함수 내용function context과 함수 코드function code)과 관련돼 있다는 점이다. 특히 절차지향 프로그래밍 기반에 익숙한 사람의 경우 이러한 특성이나 속성은 한편으로는 놀라우면서도 또 다른 한편으로는 굉장히 부자연스럽게 다가올 수도 있을 것이다. 그럼에도 불구하고 D3가 함수를 사용하는 일부 이상한 방법에 대한 이해는 반드시 필요할 것이다.

 현재 형태의 자바스크립트는 일반적인 완전한 객체지향으로 간주되지는 않지만, 함수 객체는 다른 객체지향을 추구하는 사촌격의 언어보다는 더 두드러지는 측면이 있다.

이러한 점을 인지하고, 다음 코드 조각을 다시 한 번 살펴보자.

```
var instance = {}; // <-- A

var headline, description; // <-- B

instance.render = function () {
    var div = d3.select('body').append("div");

    div.append("h3").text(headline); // <-- C

    div.attr("class", "box")
        .attr("style", "color:" + spec.color) // <-- D
        .append("p")
        .text(description); // <-- E

    return instance; // <-- F
};
```

A와 B, C로 표시된 부분에서 instance와 headline, description은 SimpleWidget 함수 객체에 속한 내부 private 변수임을 볼 수 있다. 반면에 render 함수는 객체 리터럴로 정의된 instance 객체와 관련된 함수다. 함수는 단지 객체이기 때문에 이 또한 객체나 함수, 다른 변수, 배열, 다른 함수의 매개변수로 저장될 수 있다. SimpleWidget 함수의 실행 결과는 I에서 객체 인스턴스를 반환한다.

```
function SimpleWidget(spec) {
    ...
    return instance; // <-- I
}
```

 render 함수는 아직 다루지 않은 D3 함수의 일부를 사용한다. 하지만 다음에 나올 몇 개의 장을 통해 심도 깊게 다룰 예정이기 때문에 지금 크게 신경을 쓰지 않아도 좋다. 기본적으로 현재 사용된 render 함수는 위젯의 시각적 표현을 렌더링하기 때문에 지금 주제와는 밀접한 관련이 없다.

 예제 코드 다운로드
팩트출판사의 모든 예제 코드는 책을 구입한 http://packtpub.com의 계정에서 다운로드할 수 있다. 이 책을 다른 곳에서 구매했다면 http://www.packtpub.com/support에 방문해 등록하면 등록한 이메일로 예제 파일을 직접 전송해준다. 에이콘 출판사의 도서정보 페이지인 http://www.acornpub.co.kr/book/d3js-cookbook 에서도 예제 코드를 다운로드할 수 있다.

정적 변수 범위

render 함수가 instance와 headline, description 변수뿐만 아니라 기본 SimpleWidget 함수로 전달되는 spec 변수에게까지 이상한 접근을 했기에 호기심 많은 사람은 아마도 지금쯤 이 예제에서 변수 범위가 어떻게 해결됐는지 궁금할 것이다. 얼핏 보기에도 이상한 변수 범위는 실질적으로 간단한 정적 범위 규칙에 의해 결정됐다. 이 규칙은 다음과 같이 적용될 수 있다. 변수 참조를 찾을 때마다 변수 검색은 먼저 로컬에서 수행될 것이다. 변수 선언을 찾지 못한 경우(이번 경우는 C의 headline)에는 부모 객체로 탐색을 계속할 것이다(이번 경우 SimpleWidget 함수는 정적 부모이고, headline 변수는 B에서 선언됐다). 아직도 찾지 못한 경우에 이 과정은 계속해서 재귀적으로 다음 정적 부모와 또 그 다음의 순으로 전역 변수 정의에 도달할 때까지 진행될 것이다. 그래도 찾지 못한다면 이 변수에 대한 참조 에러가 발생한다. 이러한 범위 지정은 자바나 C# 같이 인기 있는 언어의 변수 해결 규칙과는 매우 다른 양상을 나타낸다. 이러한 점에 익숙해지려면 시간이 필요하기 때문에 지금 다소 혼란스럽다고 걱정할 필요는 없다. 많은 연습과 정적 범위 규칙을 염두에 두면 이러한 종류의 범위에 익숙해지는 것은 시간문제다.

자바나 C# 개발자들은 자바스크립트가 블록 범위로 구현되지 않았다는 사실을 주의해야 한다. 여기서 이야기한 정적 범위 규칙은 블록 단위가 아닌 함수/객체에만 적용된다.

```
for(var i = 0; i < 10; i++) {
    for(var i = 0; i < 2; i++) {
        console.log(i);
    }
}
```

이 코드가 20번 수행할 것이라고 생각하겠지만, 자바스크립트에서 이 코드는 무한 루프에 빠지게 된다. 자바스크립트는 블록 범위 지정을 구현하지 않기 때문에 안쪽 루프의 i는 바깥쪽 루프의 i와 동일하다. 따라서 바깥쪽 루프의 i는 안쪽 루프에 의해서 계속 초기화되므로 바깥쪽 루프는 결코 종료되지 않는다.

이 패턴은 일반적으로 프로토타입 기반의 의사 클래식 패턴^{pseudo-classical pattern}
과 비교했을 때 좀 더 실용적이라고 한다. 함수형 패턴이 주는 이점은 정보
은닉과 캡슐화 관점에서 더 좋은 메커니즘을 제공한다는 점이다. private 변
수(이번 예제에서는 headline과 description 변수)는 전역 범위 지정 규칙을 통해 중
첩된 함수에서만 접근이 가능하기 때문에 SimpleWidget 함수에 의해 반환
된 객체는 탄력적이지만 쉽게 변조할 수 없고 내구성이 있다.

> 함수형 스타일로 객체를 만들고 객체의 모든 메소드가 그 객체를 사용하지
> 않는다면 객체는 내구성을 지닌다고 할 수 있다. 내구성 있는 객체는 단순하
> 게 기능으로 동작하는 함수의 모음이다.
>
> 크록포트 D.(Crockfort D. 2008년)

변수-매개변수 함수

G에서 무언가 이상한 것이 발생했다.

```
instance.headline = function (h) {
    if (!arguments.length) return headline; // <-- G
    headline = h;
    return instance; // <-- H
};
```

G의 arguments 변수는 예제 어느 곳에서도 정의돼 있지 않기 때문에 해당
변수의 출처가 궁금할 것이다. arguments 변수는 함수가 호출될 때 함수
내부에서 사용할 수 있는 숨겨둔 매개변수를 나타낸다. arguments 변수에
는 배열 함수 호출에 대한 모든 인자를 포함한다.

 사실 arguments는 진짜 자바스크립트의 배열 객체가 아니다. 길이와 인덱스를 사용
해 배열에 접근은 할 수 있지만, slice나 concat 같이 일반적인 자바스크립트 배열
객체와 관련된 많은 메소드는 갖고 있지 않다. arguments에 표준 자바스크립트 배

자바스크립트에서 함수 매개변수를 생략하는 기능과 결합된 이 숨겨진 매개변수는 instance.headline과 같이 매개변수의 개수가 정해지지 않은 함수를 작성할 수 있게 해준다. 이 경우 하나의 매개변수 h를 갖거나 없을 수도 있다. 아무런 매개변수가 전달되지 않는다면 arguments.length는 0이되고, 이로 인해 headline 함수는 h를 반환한다. 이와 달리 h에 어떠한 매개변수가 제공된다면 headline 함수는 세터 역할을 하게 된다. 이를 명확하게 하기 위해 다음 코드 조각을 참고하라.

```
var widget = SimpleWidget({color: "#6495ed"})
    .headline("Simple Widget"); // headline 설정
console.log(widget.headline()); // "Simple Widget" 출력
```

여기서 headline 함수가 다른 매개변수와 함께 세터^setter와 게터^getter로 사용됨을 볼 수 있다.

함수 연결

이 예제에서 또 하나 재미있는 점은 함수를 서로 연결해서 사용한다는 점이다. 대부분의 D3 함수는 더 간결하고 문맥적인 프로그래밍 인터페이스를 제공하기 위해 연쇄적인 함수 사용이 가능하게 디자인됐으며, 이는 D3 라이브러리에서 효율적으로 사용되는 뚜렷한 함수 호출 패턴이다. 여러분이 변수-매개변수 함수 개념에 대해 충분히 이해를 했다면 함수 연결의 이해 또한 어렵지 않을 것이다. headline 함수와 같이 변수-매개변수 개념은 세터와 게터를 동시에 사용할 수 있기 때문에 세터의 호출 결과에서 바로 다른 함수를 호출할 때 instance 객체를 반환하게 되며, 이를 연쇄 혹은 연결 ^Chaining이라고 한다.

다음 예제를 살펴보자.

```
var widget = SimpleWidget({color: "#6495ed"})
    .headline("Simple Widget")
    .description("This is ...")
    .render();
```

이 예제에서 SimpleWidget 함수는 I에서와 같이 instance 객체를 반환한다. 다음으로 headline 함수는 H에서처럼 instance 객체를 역시 반환하는 세터로 호출되며, description 함수는 직접적으로 또다시 instance 객체를 반환하는 세터로 호출된다. 마지막으로 render 함수가 호출됐다.

함수형 자바스크립트에 대한 지식과 데이터 시각화 개발 환경을 구성하는 방법에 대해 충분히 알아봤을 것이다. 이제는 D3가 제공하는 풍부한 개념과 다양한 기술에 대해 경험할 준비가 됐을 것이다. 하지만 본론으로 들어가기 전에 혹시 D3를 공부하면서 닥칠 어려움에 도움을 구하는 방법과 소스코드를 검색하는 방법에 대한 몇 가지 중요한 사항들을 짚고 넘어가자.

부연 설명

추가적으로 도움이 되는 자료를 살펴보자.

코드의 검색과 공유

다른 시각화 옵션들과 비교했을 때 D3의 가장 큰 장점은 멋진 예제와 튜토리얼을 제공한다는 점이다. 이를 통해 새로운 시각화 자료를 만들 때 큰 도움을 받을 수 있을 것이다. 나 또한 오픈소스 시각화 다이어그램 작성 라이브러리를 만들고 이 책을 집필하는 동안, 다음의 자료를 통해 많은 도움을 얻었다. 다음 리스트는 완벽하지는 않지만, 도움이 필요할 때 좋은 출발점이 될 것이다.

- D3 갤러리(http://github.com/mbostock/d3/wiki/Gallery)에는 D3 사용에 대해서 다른 시각화 차트와 특별한 기술, 재미있는 시각화 구현 같은 여러 가지 다양한 예제들이 있다.

- BioVisualize(http://biovisualize.github.io/d3visualization)는 범주화된 다른 D3 갤러리로서 여러분이 원하는 시각화 예제를 온라인상에서 빠르게 찾도록 도와준다.

- D3 튜토리얼 페이지(https://github.com/mbostock/d3/wiki/Tutorials)는 D3의 많은 개념과 기술을 사용하는 방법을 보여주기 위해 오랜 시간에 걸쳐 많은 분야의 공헌자들에 의해 만들어진 튜토리얼과 이야기, 슬라이드를 포함한다.

- D3 플러그인(https://github.om/d3/d3-plugins)는 시각화에 필요한 기능이 D3에 없다면 구현하기 전에 확인해보는 저장소다. 시각화 표현에 있어 일반적인 기능이나 때로는 일반적이지 않은 기능을 제공하는 폭넓고 다양한 플러그인이 포함된다.

- D3 API(https://github.com/mbostock/d3/wiki/API-Reference)는 문서로 정리가 잘돼 있어 D3 라이브러리가 제공하는 모든 함수와 특성에 대한 자세한 정보를 얻을 수 있다.

- Mike Bostok's Blocks(http://bl.ocks.org/mbostock)는 아주 흥미로운 시각화 자료를 접할 수 있는 D3의 개발자인 마이크 보스톡이 직접 관리하는 D3 예제 사이트다.

- JS Bin(http://jsbin.com/ugacud/1/edit)은 이미 빌드가 완료된 D3 테스트와 실험 환경을 완전하게 온라인상에 제공한다. 이 툴을 사용해 간단한 스크립트를 쉽게 프로토타이핑할 수 있거나 여러분의 창작물을 커뮤니티의 다른 멤버와 공유할 수 있다.

- Js Fiddle(http://jsfiddle.net/qAHC2/)은 JS Bin과 비슷한 양상을 나타내며, 자바스크립트 코드를 프로토타이핑하고 공유하는 플랫폼을 온라인상에서 제공한다.

도움을 얻는 방법

많은 예제와 튜토리얼과 더불어 이 책과 같은 쿡북이 있지만, 여러분이 직접 시각화 프로젝트를 진행하는 도중에 여러 어려움에 처할 수 있을 것이다. D3라는 방대하고 활동적인 커뮤니티의 존재는 좋은 소식임에 틀림이 없다. 기본적으로 간단한 질문은 구글을 통해 해결할 수 있지만, 만족할 만한 답을 얻지 못하더라도 D3 커뮤니티를 통해 지원을 받을 수 있을 것이다.

- Stack Overflow의 D3.js(http://stackoverflow.com/questions/tagged/d3.js) Stack Overflow는 개발자를 위한 가장 유명한 커뮤니티 기반 무료 Q&A 사이트다. Stack Overflow 사이트의 D3 카테고리에서 전문가에게 도움을 얻고 질문에 대한 답을 빨리 얻을 수 있다.

- D3 구글 그룹(https://groups.google.com/forum/?fromgroups#!dorum/d3-js) D3뿐만 아니라 유사한 생태계의 다른 라이브러리를 위한 공식 유저 그룹이다.

2

선택

2장에서 다루는 내용은 다음과 같다.

- 단일 요소 선택
- 다중 요소 선택
- 선택 반복
- 부분 선택 수행
- 함수 연결
- 원시 선택 조작

소개

D3를 사용하는 모든 데이터 시각화 프로젝트를 수행할 때 가장 기본적인 작업 중 하나는 선택^{Selection}이다. 선택은 여러분이 웹 페이지 내의 특정 요소를 목표로 삼을 수 있게 도와준다. 이미 W3C 표준 CSS 선택자나 JQuery와 Zepto.js 같이 유명한 자바스크립트 라이브러리에서 제공하는 다른 유사한 선택자 API에 익숙하다면 D3 선택 API는 식은 죽 먹기보다 쉬울지도 모른다. 아직 선택

자 API를 한 번도 사용해보지 못했더라도 전혀 걱정할 필요 없다. 2장은 시각적인 예제들을 통해 이러한 주제를 한 단계씩 밟아가게 설계됐다. 여기서는 여러분의 데이터 시각화가 필요로 하는 대부분의 일반적인 사례를 다룬다.

선택 소개 선택자 지원은 W3C에 의해 표준화됐기 때문에 모든 최신 웹브라우저는 선택자 API에 대한 내부적인 지원을 하고 있다. 하지만 기본적으로 제공되는 W3C 선택자 API는 특히 데이터 시각화 분야의 웹 개발에 이용될 때 그 한계점을 여실히 보여준다. 표준 W3C 선택자 API는 선택^{Selection}이 아닌 선택자^{Selector}만을 제공하고 있다. 쉽게 말해 선택자 API는 문서 내부의 요소들을 선택할 수 있게는 하지만 선택된 요소들을 조작하기 위해서는 반복문을 사용해 각각의 요소에 개별 작업을 해야 하는 번거로움이 있다. 표준 선택자 API를 사용하는 다음 코드를 한번 살펴보자.

```
var i = document.querySelectorAll("p").iterator();
var e;
while(e = i.next()){
    // 선택된 각 요소에 대한 작업이 요구됨
    console.log(e);
}
```

위 코드는 문서상의 모든 <p> 요소를 선택한 후에 반복문을 통해 각 <p> 요소마다 특정 작업을 수행한다. 특히 보통 데이터 시각화 프로젝트를 수행한다면 한 페이지에서 다양한 요소들을 지속적으로 변경해야 하는 경우가 발생하는데, 이런 작업은 분명히 지루할 것이다. 이러한 이유 때문에 D3는 자체적으로 선택 API를 제공해 이러한 개발의 어려움을 덜어준다. 2장의 나머지 부분에서는 D3 선택자 API 동작과 더불어 이를 활용하는 강력한 기능들에 대해 알아본다.

CSS3 선택자 기초 D3 선택 API를 시작하기 전에 W3C 레벨 3 선택자 API에 대한 간단한 소개를 먼저 해야 할 것 같다. 이미 CSS 선택자를 잘 안다면 마음 편하게 이번 절은 건너뛰기 바란다. D3 선택 API는 레벨 3 선택자 또는 더 친숙하게 표현하자면 CSS3 선택자 지원에 기반을 두고 만들어졌다. 이번 절에서는 D3 선택 API를 이해하는 데 필요한 가장 일반적인 CSS 선택자 문법 몇 가지를 살펴본다.

- **#foo** id의 값이 foo인 요소를 선택한다.

  ```
  <div id="foo">
  ```

- **foo** foo 요소를 선택한다.

  ```
  <foo>
  ```

- **.foo** class의 값이 foo인 요소를 선택한다.

  ```
  <div class="foo">
  ```

- **[foo=goo]** foo 속성을 갖는 요소를 선택한 후에 그 속성 값을 goo로 설정한다.

  ```
  <div foo="goo">
  ```

- **foo goo** foo 요소 안의 goo 요소를 선택한다.

  ```
  <foo><goo></foo>
  ```

- **foo#goo** id의 값이 goo로 설정된 foo 요소를 선택한다.

  ```
  <foo id="goo">
  ```

- **foo.goo** class의 값이 goo로 설정된 foo 요소를 선택한다.

  ```
  <foo class="goo">
  ```

- **foo:first-child** foo 요소의 첫 번째 자식을 선택한다.

  ```
  <foo> // <-- this one
  <foo>
  <foo>
  ```

- **foo:nth-child(n)** foo 요소의 n번째 자식을 선택한다.

  ```
  <foo>
  <foo> // <-- foo:nth-child(2)
  ```

```
<foo> // <-- foo:nth-child(3)
```

CSS3 선택자는 보기보다 복잡한 주제다. 여기서는 D3에 대한 이해를 높이고 효과적인 사용을 위한 몇 가지 일반적인 선택자만 나열했다. 이 주제에 대한 더 자세한 정보는 W3C 레벨 3 선택자 API 문서(https://www.w3.org/TR/css3-selectors/)를 참고하라.

 선택자를 기본적으로 지원하지 않는 오래된 웹 브라우저를 대상으로 개발하는 경우에는 이전 버전과의 호환성을 위해 D3 앞에 Sizzle을 포함시킨다. Sizzle은 http://sizzlejs.com/에서 찾을 수 있다.

현재 다음 세대 선택자 API 레벨 4는 W3C에서 개발 단계에 있다. 레벨 4 선택자 API가 제공하는 정보와 현재 개발 중인 버전은 http://dev.w3.org/csswg/selectors4/에서 찾을 수 있다.

주요 브라우저 사업자들은 이미 레벨 4 선택자의 기능을 조금씩 적용하는 단계며, 여러분이 현재 사용 중인 브라우저가 이러한 지원을 할 수 있는지에 대해 알아보고자 한다면 http://css4-selectors.com/browser-selector-test/를 방문해보자.

단일 요소 선택

어떠한 시각화 조작을 위해 페이지 내의 단일 요소 선택이 필요한 경우가 비일비재다. 이번 예제에서는 CSS 선택자를 사용해 D3에서 목표로 하는 단일 요소를 선택하는 방법에 대해 살펴본다.

준비

다음 파일을 다운로드한 후에 웹 브라우저로 열어보자.

https://github.com/NickQiZhu/d3-cookbook/blob/master/src/chapter2/single-selection.html

예제 구현

화면상에 어떤 것(아마도 문단 요소)을 선택해 단골 문장인 'hello world!'를 출력하게 해보자.

```html
<p id="target"></p> <!-- A -->

<script type="text/javascript">
    d3.select("p#target")        // <-- B
        .text("Hello world!");   // <-- C
</script>
```

이번 예제는 화면상에 Hello world!를 간단하게 생성한다.

예제 분석

D3에서 d3.select 명령어는 단일 요소를 선택하기 위해 사용된다. 이 메소드는 여러분이 선택하고자 하는 요소에 대한 참조를 이미 갖고 있는 경우에 유효한 CSS 선택자나 객체 요소의 문자열 표현을 받는다. d3.select 명령어는 요소의 속성이나 내용, 내부 HTML을 조작하는 수정자^{modifier} 함수를 연결할 수 있는 D3 선택 객체를 반환한다.

 선택(selection)이 첫 번째 요소만 반환한다면 선택자(selector)를 사용해 둘 이상의 요소를 선택할 수 있다.

이번 예제의 B에서 id 값이 target인 문단 요소를 간단하게 선택한 후에 C에서 본문 내용을 Hello world!라고 설정했다. 모든 D3 선택은 표준 수정자 함수 집합을 지원한다. 여기서 살펴본 text 함수 또한 표준 수정자 함수 중 하나다. 이 책을 배우는 과정에서 접하게 될 가장 일반적인 수정자 함수 중 몇 가지를 한번 살펴보자

- **selection.attr 함수** 이 함수는 선택된 요소에 대해서 주어진 속성을 검색하거나 수정할 수 있게 한다.

```
// p 요소에 foo 속성을 goo로 설정
d3.select("p").attr("foo", "goo");
// p 요소에서 foo 속성 가져오기
d3.select("p").attr("foo");
```

- **selection.classed 함수** 이 함수는 선택된 요소에 CSS 클래스를 추가하거나 제거할 수 있게 한다.

```
// p 요소가 CSS 클래스인 goo를 갖고 있는지 확인
d3.select("p").classed("goo");
// p 요소에 CSS 클래스 goo 추가
d3.select("p").classed("goo", true);
// p 요소에서 CSS 클래스 goo 제거
// classed 함수 또한 함수를 값으로 받기 때문에
// 동적으로 추가와 제거에 대한 결정을 할 수 있다.
d3.select("p").classed("goo", function(){return false;});
```

- **selection.style 함수** 이 함수는 선택된 요소에서 CSS 스타일을 특정 값에 대한 특정 이름으로 설정할 수 있게 해준다.

```
// 폰트 크기에 대한 p 요소의 스타일 가져오기
d3.select("p").style("font-size");
// p 요소의 폰트 크기를 10px로 설정
d3.select("p").style("font-size", "10px");
// p 요소의 폰트 크기를 어떤 계산의 결과 값으로 설정하기
// 스타일 함수 또한 함수를 값으로 받을 수 있기 때문에 동적으로
// 생성이 가능하다.
d3.select("p").style("font-size", function(){
    return normalFontSize + 10;});
```

- **selection.text 함수** 이 함수는 선택된 요소의 텍스트 내용에 접근하고 설정할 수 있게 해준다.

```
// p 요소의 텍스트 내용 가져오기
```

```
d3.select("p").text();
// p 요소의 텍스트 내용에 "Hello" 설정
d3.select("p").text("Hello");
// 텍스트 함수 또한 함수를 값으로 받기 때문에
// 동적으로 생성되는 메시지를 텍스트 내용으로 설정할 수 있다.
d3.select("p").text(function(){
    var model = retrieveModel();
    return model.message;
});
```

- **selection.html 함수** 이 함수는 내부 HTML 내용을 수정할 수 있게 해준다.

```
// p 요소의 내부 html 내용 가져오기
d3.select("p").html();
// p 요소 내부 html 내용을 "<b>Hello</b>"로 설정
d3.select("p").text("<b>Hello</b>");
// html 함수 또한 함수를 값으로 받을 수 있기 때문에
// 동적으로 생성되는 메시지를 html 내용으로 설정 가능하다.
d3.select("p").text(function(){
    var template = compileTemplate();
    return template();
});
```

이러한 수정자 함수들은 단일 요소와 다중 요소 선택 결과에서 모두 동작한다. 다중 선택에서 이 함수를 적용한다면 각각 선택된 모든 요소에 대해 이러한 수정들이 반영된다. 2장의 나머지 부분을 할애해 더 복잡한 예제와 함께 이 주제에 대해 다뤄본다.

 수정자 함수에서 함수가 값으로 사용될 때 데이터 기반 계산을 활성화하기 위해 실질적으로 일부 내장 매개변수가 이 함수로 전달된다. D3의 근본이며 그 이름 (Data-Driven Document)이 보여주는 데이터 기반 접근법에 대해서는 3장에서 자세히 다룬다.

다중 요소 선택

페이지 내의 많은 요소에 어떠한 변화를 동시에 적용하고자 할 때 단일 요소 선택만으로는 종종 충분치 않을 것이다. 이번 예제에서는 D3 다중 요소 선택자와 그 선택 API에 대해 다뤄본다.

준비

다음 파일을 다운로드한 후에 로컬 머신의 웹 브라우저에서 열어보자.

https://github.com/NickQiZhu/d3-cookbook/blob/master/src/chapter2/multiple-selection.html

예제 구현

다음 코드 조각은 d3.selectAll 함수가 설계된 이유를 잘 보여준다. 코드 조각에서 세 가지의 다른 div 요소를 선택하고 약간의 CSS 클래스로 해당 요소들을 향상시켜 보겠다.

```
<div></div>
<div></div>
<div></div>

<script type="text/javascript">
    d3.selectAll("div")              // <-- A
        .attr("class", "red box");  // <-- B
</script>
```

이 코드 조각은 다음과 같은 모양을 생성한다.

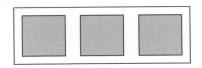

다중 요소 선택

아마도 이번 예제에서 사용된 D3 선택 API가 단일 요소 버전과 비교했을 때 굉장히 비슷하다는 점을 알아차렸을 것이다. 이러한 점이 D3 선택 API의 강점 중 하나다. 요소를 선택하는 개수에 상관없이 수정자 함수는 완전히 동일하다. 앞 절에서 언급한 모든 수정자 함수는 다중 요소 선택에 직접적으로 적용 가능하다. 즉, D3 선택은 세트에 기반set-based한다.

이 절의 코드 예제가 간단하고 코드를 통해 이해 가능하지만, 좀 더 자세히 살펴보자. A에서 d3.selectAll 함수는 페이지 내의 모든 div 요소들을 선택하기 위해 사용된다. 이 함수는 세 개의 모든 div 요소를 포함하는 D3 선택 객체를 반환한다. 바로 다음 나오는 B에서는 attr 함수가 세 개의 모든 div 요소에 red box의 class 속성을 설정하기 위해 이 선택에 호출됐다. 이번 예제에서 살펴본 것과 같이 선택과 조작을 위한 코드는 매우 포괄적이고 페이지 내에서 세 개 이상의 div 요소를 갖지 않는 한 변하지 않을 것이다. 지금 당장은 대수롭지 않은 편의성 정도로 볼 수 있겠지만, 3장에서 이러한 편리함이 시각화 코드를 얼마나 간단하고 쉽게 유지 보수할 수 있는지 보여준다.

선택 반복

가끔 선택 내에서 각 요소를 반복하거나 그 위치에 따라 각 요소를 다르게 수정할 수 있으면 편리한 경우가 있다. 이번 예제에서는 D3 선택 반복 API

를 사용해 이러한 방법을 수행하는 방법을 알아본다.

다음 파일을 다운로드한 후에 로컬 머신의 웹 브라우저에서 열어보자.

https://github.com/NickQiZhu/d3-cookbook/blob/master/src/chapter2/
selection-iteration.html

D3 선택 객체는 자바스크립트 배열에서 반복을 수행하는 것과 유사한 방법
으로 반복을 수행하기 위해 간단한 반복자 인터페이스를 제공한다. 이번 예
제에서는 이전 예제에서 살펴본 세 개의 다른 div 요소를 반복하며, 각 요소
에 인덱스 번호를 달아본다.

```html
<div></div>
<div></div>
<div></div>

<script type="text/javascript">
    d3.selectAll("div")              // <-- A
        .attr("class", "red box")    // <-- B
        .each(function (d, i) {       // <-- C
            d3.select(this).append("h1").text(i); // <-- D
        });
</script>
```

 선택은 기본적으로 배열을 좀 더 향상시킨 것이라 볼 수 있다. 이러한 배열 형태
내의 원시(raw) 선택과 이 선택을 다루는 방법에 대해서는 다음 절에서 살펴본다.

앞의 코드 조각은 다음과 같은 모양을 생성한다.

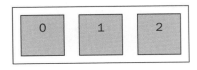

선택 반복

예제 분석

이번 예제는 앞 절에서 이미 살펴본 내용을 바탕으로 작성됐다. A에서 페이지 내의 모든 div 요소를 선택하고, B에서 클래스 속성을 설정한 것에 추가적으로 이번 예제에서는 각 선택에 each 함수를 호출함으로써 다중 요소 선택에 대한 반복과 각 요소를 처리하는 방법을 보여준다.

 다른 함수의 반환에 함수를 호출하는 형태를 함수 연결(Functional Channing)이라고 한다. 이러한 호출 패턴에 익숙하지 않다면 1장에서 이와 관련한 설명을 살펴보자.

selection.each(function) 함수 each 함수는 반복자 함수를 매개변수로 취한다. 주어진 반복자 함수는 두 개의 선택적인 매개변수인 d, i와 함께 현재 DOM 요소 객체를 가리키며, this 참조로 전달되는 숨겨진 매개변수를 받을 수 있다. 첫 번째 매개변수 d는 이 특정 요소로 바인딩된 데이터를 나타낸다(지금은 이상하게 들릴 수도 있는 이러한 표현들은 3장에서 데이터 바인딩을 자세하게 다룰 예정이니 크게 걱정할 필요 없다). 두 번째 매개변수 i는 반복이 수행되는 현재 요소 객체의 인덱스 번호를 나타낸다. 이 인덱스 번호는 0에서 시작해 매번 새로운 요소가 할당될 때마다 1씩 증가한다.

selection.append(name) 함수 이번 예제에서 소개된 또 다른 새로운 함수

는 append 함수다. 이 함수는 주어진 이름을 가진 새로운 요소를 생성하고
현재 선택에서 각 요소의 마지막 자식으로 추가한다. 이것은 새롭게 추가된
요소를 포함하는 새로운 선택을 반환한다. 이러한 내용을 바탕으로 이번 예
제의 다음 예제 코드를 주의 깊게 살펴보자.

```
d3.selectAll("div") // <-- A
    .attr("class", "red box") // <-- B
    .each(function (d, i) { // <-- C
        d3.select(this).append("h1").text(i); // <-- D
    });
```

반복자 함수는 C에서 d와 i 매개변수와 함께 정의된다. D는 좀 더 흥미로운
데, 시작부분에서 this 참조는 d3.select 함수에 의해 감싸져 있다. 이렇
게 감싸는 것은 본질적으로 현재 DOM 요소를 포함하는 단일 요소 선택을
생성한다. 감싸진 후에 표준 D3 선택 조작 API가 d3.select(this)에 사
용됐다. 그런 다음 현재 요소에 새롭게 만들어진 h1 요소를 붙이는 append
("h1") 함수가 현재 요소 선택에서 호출됐다. 다음으로 새롭게 만들어진
h1 요소의 본문 내용에 현재 요소의 인덱스 번호를 간단하게 설정한다. 이번
예제에서 보여준 것처럼 이 과정은 번호가 매겨진 상자의 시각화를 생성한
다. 다시 한 번 이야기하지만 인덱스 번호는 0에서 시작되며, 각 요소가 증가
할 때마다 1씩 증가하는 점을 명심하라.

 DOM 요소 객체 자신은 풍부한 인터페이스를 가진다. 반복자 함수로 할 수 있는 더
많은 것에 대해 알고 싶다면 다음 링크를 참고하라.

https://developer.mozilla.org/en-US/docs/DOM/element

부분 선택 수행

시각화 작업을 할 때 범위 선택을 수행하는 것은 대개 일반적인 경우다. 예를 들어 특정 section 요소 안에서 모든 div 요소를 선택하는 것은 범위 선택의 한 사례가 될 것이다. 이번 예제에서는 다른 접근 방식을 통해 이러한 범위 선택을 수행하는 방법과 그 장단점에 대해서도 알아본다.

준비

다음 파일을 다운로드한 후에 로컬 머신의 웹 브라우저에서 열어보자.

https://github.com/NickQiZhu/d3-cookbook/blob/master/src/chapter2/sub-selection.html

예제 구현

다음 코드 예제는 D3에서 제공되는 부분 선택의 두 가지 다른 스타일을 사용해 두 개의 다른 div 요소를 선택한다.

```
<section id="section1">
    <div>
        <p>blue box</p>
    </div>
</section>
<section id="section2">
    <div>
        <p>red box</p>
    </div>
</section>
<script type="text/javascript">
    d3.select("#section1 > div") // <-- A
        .attr("class", "blue box");
```

```
d3.select("#section2") // <-- B
        .select("div") // <-- C
        .attr("class", "red box");
</script>
```

이 코드는 다음과 같은 모양의 결과물을 생성한다.

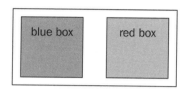

부분 선택

이번 예제에서는 동일한 시각화 효과의 생성에 대해 두 가지 다른 부분 선택 기법을 보여줬다. 여기서는 각각의 기법에 대해 다루며, 이를 통해 각각의 장단점을 파악할 수 있을 것이다.

선택자 레벨 3 결합자(selector level-3 combinator) A에서 `d3.select`는 특별하게 생긴 문자열과 함께 사용됐다. 해당 문자열은 태그 이름(#)과 일반 문자열을 오른쪽 꺾쇠 괄호(U+003E, >)를 사용해 연결했다. 이러한 문법을 결합자^{combinator}(여기서 사용된 오른쪽 꺾쇠 괄호는 자식 결합자를 나타낸다)라고 한다. 레벨 3 선택자는 몇 가지 다른 종류의 구조적 결합자를 지원한다. 여기서 가장 일반적으로 사용되는 몇 가지를 간단하게 소개하고 넘어간다.

자손 결합자(descendant combinator) 이 결합자는 `selector selector`와 같은 문법 구조를 가진다.

이름이 말해주는 것처럼 자손 결합자는 두 선택 사이의 느슨한 부모-자식 관계를 설명하기 위해 사용된다. 느슨한 부모-자식 관계라고 이야기하는 까닭은 자손 결합자가 두 번째 선택이 부모 선택의 자식이 됐건 손주가 됐건

증손주가 됐건 관여하지 않기 때문이다. 이 느슨한 관계 개념을 보여주는 다음 예제를 살펴보자.

```
<div>
<span>
    The quick <em>red</em> fox jumps over the lazy brown dog
</span>
</div>
```

다음의 선택자를 사용한다.

```
div em
```

div는 em 요소의 조상이고, em은 div 요소의 자손이기 때문에 위의 코드는 em 요소를 선택할 것이다.

자식 결합자(child combinator) 이 결합자는 selector > selector의 문법 구조를 가진다.

자식 결합자는 두 요소 사이에서 좀 더 제한적인 부모-자식 관계를 제공한다. 자식 결합자는 두 선택자를 구분하기 위해 오른쪽 꺽쇠 괄호(U+003E, >)를 사용해 정의된다.

다음의 선택자를 살펴보자.

```
span > em
```

이 예제에서 em은 span의 직계 자식이기 때문에 위 코드는 em 요소를 선택할 것이다. 반면에 em은 div의 직계 자식이 아니기 때문에 div > em은 어떠한 유효 선택도 생성하지 않는다.

 레벨 3 선택자는 형제 결합자도 제공하지만, 일반적으로 사용되고 있지 않기 때문에 여기서는 다루지 않는다. 관심 있는 독자는 W3C 레벨 3 선택자 문서를 참고하라.

https://www.w3.org/TR/css3-selectors/#sibling-combinators

W3C 레벨 4 선택자는 팔로잉-형제와 참조 결합자 같은 몇 가지 흥미로운 결합자를 추가적으로 제공한다. 이러한 조합자는 굉장히 강력한 목표 선택 기능을 갖고 있다. 자세한 내용은 다음 링크를 참고하라.

https://drafts.csswg.org/selectors-4/#combinators

D3 부분 선택 B와 C에서 다른 방법의 부분 선택 방법이 사용됐다. 이 경우에는 간단한 D3 선택이 먼저 B의 section #section2 요소를 선택하면서 만들어졌다. 바로 이어서 다른 selection이 C에서 div 요소를 선택하기 위해 연결됐다. 이러한 종류의 연결된 선택은 범위 선택으로 정의된다. 쉽게 말해 #section2에 포함된 div 요소를 선택하는 것을 의미한다. 의미상으로 본다면 이것은 본질적으로 #section2 div 같은 자손 결합자를 사용하는 것과 비슷하다. 하지만 부분 선택의 이런 형태가 갖는 장점은 부모 요소가 분리돼 선택되기 때문에 자식 요소를 선택하기 전에 부모 요소에 대한 조작이 가능하다는 점이다. 다음 코드 조각을 통해 이를 확인해보자.

```
d3.select("#section2") // <-- B
    .style("font-size", "2em")  // <-- B-1
    .select("div") // <-- C
    .attr("class", "red box");
```

위의 코드에서 보이는 것처럼 div 요소를 선택하기 전에 B-1의 #section2에 수정자 함수를 적용할 수 있다. 다음 절에서는 이런 유연함에 대해 더 알아본다.

함수 연결

지금까지 살펴본 것처럼 D3 API는 함수 연결의 아이디어에 기반을 두고 설계됐다. 따라서 함수 연결은 HTML/SVG 요소에 대한 DSL^{Domain Specific} Language을 대부분의 경우 능동적으로 만들 수 있다. 이번 코드 예제에서는 이전 예제의 전체 바디 구조를 D3만 사용해 구성할 수 있는 방법에 대해 알아본다.

 DSL에 대한 개념이 익숙하지 않다면 마틴 파울러(Martin Fowler)의 책 『Domain-Specific Languages』에서 발췌한 내용을 읽어보길 강력하게 추천한다. http://www.informit.com/articles/article.aspx?p=1592379

준비

다음 파일을 다운로드한 후에 로컬 머신의 웹 브라우저에서 열어보자.

https://github.com/NickQiZhu/d3-cookbook/blob/master/src/chapter2/function-chain.html

예제 구현

동적 시각화 콘텐츠를 생성하는 간결하고 가독성 있는 코드에서 어떻게 함수 연결이 사용되는지 살펴보자.

```html
<script type="text/javascript">
    var body = d3.select("body"); // <-- A

    body.append("section") // <-- B
            .attr("id", "section1") // <-- C
        .append("div") // <-- D
            .attr("class", "blue box") // <-- E
        .append("p") // <-- F
            .text("dynamic blue box"); // <-- G
```

```
body.append("section")
        .attr("id", "section2")
    .append("div")
        .attr("class", "red box")
    .append("p")
        .text("dynamic red box");
</script>
```

이 코드는 다음과 같은 시각화 결과물을 생성한다(1장에서 살펴본 것과 유사하다).

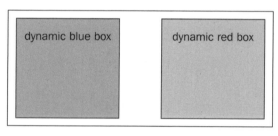

함수 연결

예제 분석

이전 예제와의 시각적 유사성에도 불구하고 이번 예제에서 다룬 DOM 요소의 생성 과정은 매우 다르다. section과 div 요소가 모두 존재하는 이전 예제와는 대조적으로 이번 예제에서는 정적인 HTML 요소가 하나도 없다.

이러한 요소들이 동적으로 생성되는 방법에 대해 한번 자세히 들여다보자. A에서 최상위 레벨인 body 요소 위에 일반적인 선택이 만들어졌다. body 선택 결과는 body라고 불리는 지역 변수를 사용해 임시로 저장된다. 그런 다음 B에서 새로운 요소인 section이 body에 추가됐다. 기억을 더듬어 보면 append 함수는 새롭게 추가된 요소를 포함하는 새로운 선택을 반환한다. 따라서 C의 id 속성은 새롭게 만들어진 섹션 요소인 section1으로 설정될 수 있다. 다음에 나오는 D에서 새로운 div 요소가 생성되고, E의 blue box로 설정된 CSS 클래스가 #section1에 추가됐다. F에서 유사하게 paragraph 요소에 G의 dynamic blue box라는 문자 내용을 설정하는 div 요소가 추가 됐다.

예제에서 보여주는 것처럼 이런 연속 과정은 임의의 복잡도의 어떠한 구조로 계속해서 만들 수 있다. 실제로 이러한 과정이 일반적인 D3 기반 데이터 시각화 구조가 만들어지는 방법이다. 많은 시각화 프로젝트는 HTML 골격만을 간단하게 포함하고 나머지 생성에 대해서는 D3에게 의지한다. 함수 연속의 이런 방법에 익숙해지는 것이 D3 라이브러리를 효율적으로 사용하기 위한 핵심이 될 것이다.

 select와 append, insert 함수와 같은 일부 D3의 수정자 함수는 새로운 선택을 반환한다. 여러분의 함수 체인이 적용된 선택을 구분 짓기 위해 적절한 들여쓰기를 사용하는 것은 좋은 연습이 될 것이다.

원시 선택 조작

개발 과정에서 디버깅을 하거나 원시^{raw} DOM 요소에 대한 접근이 필요한 다른 자바스크립트 라이브러리와의 결합이 요구될 때 D3 원시 선택 배열에 대한 접근이 아주 가끔 유용할 때가 있다. 이번 예제에서는 이러한 내용에 대해 다루고, 더불어 D3 선택 객체의 내부 구조에 대해서도 살펴본다.

준비

다음 파일을 다운로드한 후에 로컬 머신의 웹 브라우저에서 열어보자.

https://github.com/NickQiZhu/d3-cookbook/blob/master/src/chapter2/raw-selection.html

물론 이런 작업을 nth-child 선택자나 each를 통한 선택 반복자 함수를 사용해 수행할 수 있다. 하지만 일부 경우에 이러한 선택들이 다루기 힘들고 불편한 경우가 있다. 바로 이럴 때 원시 선택 배열을 사용하는 것이 더욱 편리한 접근이 될 것이다. 이번 예제에서는 원시 선택 배열에 접근하고 활용하는 방법을 알아본다.

```
<table class="table">
    <thead>
    <tr>
        <th>Time</th>
        <th>Type</th>
        <th>Amount</th>
    </tr>
    </thead>
    <tbody>
    <tr>
        <td>10:22</td>
        <td>Purchase</td>
        <td>$10.00</td>
    </tr>
    <tr>
        <td>12:12</td>
        <td>Purchase</td>
        <td>$12.50</td>
    </tr>
    <tr>
        <td>14:11</td>
        <td>Expense</td>
<td>$9.70</td>
    </tr>
    </tbody>
</table>
```

```
<script type="text/javascript">
    var rows = d3.selectAll("tr");// <-- A

    var headerElement = rows[0][0];// <-- B

    d3.select(headerElement).attr("class","table-header");// <--C

    d3.select(rows[0][1]).attr("class","table-row-odd"); //<-- D
    d3.select(rows[0][2]).attr("class","table-row-even"); //<-- E
    d3.select(rows[0][3]).attr("class","table-row-odd"); //<-- F
</script>
```

이 예제는 다음과 같은 시각화 결과물을 생성한다.

Time	Type	Amount
10:22	Purchase	$10.00
12:12	Purchase	$12.50
14:11	Expense	$9.70

원시 선택 조작

예제 분석

이번 예제에서는 존재하는 HTML 표에 색을 입히는 작업을 수행했다. 하지만 이것이 결코 D3를 사용해 테이블의 홀수와 짝수 행에 어떤 방법으로 색을 입히는가에 대한 좋은 예제는 아닐 것이다. 대신 이 예제는 원시 선택 배열에 대한 접근 방법을 보여주기 위해 디자인됐다.

 표의 홀수 행과 짝수 행에 색을 입히는 더 나은 방법은 each 함수와 인덱스 매개변수인 i를 사용해 작업을 수행하는 것이다.

A에서는 모든 행을 선택해 rows 변수에 그 선택을 저장했다. D3 선택은 2차원의 자바스크립트 배열로 저장된다. 선택된 요소들은 배열 안에 저장되며, 단일 요소 배열로 감싸진다. 그러므로 처음 선택된 요소에 접근하기 위해서는 rows[0][0]을 사용하고 두 번째 요소는 rows[0][1]로 접근할 수 있다. B에서 볼 수 있듯이 표의 헤더 요소는 rows[0][0]을 사용해 접근할 수 있고, 이것은 DOM 요소 객체로 반환된다. 앞 절에서 보여준 것처럼 어느 DOM 요소라도 C에 보이는 d3.select를 사용해 직접적으로 선택될 수 있다. D와 E, F는 선택에서 각 요소가 어떻게 직접 인덱스되고 접근되는지 보여준다.

원시 선택 접근은 종종 편리하기도 하지만, D3 선택 배열에 대한 직접적인 접근으로 인해서 코드에 구조적 의존성을 만들게 된다. 다시 말해 D3의 향후 배포판에서 이러한 구조가 변경되면 이 구조에 의존하는 코드를 더 이상 사용할 수 없다. 따라서 정말 필요한 경우가 아니라면 이러한 원시 선택 조작은 피하는 편이 좋을 것이다.

 이러한 접근법이 일반적으로 필요하지는 않지만, 각 요소의 절대 인덱스를 알고 편리하게 참조할 수 있는 유닛 테스트 같은 특정 상황에서는 가끔 유용하게 사용할 수 있다. 유닛 테스트에 대해서는 나중에 자세히 다룬다.

3

데이터 다루기

3장에서 다루는 내용은 다음과 같다.

- 데이터로 배열 바인딩
- 데이터로 객체 리터럴 바인딩
- 데이터로 함수 바인딩
- 배열 다루기
- 데이터 필터링
- 데이터 정렬
- 서버에서 데이터 불러오기

소개

3장에서는 모든 데이터 시각화 프로젝트에서 가장 필수적인 질문인 "데이터 가 프로그래밍 구성 요소와 이것의 시각화 메타포^{Metaphor}에서 표현되는 방 법"에 대해 알아본다. 이 주제를 시작하기 전에 데이터 시각화가 무엇인가 에 대해 알아볼 필요가 있다. 데이터 시각화가 무엇인지 이해하기 위해서는 먼저 데이터와 정보의 차이점을 이해해야 한다.

> 데이터는 가공되지 않은 진실이다. 가공되지 않았다는 것은 그 의미를 알아
> 내는 과정을 거치지 않았음을 말해준다. 정보는 가공되지 않은 진실에서 어
> 떤 의미를 밝힌 후의 결과를 의미한다.
>
> 롭 P., S. 모리스, 코로넬 C.(Rob P., S. Morris, and Coronel C. 2009)

디지털 정보 세계에서는 예로부터 데이터와 정보를 위와 같이 정의하고 있
다. 하지만 정보가 더 이상 단순히 가공된 사실의 결과가 아니라 그 사실에
대한 시각화 메타포이기 때문에 데이터 시각화는 이러한 정의에 대해 더욱
풍부한 해석을 제공한다. 마누엘 리마Manuel Lima의 "정보 시각화 선언문
(Information Visualization Manifesto)"에서 제안한 것처럼 물질세계에서 디자인은
기능을 수행하는 것으로 간주된다.

동일한 데이터 집합은 유효성 측면에서 동등한 주장을 할 수 있는 여러 가지
시각화를 생성할 수 있다. 같은 맥락으로 시각화는 데이터에 대한 제작자의 의
도를 전달하는 것이 다른 무엇보다 중요할 수 있다. 카드Card와 맥킨리Mackinlay,
슈나이더만Shneiderman은 실질적인 정보 시각화를 다음과 같이 표현했다.

> 컴퓨터의 지원과 상호작용 가능성, 추상 데이터의 시각화 표현의 사용은 인지
> 를 증폭시킨다.
>
> 카드와 맥킨리, 슈나이더만(1999)

다음 절에서는 데이터와 시각화 도메인을 연결하기 위해 D3가 제공하는 다
양한 기법들을 알아본다. 이는 데이터를 사용한 인지 증폭자cognition amplifier를
만들기 전에 알아야 할 첫 단계다.

입력-업데이트-종료 패턴

예를 들어 여러분의 데이터 집합에 존재하는 모든 데이터 포인트에 대해 단
일 막대를 그린 후 데이터 포인트가 바뀔 때마다 해당 막대의 길이를 업데이

트하고, 마침내 특정 데이터 포인트가 더 이상 존재하지 않는다면 그와 관련된 막대를 삭제하는 것과 같이 각 데이터와 시각화 표현을 매칭하는 작업은 복잡하고 지루한 것처럼 보인다. 이러한 복잡한 연결을 단순하게 구현하는 기발한 방법을 제공하기 위해 D3가 설계됐다. D3에서는 데이터와 시각화 표현 사이의 관계를 정의하는 방법으로 대개 **입력-업데이트-종료**enter-update-exit의 패턴으로 언급된다. 이 패턴은 대부분의 개발자가 잘 알고 있는 일반적인 **명령 방식**imperative method과는 크게 다르다. 하지만 이 패턴에 대한 이해는 D3 라이브러리를 효율적으로 사용하기 위한 필수 조건이며, 따라서 이번 절에서는 이러한 패턴에 대한 개념 설명에 초점을 맞춘다. 먼저 두 도메인에 대한 다음의 개념적 그림을 살펴보자.

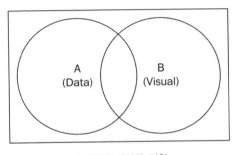

데이터와 시각화 집합

위의 그림에서 두 개의 원은 두 개의 연결된 집합을 나타낸다. 집합 A는 데이터 집합을 나타내고, 집합 B는 시각화 요소를 각각 나타낸다. 이것이 본질적으로 D3에서 데이터와 시각화 요소 사이의 관계를 보여주는 것이다. 기초적인 집합 이론이 데이터 시각화에 어떤 도움을 줄 수 있는지 궁금할 수도 있다. 간단히 설명하면 다음과 같다.

먼저 "현재 해당 데이터 요소를 나타내는 모든 시각화 요소를 어떻게 찾을 수 있을까?"라는 질문을 생각해보자. 이에 대한 정답은 A∩B 가 된다. 이는 A와 B의 교집합으로 데이터와 **시각화** 도메인 양쪽 모두에 존재하는 요소들을 나타낸다.

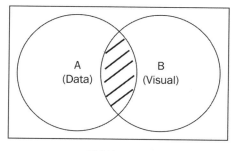

업데이트 모드

음영 처리된 부분은 두 집합 A와 B의 교집합을 나타낸다. D3에서는 `selection.data` 함수가 이러한 교집합(A∩B) 선택을 위해 사용될 수 있다.

선택에서 `selection.data(data)` 함수는 앞선 설명한 것처럼 데이터 도메인과 시각화 도메인 사이의 연결을 설정한다. 초기 선택은 시각화 집합 B를 형성하고, data 함수에 의해 제공된 데이터는 데이터 집합 A를 각각 형성한다. 이 함수의 반환된 결과는 교집합 내에 존재하는 모든 요소의 새로운 선택(데이터 바인딩 선택)이다. 이제 여러분은 이 새로운 선택에 수정자 함수를 호출해 존재하는 모든 요소들에 대한 업데이트를 진행할 수 있다. 이 선택 모드를 보통 **업데이트**update 모드라고 이야기한다.

다음으로 "아직 시각화가 되지 않은 데이터를 어떻게 할당해야 할까?"라는 질문을 던져보자. 이에 대한 정답은 A\B로 표현되며, 다음 그림에서 보여주는 것처럼 A와 B의 차집합이 될 것이다.

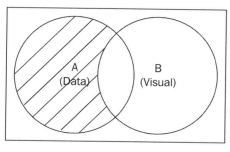

입력 모드

집합 A의 음영 처리된 부분은 아직 시각화되지 않은 데이터 포인트를 나타낸다. A\B의 부분집합에 대해 접근하려면 enter() 함수가 데이터 바인딩 D3 선택(data 함수에 의해 반환된 선택)에서 수행돼야 한다.

selection.data(data).enter() 함수는 시각화 도메인에서 아직 표현되지 않은 데이터를 포함하며, A\B 부분집합으로 표현되는 새로운 선택을 반환한다. 정규 수정자 함수는 주어진 데이터 요소를 표현하는 새로운 시각화 요소를 만들기 위해 이 새로운 선택 메소드와 연결할 수 있다. 이러한 선택 모드는 간단하게 **입력**Enter 모드라고 한다.

마지막으로 데이터 집합에는 존재하지만 더 이상 시각화에 대응하는 데이터 요소가 없는 시각화 요소에 대해 알아보자. 어떻게 이런 종류의 시각화 요소가 존재하는지 의문이 생길 수도 있는데, 이는 데이터 집합에서 요소들을 제거함으로써 주로 발생된다. 데이터 집합에서 모든 데이터를 시각화한 후에 몇 개의 데이터 요소를 제거했다면 유효한 데이터 포인트를 갖지 않은 시각화 요소를 갖게 될 것이다. 이 부분집합은 B\A로 표현되며, 업데이트 차이의 역reverse으로 구할 수 있다.

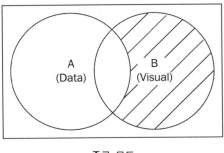

종료 모드

위 그림에서 음영 처리된 부분은 여기서 언급한 차이를 나타낸다. 부분집합은 데이터 바인딩 선택에서 selection.exit 함수를 사용해 선택할 수 있다.

selection.data(data).exit 함수가 데이터 바인딩 D3 선택에서 호출되면 유효한 데이터 요소와 연결돼 있지 않은 모든 시각화 요소를 포함한 새로운 선택을 계산한다. 유효한 D3 선택 객체로서 수정자 함수는 시각화에서 더 이상 필요하지 않은 시각화 요소들을 업데이트하고 제거하기 위해 이 선택과 연결할 수 있다. 이 선택 모드를 **종료**^Exit 모드라고 부른다.

앞서 언급한 세 가지 선택 모드는 데이터와 시각화 도메인 사이에서 발생할 수 있는 모든 경우를 다룰 수 있다. **입력-업데이트-종료** 패턴은 모든 D3 시각화의 초석이 되며, 3장의 예제들을 통해 이러한 선택 메소드들이 데이터 기반 시각화 요소를 어떻게 효과적이고 손쉽게 만들어내는지 살펴본다.

데이터로 배열 바인딩

D3 시각화에서 데이터를 정의하는 가장 일반적이고도 많이 사용되는 방법은 자바스크립트 배열을 사용하는 것이다. 예를 들어 배열에 많은 데이터 요소를 갖고 있고, 각각의 요소에 대해 이에 상응하는 시각화 요소를 생성하고자 할 때나 데이터 배열을 업데이트해 그 결과를 시각화 요소에서 바로 적용하고자 할 때 자바스크립트 배열을 많이 사용한다. 이번 예제에서는 이러한 일반적인 접근 방법에 대해 알아본다.

준비

다음 파일을 다운로드한 후에 로컬 머신의 웹 브라우저에서 열어보자.

https://github.com/NickQiZhu/d3-cookbook/blob/master/src/chapter3/array-as-data.html

머릿속에서 가장 먼저 떠오르는 자연스러운 방법은 데이터 배열 요소를 반복하고 페이지에서 해당되는 시각화 요소를 생성하는 것이다. 이런 방법은 확실하게 유효하며, D3를 사용해 완벽하게 구현할 수 있다. 하지만 앞서 이야기한 입력-업데이트-종료 패턴이 더 쉽고 효율적인 방법으로 이에 해당하는 시각화 요소들을 생성할 수 있다. 다음 코드를 참고해 이 패턴을 사용하는 방법을 한번 살펴보자.

```
var data = [10, 15, 30, 50, 80, 65, 55, 30, 20, 10, 8]; // <- A

function render(data) { // <- B
    // Enter
    d3.select("body").selectAll("div.h-bar") // <- C
        .data(data) // <- D
        .enter() // <- E
        .append("div") // <- F
            .attr("class", "h-bar")
                .append("span"); // <- G

    // Update
    d3.select("body").selectAll("div.h-bar")
        .data(data)
            .style("width", function (d) { // <- H
                return (d * 3) + "px";
            })
            .select("span") // <- I
                .text(function (d) {
                    return d;
                });

    // Exit
    d3.select("body").selectAll("div.h-bar")
        .data(data)
        .exit() // <- J
```

```
        .remove();
}

setInterval(function () { // <- K
    data.shift();
    data.push(Math.round(Math.random() * 100));

    render(data);
}, 1500);

render(data);
```

이 예제는 다음과 같은 시각화 결과물을 생성한다.

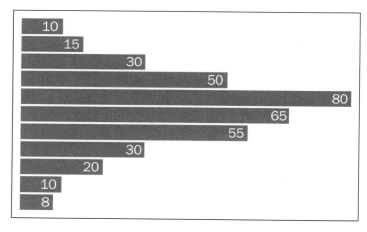

배열로서의 데이터

이번 예제에서 데이터(이번 경우에 정수 배열)는 A에서 보이는 것처럼 간단한 자바스크립트 배열로 저장됐다. render 함수는 B에서 정의됐으며, 시각화 업데이트를 할 때마다 반복적으로 호출될 수 있다. 입력^Enter 선택 구현은 C로 표시된 행에서 시작되며, 웹 페이지 내에서 h-bar CSS 클래스를 가진 모든 div 요소를 선택한다. 웹 페이지 내에 존재하지도 않은 div 요소를 선택하는 이유가 무엇인지 궁금할 것이다. 일반적인 관점에서는 올바른 추론일 수 있지만, 이 시점의 선택은 앞의 '소개' 절에서 다뤘던 시각화 집합을 정의하기 위해 사용됐다. C에서 이야기한 선택을 실행함으로써 시각화 집합을 만들기 위해서는 웹 페이지에 반드시 div.h-bar 요소 집합이 있어야 한다는 것을 본질적으로 선언한다. D에서는 앞으로 생성될 시각화 요소를 데이터 집합의 배열로 바인딩하기 위해 이 초기 선택에 data 함수를 호출한다. 일단 두 집합이 정의되면 enter() 함수가 아직 시각화되지 않은 모든 요소를 선택하기 위해 사용될 수 있다. render 함수가 처음 호출되면 다음 코드 조각과 같이 데이터 배열 안의 모든 요소를 반환한다.

```
d3.select("body").selectAll("div.h-bar") // <- C
        .data(data) // <- D
    .enter() // <- E
        .append("div") // <- F
            .attr("class", "h-bar")
        .append("span"); // <- G
```

F에서는 새로운 div 요소가 생성돼 enter 함수에서 선택된 각 데이터 요소의 body 요소에 추가된다. 이것은 기본적으로 각 데이터 요소에 대해 하나의 div 요소를 만든다. 마지막으로 G에서 span이라고 불리는 요소가 생성돼 CSS 클래스를 h-bar로 설정한 div 요소에 추가된다. 이제 빈 div와 span을 포함하는 시각화의 기본적인 골격이 다 만들어졌다. 다음 단계로 주어진 데이터를 사용해 시각화 속성을 변경해보자.

D3는 시각화 요소와 데이터를 함께 관리하기 위해 __data__로 불리는 속성을 DOM 요소에 주입한다. 따라서 수정된 데이터 집합을 사용해 선택이 만들어지면 D3는 그 차이점과 교차점을 올바르게 계산할 수 있다. 여러분이 디버거를 사용하거나 프로그래밍적인 방법으로 DOM 요소를 살펴본다면 이러한 속성을 쉽게 확인할 수 있다.

```
▼ Properties
  ▼ div.h-bar
      __data__: 30
      accessKey: ""
```

위의 스크린샷에서 보여주는 것처럼 이러한 정보는 디버깅을 할 때 굉장히 유용할 것이다.

array-as-data.html 파일의 Update 부분에서 처음 나오는 두 줄은 Enter 섹션에서 다룬 내용과 완전히 일치하고, 이는 데이터 집합과 시각화 집합을 각각 정의한다. 주된 차이점은 H에서 살펴볼 수 있는데, 이전 문단의 Enter 섹션에서 사용된 코드와 같이 enter 함수를 호출하는 대신에 Update 모드에서는 data 함수에 의해 만들어진 선택에 직접적으로 수정자 함수를 적용했다. Update 모드에서 data 함수는 데이터 집합과 시각화 집합 사이의 교집합(A∩B)을 반환한다. H에서는 다음 코드 조각에서 보여주는 것과 같이 각 시각화 요소와 연결된 정수 값의 3배를 width에 동적 스타일 속성으로 적용했다.

```
d3.select("body").selectAll("div.h-bar")
    .data(data)
        .style("width", function (d) { // <- H
            return (d * 3) + "px";
        })
        .select("span") // <- I
            .text(function (d) {
                return d;
            });
```

모든 D3 수정자 함수는 바로 그 값을 계산하기 위해 이런 유형의 동적 함수를 허용한다. 이런 것들이 시각화에서 "Data Drive"의 의미를 가진다. 따라서 이번 예제에서는 이러한 함수가 어떤 목적을 위해 설계됐는지 이해하는 것이 매우 중요한다. 이 함수는 현재 요소와 연결된 데이터인 매개변수 d를 받는다. 이번 예제에서의 첫 번째 div 막대는 데이터 배열의 첫 번째 값과 동일한 10의 값을 가진다. 두 번째 막대 또한 이와 같은 방식으로 15의 값을 갖고, 나머지 막대들도 같은 맥락으로 값을 갖게 된다. 그러므로 이 함수는 현재 갖고 있는 데이터 값을 3배를 계산해 width의 픽셀 값으로 반환한다.

또 한 가지 흥미로운 점은 span 속성을을 언급한 I에서 찾을 수 있다. span 요소의 자식 또한 동적 수정자 함수를 사용하고 부모 요소로부터 전파된 동일한 데이터에 대한 접근이 가능하다. 이런 것들이 D3 데이터 바인딩의 기본 동작이다. 데이터 바인딩^{data binding}된 요소에 추가된 모든 요소는 자동으로 부모 데이터를 상속받는다.

> 동적 수정자 함수는 실질적으로 d와 i의 두 매개변수를 받는다. 첫 번째 d 매개변수는 여기서 이야기한 데이터와 관련이 있고, i는 0에서부터 시작되는 인덱스며, 현재 요소의 위치를 나타낸다. 2장의 일부 예제에서 이미 인덱스를 한번 다뤄봤으며, 앞으로도 이 인덱스를 사용하는 다양한 방법에 대해 더 많은 예제를 통해 알아본다.

다음은 업데이트 과정으로부터 생성된 원시 HTML 코드다.

```
<div class="h-bar" style="width: 30px;">
<span>10</span>
</div>
<div class="h-bar" style="width: 45px;">
<span>15</span>
</div>
....
<div class="h-bar" style="width: 24px;">
<span>8</span>
</div>
```

F와 G의 입력(enter) 모드에서 생성되고 추가된 요소들은 자동으로 업데이트 (update) 집합에 추가된다. 따라서 시각화 속성 수정 로직은 코드상의 입력(enter)과 업데이트(update) 모두에서 반복할 필요는 없다.

마지막은 종료(Exit) 섹션이며, 다음과 같이 간단하게 보인다.

```
d3.select("body").selectAll("div.h-bar")
    .data(data)
    .exit() // <- J
    .remove();
```

exit() 함수에 의해 반환된 선택 또한 다른 선택과 동일하다. 따라서 remove가 종료 (exit) 선택에 있어서 가장 일반적인 행동 패턴이지만, 이 선택에 다른 수정자나 전환 을 적용할 수 있다. 다음에 나올 장들에서 이러한 옵션들에 대해 알아본다.

J에서 exit() 함수는 데이터와 더 이상 연관돼 있지 않은 모든 시각화 요소 의 차집합$^{set\ difference}$을 계산하기 위해 호출됐다. 마지막으로 이 선택에 remove() 함수가 호출돼 exit() 함수에서 선택된 모든 요소를 제거한다. 매번 데이터를 변경한 후에 render() 함수를 호출한다면 시각화 표현과 데 이터는 항상 동기화를 유지할 수 있다.

나머지 코드 블록은 다음과 같다.

```
setInterval(function () { // <- K
    data.shift();
    data.push(Math.round(Math.random() * 100));
    render(data);
}, 1500);
```

K에서 function()이라는 간단한 함수가 만들어졌다. 이 함수는 1.5초마다

`shift` 함수를 사용해 데이터 배열에서 가장 앞선 요소를 제거하는 동시에 `push()` 함수를 사용해 임의의 정수 값을 생성해서 데이터 배열에 추가한다. 데이터 배열이 업데이트되면 `render()` 함수가 다시 호출돼 새로운 데이터 집합과 시각화를 동기화시켜준다. 여기까지가 예제에서 살펴봤던 움직이는 막대 차트를 만들어주는 역할을 한다.

데이터로 객체 리터럴 바인딩

좀 더 복잡한 시각화에서는 데이터 배열의 각 요소가 원시 정수 값이나 문자 열이 아닌 자바스크립트 객체 자신이 될 수도 있다. 이번 예제에서는 D3를 사용해 시각화에서 이러한 복잡한 데이터 구조를 활용하는 방법을 알아본다.

준비

다음 파일을 다운로드한 후에 로컬 머신의 웹 브라우저에서 열어보자.

https://github.com/NickQiZhu/d3-cookbook/blob/master/src/chapter3/object-as-data.html

예제 구현

자바스크립트 객체 리터럴은 웹에서 데이터 소스를 불러올 때 마주하는 가 장 일반적인 데이터 구조일 것이다. 이번 예제에서는 자바스크립트 객체를 사용해 풍부한 시각화를 생성하는 방법을 살펴본다. 다음 코드 예제를 살펴 보자.

```
var data = [ // <- A
    {width: 10, color: 23},{width: 15, color: 33},
    {width: 30, color: 40},{width: 50, color: 60},
    {width: 80, color: 22},{width: 65, color: 10},
```

```
            {width: 55, color: 5},{width: 30, color: 30},
            {width: 20, color: 60},{width: 10, color: 90},
            {width: 8, color: 10}
        ];

    var colorScale = d3.scale.linear()
            .domain([0, 100]).range(["#add8e6", "blue"]); // <- B

    function render(data) {
        d3.select("body").selectAll("div.h-bar")
            .data(data)
            .enter().append("div")
                .attr("class", "h-bar")
            .append("span");

        d3.select("body").selectAll("div.h-bar")
            .data(data)
            .exit().remove();

        d3.select("body").selectAll("div.h-bar")
            .data(data)
                .attr("class", "h-bar")
                .style("width", function (d) { // <- C
                    return (d.width * 5) + "px"; // <- D
                })
                .style("background-color", function(d){
                    return colorScale(d.color); // <- E
                })
                .select("span")
                    .text(function (d) {
                        return d.width; // <- F
                    });
    }

    function randomValue() {
        return Math.round(Math.random() * 100);
    }
```

```
setInterval(function () {
    data.shift();
    data.push({width: randomValue(), color: randomValue()});
    render(data);
}, 1500);

render(data);
```

이 예제는 다음의 시각화를 생성한다.

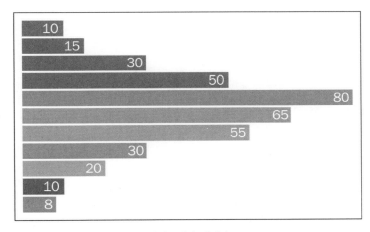

객체로서의 데이터

예제 분석

이번 예제에서는 이전에 다뤘던 간단한 정수 대신에 객체로 구성된 데이터 배열을 다룬다. 각 데이터 객체는 width와 color 속성을 정수 값으로 갖고 있다.

 이번 예제는 바로 이전 예제를 기반으로 만들어졌기 때문에 아직 입력-업데이트-종료 패턴에 익숙하지 않다면 앞선 예제들을 먼저 살펴보는 것을 추천한다.

```
var data = [ // <- A
    {width: 10, color: 23},{width: 15, color: 33},
    ...
    {width: 8, color: 10}
];
```

 B에서 복잡하게 보이는 색상 스케일이 정의됐다. 색상 스케일을 포함한 스케일에 대해서는 4장에서 자세히 다룰 것이기 때문에 여기 나온 스케일 함수는 주어진 정수 입력 값으로 CSS와 호환되는 색상을 생성할 수 있는 함수라고만 생각하면 좋다. 이번 예제의 목적으로는 이 설명으로 충분할 것이다.

C에서 알 수 있듯이 이번 예제가 데이터를 다루는 방식에서 이전 예제와 큰 차이가 있다.

```
function (d) { // <- C
    return (d.width * 5) + "px"; // <- D
}
```

위의 코드 조각에서 볼 수 있듯이 이번 예제에서는 각 시각 요소와 연관된 데이터는 정수가 아닌 객체다. 따라서 D에서와 같이 d.width를 통해 속성에 접근할 수 있다.

 여러분의 객체가 자신의 함수를 가진다면 이 또한 동적 수정자 함수를 통해 접근이 가능하다. 이러한 방법은 일부 데이터-특정 도우미 함수를 추가하면 편리하다. 하지만 시각화 과정에서 동적 함수가 수도 없이 호출되기 때문에 이런 함수는 반드시 효율적으로 구현해야 한다. 이러한 과정이 어렵다면 데이터를 시각화로 바인딩하기 전에 전처리 과정을 거치는 것이 가장 좋은 대안이 될 것이다.

E와 유사하게 background-color 스타일은 기존에 정의한 색 스케일인 d.color 속성을 사용해 계산할 수 있다.

```
.style("background-color", function(d){
    return colorScale(d.color); // <- E
})
.select("span")
    .text(function (d) {
        return d.width; // <- F
});
```

자식 요소 span은 부모의 관련 데이터를 다시 상속받는다. 따라서 텍스트 내용을 d.width 속성으로 설정하는 F의 동적 수정자 함수에서도 동일한 데이터 객체에 접근할 수 있다.

이번 예제에서는 자바스크립트 객체가 얼마나 쉽게 시각화 요소와 결합할 수 있는지 이전 예제에서 사용한 동일한 메소드를 가지고 알아봤다. 이러한 점이 D3 라이브러리의 강력한 기능 중에 하나며, 단순하거나 복잡한 다른 종류의 데이터를 다룰 때에도 같은 패턴과 메소드를 재사용할 수 있게 해준다. 다음 예제에서 더 많은 예제를 통해 이 주제를 다뤄보자.

데이터로 함수 바인딩

함수형 스타일 자바스크립트 프로그래밍에서 D3의 뛰어난 지원 혜택 중 하나는 함수를 데이터로 취급할 수 있다는 점이다. 이 특별한 기능은 어떤 환경에서 굉장히 큰 힘을 발휘한다. 이번에 다루는 예제는 기존보다 좀 더 난이도가 있다. D3가 처음이고 이해하기 어렵다고 해서 너무 걱정할 필요는 없다. 시간이 지남에 따라 이러한 사용법들은 자연스러워질 것이다.

다음 파일을 다운로드한 후에 로컬 머신의 웹 브라우저에서 열어보자.

https://github.com/NickQiZhu/d3-cookbook/blob/master/src/chapter3/function-as-data.html

예제 구현

이번 예제에서는 시각화 요소를 위한 데이터로, 함수 자신을 바인딩하는 가능성에 대해 알아본다. 이런 방법이 올바르게 사용만 된다면 굉장히 강력하고 유연함을 제공할 것이다.

```javascript
<div id="container"></div>

<script type="text/javascript">
    var data = []; // <- A

    var next = function (x) { // <- B
        return 15 + x * x;
    };

    var newData = function () { // <- C
        data.push(next);
        return data;
    };

    function render(){
        var selection = d3.select("#container")
            .selectAll("div")
            .data(newData); // <- D

        selection.enter().append("div").append("span");

        selection.exit().remove();

        selection.attr("class", "v-bar")
```

```
            .style("height", function (d, i) {
                return d(i)+"px"; // <- E
            })
        .select("span")
            .text(function(d, i){
                return d(i); } // <- F
            );
    }

    setInterval(function () {
        render();
    }, 1500);

    render();
</script>
```

앞의 코드는 다음과 같은 막대 차트를 생성한다.

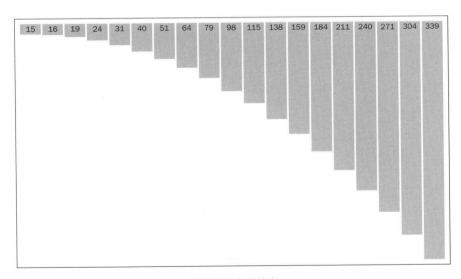

함수로서의 데이터

이번 예제에서는 막대의 크기가 정수 값으로 보여주는 세로막대를 사용해 수식 15 + x * x를 시각화하기로 선택했다. 이 시각화는 1.5초마다 이전에 만들어진 막대의 오른쪽에 새로운 막대를 추가한다. 물론 앞에서 다룬 두 가지 예제에서 소개된 방법을 사용해 이 시각화를 구현할 수 있다. 먼저 공식을 사용해 정수 배열을 생성한 다음에 시각화를 새로 렌더링하기 전에 1.5초마다 n에서 n+1까지의 새로운 정수를 추가하면 된다. 하지만 이번 예제에서는 좀 더 함수로의 접근 방식으로 다뤄보겠다.

A와 같이 이번에는 텅 빈 배열로 한번 시작해보자. B에서는 간단한 함수가 15 + x^2의 결과를 계산하기 위해 정의됐다. C에서는 next 함수를 통해 n+1 참조를 포함하는 또 다른 함수가 현재 데이터 집합을 생성하기 위해 만들어졌다. 함수적 데이터 정의에 대한 코드는 다음과 같이 표현된다.

```
var data = []; // <- A

var next = function (x) { // <- B
    return 15 + x * x;
};

var newData = function () { // <- C
    data.push(next);
    return data;
};
```

이런 코드는 시각화 목표를 달성하기 위해서는 조금 이상하게 보이다. 이제 이러한 함수들은 시각화 코드에서 활용할 수 있는 방법에 대해 알아보자. D에서는 이전 예제에서 했던 것과 동일하게 div 요소들의 선택을 데이터로 바인딩한다. 하지만 이번 경우에 데이터는 배열이 아닌 newData 함수가 된다.

```
var selection = d3.select("#container")
    .selectAll("div")
```

```
        .data(newData); // <- D
```

데이터를 다루는 데 있어서 D3는 굉장히 유연한 모습을 보여준다. data 함수에 함수를 제공한다면 D3는 주어진 함수를 호출해 반환된 값을 data 함수의 매개변수 값으로 사용할 것이다. 이번 경우에 newData 함수로 인해 반환되는 데이터는 함수 참조의 배열이고, 그 결과 E와 F를 통해 볼 수 있는 동적 수정자 함수에서 다음 코드와 같이 이 함수로 전달되는 데이터 d가 실제 next 함수의 참조가 된다.

```
selection.attr("class", "v-bar")
    .style("height", function (d, i) {
        return d(i)+"px"; // <- E
    })
    .select("span")
    .text(function(d, i){
    return d(i); } // <- F
    );
```

함수에 대한 참조로서 d는 인덱스 i와 함께 매개변수로 호출될 수 있다. 이를 통해 우리 시각화에 필요한 공식 결과물을 생성할 수 있다.

자바스크립트에서 함수는 특별한 객체다. 따라서 의미상으로 함수는 데이터로 객체를 바인딩하는 것과 정확하게 같다. 뿐만 아니라 데이터 또한 함수로 다룰 수 있다. 정수와 같은 상수 변수는 수정 없이 단순한 반환만을 수행하는 정적 함수로 간주할 수 있다.

이런 기술적 방법은 시각화에서 가장 일반적으로 사용되고 있지는 않지만, 적절하게 사용된다면 굉장히 유연하며 강력하다. 특히 여러분이 유동적인 데이터 집합fluid data set을 가질 때 그 진가를 발휘한다.

데이텀(Datum, Data의 단수 표현) 함수는 일반적으로 멱등수(idempotent)가 될 필요가 있다. 멱등원(idempotence)은 초기 애플리케이션 이상의 결과를 변경하지 않고, 같은 입력에 같은 함수를 여러 번 적용할 수 있게 하는 속성이다.

http://en.wikipedia.org/wiki/Idempotence

배열 다루기

대부분의 데이터는 배열로 저장되고, 우리는 배열의 데이터를 초기화하고 재구성하는 데 많은 노력을 할애한다. 이러한 이유로 D3에서는 이러한 작업을 훨씬 쉽게 만들어주는 다양한 배열 중심의 유틸리티 함수를 제공한다. 이번 예제에서는 가장 일반적이고 유용한 유틸리티에 대해 알아보자.

준비

다음 파일을 다운로드한 후에 로컬 머신의 웹 브라우저에서 열어보자.

https://github.com/NickQiZhu/d3-cookbook/blob/master/src/chapter3/working-with-array.html

예제 구현

다음 예제 코드는 D3 라이브러리에서 제공되는 가장 일반적이고 유용한 배열 유틸리티 함수와 그 효과를 보여준다.

```
<script type="text/javascript">
    // 정적 html 코드는 공간 제약으로 인해 생략됐다.
    var array = [3, 2, 11, 7, 6, 4, 10, 8, 15];

    d3.select("#min").text(d3.min(array));
    d3.select("#max").text(d3.max(array));
```

```
d3.select("#extent").text(d3.extent(array));
d3.select("#sum").text(d3.sum(array));
d3.select("#median").text(d3.median(array));
d3.select("#mean").text(d3.mean(array));
d3.select("#asc").text(array.sort(d3.ascending));
d3.select("#desc").text(array.sort(d3.descending));
d3.select("#quantile").text(
    d3.quantile(array.sort(d3.ascending), 0.25)
);
d3.select("#bisect").text(
    d3.bisect(array.sort(d3.ascending), 6)
);

var records = [
    {quantity: 2, total: 190, tip: 100, type: "tab"},
    {quantity: 2, total: 190, tip: 100, type: "tab"},
    {quantity: 1, total: 300, tip: 200, type: "visa"},
    {quantity: 2, total: 90, tip: 0, type: "tab"},
    {quantity: 2, total: 90, tip: 0, type: "tab"},
    {quantity: 2, total: 90, tip: 0, type: "tab"},
    {quantity: 1, total: 100, tip: 0, type: "cash"},
    {quantity: 2, total: 90, tip: 0, type: "tab"},
    {quantity: 2, total: 90, tip: 0, type: "tab"},
    {quantity: 2, total: 90, tip: 0, type: "tab"},
    {quantity: 2, total: 200, tip: 0, type: "cash"},
    {quantity: 1, total: 200, tip: 100, type: "visa"}
];

var nest = d3.nest()
    .key(function (d) { // <- A
        return d.type;
    })
    .key(function (d) { // <- B
        return d.tip;
    })
```

```
            .entries(records); // <- C

        d3.select("#nest").html(printNest(nest, ""));

    function printNest(nest, out, i) {
        if(i === undefined) i = 0;

        var tab = "";
        for(var j = 0; j < i; ++j)
            tab += " ";

        nest.forEach(function (e) {
            if (e.key)
                out += tab + e.key + "<br>";
            else
                out += tab + printObject(e) + "<br>";
            if (e.values)
                out = printNest(e.values, out, ++i);
            else
                return out;
        });

        return out;
    }

    function printObject(obj) {
        var s = "{";
        for (var f in obj) {
            s += f + ": " + obj[f] + ", ";
        }
        s += "}";
        return s;
    }
</script>
```

앞의 코드는 다음과 같은 결과를 생성한다.

```
d3.min => 2
```

```
d3.max => 15
d3.extent => 2,15
d3.sum => 66
d3.median => 7
d3.mean => 7.333333333333333
array.sort(d3.ascending) => 2,3,4,6,7,8,10,11,15
array.sort(d3.descending) => 15,11,10,8,7,6,4,3,2
d3.quantile(array.sort(d3.ascending), 0.25) => 4
d3.bisect(array.sort(d3.ascending), 6) => 4
tab
    100
        {quantity: 2, total: 190, tip: 100, type: tab, }
        {quantity: 2, total: 190, tip: 100, type: tab, }
    0
        {quantity: 2, total: 90, tip: 0, type: tab, }
        {quantity: 2, total: 90, tip: 0, type: tab, }
        {quantity: 2, total: 90, tip: 0, type: tab, }
        {quantity: 2, total: 90, tip: 0, type: tab, }
        {quantity: 2, total: 90, tip: 0, type: tab, }
        {quantity: 2, total: 90, tip: 0, type: tab, }
visa
    200
        {quantity: 1, total: 300, tip: 200, type: visa, }
    100
        {quantity: 1, total: 200, tip: 100, type: visa, }
cash
    0
        {quantity: 1, total: 100, tip: 0, type: cash, }
        {quantity: 2, total: 200, tip: 0, type: cash, }
```

예제 분석

D3는 자바스크립트 배열의 작업을 수행하는 데 도움이 되는 다양한 유틸리티 함수를 제공한다. 대부분의 함수는 직관적이고 사용하기 편리하지만, 약

간의 함수는 그렇지 않은 경우도 있다. 이번 절에서는 이러한 함수들에 대해 간단하게 알아본다.

주어진 배열 [3, 2, 11, 7, 6, 4, 10, 8, 15]에서 함수는 다음과 같다.

- **d3.min** 이 함수는 가장 작은 요소를 검색한다, 여기서는 2다.
- **d3.max** 이 함수는 가장 큰 요소를 검색한다, 여기서는 15다.
- **d3.extent** 이 함수는 가장 작은 요소와 큰 요소를 동시에 검색한다, 여기서는 [2, 15]다.
- **d3.sum** 이 함수는 배열 안의 모든 요소의 합을 검색한다, 여기서는 66이다.
- **d3.medium** 이 함수는 중간 값을 찾는다, 여기서는 7이다.
- **d3.mean** 이 함수는 평균을 계산한다, 여기서는 7.33이다.
- **d3.ascending / d3.descending** d3 객체는 자바스크립트 배열을 정렬하는 데 사용할 수 있는 내부 비교자 함수를 갖고 있다.

  ```
  d3.ascending = function(a, b) { return a < b ? -1 : a >
      b ? 1 : 0; }
  d3.descending = function(a, b) { return b < a ? -1 : b >
      a ? 1 : 0; }
  ```

- **d3.quantile** 이 함수는 이미 정렬된 배열에서 변의 위치를 오름차순으로 계산한다. 이 경우 0.25의 변의 위치는 4다.
- **d3.bisect** 이 함수는 이미 정렬된 배열의 (오른쪽에 해당하는) 기존 요소 다음의 삽입점을 찾는다. bisect(array, 6)를 사용하며, 4의 값을 제공한다.
- **d3.nest** D3 nest 함수는 평면적인 배열 기반 데이터 구조를 특히 일부 시각화 유형에 적절한 계층적인 중첩 구조로 변환하는 알고리즘을 만드는 데 사용될 수 있다. A와 B를 살펴보면 D3 nest 함수는 nest에 연결된 key 함수를 사용해 설정할 수 있다.

```
var nest = d3.nest()
    .key(function (d) { // <- A
        return d.type;
    })
    .key(function (d) { // <- B
        return d.tip;
    })
    .entries(records); // <- C
```

다수의 key 함수는 다양한 중첩 단계를 생성하기 위해 제공된다. 이번 경우는 다음 결과에서 보여주듯이 type에 따른 첫 번째와 tip에 따른 두 번째의 두 단계로 중첩이 구성됐다.

```
tab
    100
        {quantity: 2, total: 190, tip: 100, type: tab, }
        {quantity: 2, total: 190, tip: 100, type: tab, }
```

마지막으로 entries 함수는 C에서 보여주는 것처럼 평면적인 배열 기반의 데이터 집합을 제공하기 위해 사용됐다.

데이터 필터링

사용자 입력에 따라 다른 하위 데이터 집합을 숨기거나 표시할 수 있게 관련된 데이터 요소를 기반으로 해서 D3 선택을 필터링해야 한다고 상상해보자. D3 선택은 이런 종류의 데이터 기반 필터링을 수행하기 위해 필터 함수를 제공한다. 이번 예제를 통해 데이터 기반 방법에서 시각화 요소 필터링을 활용하는 방법에 대해 알아보자.

준비

다음 파일을 다운로드한 후에 로컬 머신의 웹 브라우저에서 열어보자.

https://github.com/NickQiZhu/d3-cookbook/blob/master/src/chapter3/data-filter.html

다음 예제 코드는 데이터 기반 필터링이 분류를 기반으로 하는 다른 시각 요소를 강조하기 위해 활용될 수 있다는 것을 보여준다.

```
<script type="text/javascript">
    var data = [ // <-A
        {expense: 10, category: "Retail"},
        {expense: 15, category: "Gas"},
        {expense: 30, category: "Retail"},
        {expense: 50, category: "Dining"},
        {expense: 80, category: "Gas"},
        {expense: 65, category: "Retail"},
        {expense: 55, category: "Gas"},
        {expense: 30, category: "Dining"},
        {expense: 20, category: "Retail"},
        {expense: 10, category: "Dining"},
        {expense: 8, category: "Gas"}
    ];
    function render(data, category) {
        d3.select("body").selectAll("div.h-bar") // <-B
                .data(data)
            .enter()
            .append("div")
                .attr("class", "h-bar")
            .append("span");

        d3.select("body").selectAll("div.h-bar") // <-C
                .data(data)
            .exit().remove();

        d3.select("body").selectAll("div.h-bar") // <-D
```

```
                    .data(data)
                .attr("class", "h-bar")
                .style("width", function (d) {
                    return (d.expense * 5) + "px";}
                )
                .select("span")
                    .text(function (d) {
                        return d.category;
                    });

            d3.select("body").selectAll("div.h-bar")
                    .filter(function (d, i) { // <-E
                    return d.category == category;
                    })
                    .classed("selected", true);
        }

        render(data);

        function select(category) {
            render(data, category);
        }
</script>

<div class="control-group">
    <button onclick="select('Retail')">
        Retail
    </button>
    <button onclick="select('Gas')">
        Gas
    </button>
    <button onclick="select('Dining')">
        Dining
    </button>
    <button onclick="select()">
        Clear
    </button>
```

```
</div>
```

앞의 코드는 Dining 버튼을 클릭했을 때 다음과 같은 시각화 결과물을 생성
한다.

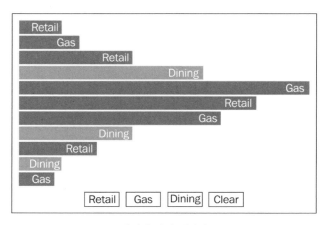

데이터 기반 필터링

예제 분석

이번 예제에서 expense와 category를 속성으로 갖는 개인 지출 기록 리스
트로 구성된 데이터 집합을 가지며, 이는 코드에 A로 표시돼 있다. B와 C,
D에서는 지출 기록을 나타내기 위해 표준 입력-업데이트-종료 패턴을 사용
하는 다수의 수평 막대(HTML div)가 만들어졌다. 지금까지 이번 예제는 데이
터로 객체 리터럴 바인딩하기 예제와 유사한다. E를 먼저 살펴보자.

```
filter(function (d, i) { // <-E
    return d.category == category;
})
```

D3 selection.filter 함수는 이것의 매개변수로 함수를 가진다. 이는 현
재 선택의 모든 요소에 대해 이 함수를 적용한다. filter에 주어진 함수는

숨겨진 참조와 함께 두 매개변수를 가진다.

- **d** 현재 요소와 연관된 데이터다.
- **i** 현재 요소에 대한 0 기반의 인덱스다.
- **this** 현재 DOM 요소의 숨겨진 참조를 가진다.

D3 selection.filter 함수는 주어진 함수가 불리언^{Boolean}(참 또는 거짓) 값을 반환할 것으로 기대한다. 반환된 값이 참이라면 이에 상응하는 요소는 filter 함수에 의해 반환된 새로운 선택으로 포함될 것이다. 예제에서 filter 함수는 본질적으로 사용자가 선택한 분류에 부합하는 모든 막대를 선택했다. 그리고 각각에 CSS 클래스 selected를 적용했다. 이 메소드는 선택된 시각화를 생성하기 위한 조작이나 해부를 할 수 있는 강력한 필터링 방법을 제공하고 데이터 기반 하부 선택을 생성한다.

 D3 selection.filter 함수는 엄격한 불리언 값이 아닌 자바스크립트의 참(truthy)과 거짓(falsy) 테스트에서 반환된 값을 취급한다. 다시 말해 false와 더불어 null, 0, "", undefined, NaN(not a number) 값 모두 false 값으로 취하고, 이외는 모두 true 값으로 간주한다.

데이터 정렬

대부분의 경우 데이터의 중요성이나 차이점을 시각화로 표현하기 위해서 정렬을 사용한다. 이번 예제에서는 D3에서 데이터 정렬의 사용법을 알아본다.

준비

다음 파일을 다운로드한 후에 로컬 머신의 웹 브라우저에서 열어보자.

https://github.com/NickQiZhu/d3-cookbook/blob/master/src/chapter3/data-sort.html

D3를 사용해 데이터 기반 정렬과 향후의 조작이 어떻게 수행되는지 살펴보자. 이번 예제에서는 사용자 입력을 사용해 지출(width)이나 분류(category)에 기반을 두고 이전 예제에서 만든 막대 차트를 정렬해본다.

```javascript
<script type="text/javascript">
    var data = [ // <-A
        {expense: 10, category: "Retail"},
        {expense: 15, category: "Gas"},
        {expense: 30, category: "Retail"},
        {expense: 50, category: "Dining"},
        {expense: 80, category: "Gas"},
        {expense: 65, category: "Retail"},
        {expense: 55, category: "Gas"},
        {expense: 30, category: "Dining"},
        {expense: 20, category: "Retail"},
        {expense: 10, category: "Dining"},
        {expense: 8, category: "Gas"}
    ];
    function render(data, comparator) {
        d3.select("body").selectAll("div.h-bar") // <-B
                .data(data)
            .enter().append("div")
                .attr("class", "h-bar")
            .append("span");

        d3.select("body").selectAll("div.h-bar") // <-C
                .data(data)
            .exit().remove();
```

```
        d3.select("body").selectAll("div.h-bar") // <-D
                .data(data)
            .attr("class", "h-bar")
            .style("width", function (d) {
                return (d.expense * 5) + "px";
            })
            .select("span")
                .text(function (d) {
                    return d.category;
                });

        if(comparator)
            d3.select("body")
                .selectAll("div.h-bar")
                .sort(comparator); // <-E
    }

    var compareByExpense = function (a, b) {  // <-F
        return a.expense < b.expense?-1:1;
    };

    var compareByCategory = function (a, b) {  // <-G
        return a.category < b.category?-1:1;
    };

    render(data);

    function sort(comparator) {
        render(data, comparator);
    }
</script>

<div class="control-group">
    <button onclick="sort(compareByExpense)">
        Sort by Width
    </button>
    <button onclick="sort(compareByCategory)">
        Sort by Category
```

```
    </button>
    <button onclick="sort()">
        Clear
    </button>
</div>
```

앞의 코드는 다음의 스크린샷과 같이 정렬된 수평 막대를 생성한다.

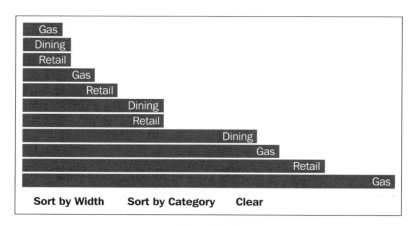

데이터 기반 정렬

이번 예제는 A에서 정의된 expense와 category 두 속성을 포함하는 가상의 개인 지출 기록을 간단하게 행 기반으로 시각화(B, C, D)를 구성했다. 이것은 이전 예제와 정확하게 일치하고, 데이터로 '객체 리터럴 바인딩' 예제에서 다룬 내용과 굉장히 유사하다. 기본적인 내용을 완료한 후에 E에서는 존재하는 모든 막대를 선택하고 D3의 selection.sort 함수를 사용해 정렬을 수행했다.

```
d3.select("body")
    .selectAll("div.h-bar")
    .sort(comparator); // <-E
```

`selection.sort` 함수는 비교자 함수를 수용한다.

```
var compareByExpense = function (a, b) { // <-F
    return a.expense < b.expense?-1:1;
};
var compareByCategory = function (a, b) { // <-G
    return a.category < b.category?-1:1;
};
```

비교자^{comparator} 함수는 비교를 위한 a와 b 두 개의 요소를 받는다. 이에 대한 반환 값은 음수나 양수 또는 0의 값이 된다. 값이 음수라면 a는 b 앞에 위치하고, 양수라면 a는 b 다음에 위치한다. 두 경우가 모두 아니라면 동일하다고 간주돼 순서는 임의로 배정된다. `sort()` 함수는 특정 비교자 함수에 의해 정의된 순서로 정렬된 새로운 선택을 반환한다. 새롭게 반환된 선택은 선호하는 시각화를 생성하기 위해 조작할 수 있다.

 a와 b의 값이 같을 때 임의로 배정된 순서는 D3에서 그 안정성을 보장하지 않지만, 현재 사용하는 브라우저에 내장된 sort 메소드는 배열에 대한 안정성을 보장한다.

서버에서 데이터 불러오기

정적인 로컬 데이터만을 시각화하는 일은 매우 드물다. 데이터 시각화의 힘은 보통 서버 쪽 프로그램에서 생성되는 동적 데이터를 시각화하는 데서 그 빛을 발한다. 이러한 일은 빈번하게 일어나기에 D3에서 이러한 작업을 쉽게 할 수 있도록 손쉬운 도우미 함수를 몇 가지 제공한다. 이번 예제에서는 원격 데이터 집합이 동적으로 불러온 후에 현재 시각화를 업데이트하는 방법을 살펴본다.

다음 파일을 다운로드한 후에 로컬 머신의 웹 브라우저에서 열어보자.

https://github.com/NickQiZhu/d3-cookbook/blob/master/src/chapter3/asyn-data-load.html

예제 구현

asyn-data-load.html 파일의 이번 예제에서는 사용자 요청에 따라 서버에서 동적으로 데이터를 불러온다. 데이터를 전부 불러온 후에는 확장된 데이터 집합을 우리 시각화에 반영하기 위해 업데이트를 진행할 것이다. 다음의 코드를 한번 살펴보자.

```
<script type="text/javascript">
    var data = [ // <-A
        {expense: 10, category: "Retail"},
        {expense: 15, category: "Gas"},
        {expense: 30, category: "Retail"},
        {expense: 50, category: "Dining"},
        {expense: 80, category: "Gas"},
        {expense: 65, category: "Retail"},
        {expense: 55, category: "Gas"},
        {expense: 30, category: "Dining"},
        {expense: 20, category: "Retail"},
        {expense: 10, category: "Dining"},
        {expense: 8, category: "Gas"}
    ];

    function render(data) {
        d3.select("#chart").selectAll("div.h-bar") // <-B
                .data(data)
            .enter().append("div")
                .attr("class", "h-bar")
```

```
            .append("span");

        d3.select("#chart").selectAll("div.h-bar") // <-C
                .data(data)
            .exit().remove();

        d3.select("#chart").selectAll("div.h-bar") // <-D
                .data(data)
            .attr("class", "h-bar")
            .style("width", function (d) {
                return (d.expense * 5) + "px";
            })
            .select("span")
                .text(function (d) {
                    return d.category;
                });
    }

    render(data);

    function load(){ // <-E
        d3.json("data.json", function(error, json){ // <-F
            data = data.concat(json);
            render(data);
        });
    }
</script>

<div class="control-group">
    <button onclick="load()">Load Data from JSON feed</button>
</div>
```

data.json 파일은 다음과 같이 구성됐다.

```
[
    {"expense": 15, "category": "Retail"},
    {"expense": 18, "category": "Gas"},
        ...
```

```
        {"expense": 15, "category": "Gas"}
]
```

이 예제는 Load Data from JSON feed 버튼을 클릭한 후에 다음과 같은 시
각화 결과물을 생성한다.

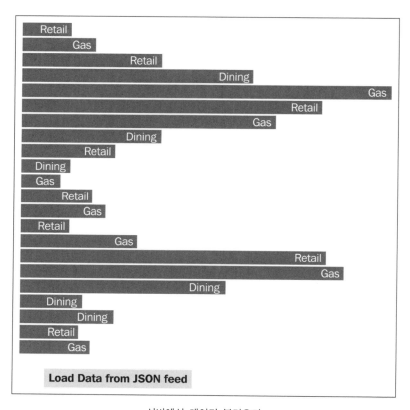

서버에서 데이터 불러오기

이번 예제에서는 먼저 A에서 로컬 데이터 집합을 갖고 B와 C, D에서 이와
관련된 시각화를 생성한다. E에서는 Load Data from JSON feed 버튼을 클
릭하는 사용자의 요청에 응답하기 위해 load 함수가 정의됐다. 이 함수는

서버에 의해 제공되는 별도의 파일(data.json)에서 데이터를 불러온다. 이는 F 에서 표시된 것처럼 d3.json 함수를 사용하면 된다.

```
function load(){ // <-E
    d3.json("data.json", function(error, json){ // <-F
        data = data.concat(json);
        render(data);
    });
}
```

원격에서 JSON 파일을 불러오는 것은 시간이 소요되므로 비동기 방식으로 진행된다. 데이터를 불러온 후에 데이터 집합은 F에 정의된 주어진 핸들러 함수에 전달된다. 이 함수에서 새롭게 불러온 데이터와 기존 데이터를 연결한 후에 디스플레이를 업데이트하기 위해 시각화를 다시 렌더링한다.

 CSV, TSV, TXT, HTML, XML 데이터를 불러오는 과정을 단순 작업으로 만들기 위해 D3에서 유사한 함수를 제공한다.

사용자 정의와 특정 조작이 필요한 경우 d3.xhr 함수를 사용해 MIME 유형을 추가로 사용자 정의하고 헤더를 요청할 수 있다. 백그라운드에서 d3.json과 d3.csv는 모두 d3.xhr을 사용해 실제 요청을 생성한다.

물론 서버로부터 데이터를 원격에서 불러오는 방법은 이 한 가지만 있는 것이 아니다. D3는 원격 서버에서 데이터를 어떤 방법으로 불러오는지에 대해 강요를 하지 않는다. 예를 들어 Ajax를 이용해 원격 데이터 집합에 대한 작업을 수행하는 JQuery나 Zepto.js처럼 가장 사용하기 편리한 자바스크립트 라이브러리를 사용해도 좋다.

4

스케일 사용

4장에서 다루는 내용은 다음과 같다.

- 양적 스케일 사용
- 시간 스케일 사용
- 순서 스케일 사용
- 문자열 보간
- 색상 보간
- 복합 객체 보간
- 사용자 정의 보간자 구현

소개

데이터 시각화 개발자로서 반복적으로 수행하는 핵심 작업 중 하나는 데이터 도메인에서 시각화 도메인으로 값을 매핑mapping하는 일이다. 예를 들어 최근 453.00달러를 지불한 비싼 태블릿 PC는 653픽셀 길이의 막대에 매핑하고, 어젯밤 술 한 잔하며 지출한 23.59달러는 34픽셀 길이 막대에 매핑을 하는 것과 같이 이러한 작업이 자주 수행된다. 이런 맥락에서 봤을 때 효과적이고 정확하게 데이터 요소를 시각화 메타포metaphor로 매핑하는 것이 데이터 시각화의 전부라고 할 수 있다. 4장은 데이터 시각화와 애니메이션(6장에서 자세히 다룬다)에서 절대적으로 중요한 작업이기 때문에 D3는 4장에서 다룰 스케일에 대해 풍부하고 강건한 지원을 제공한다.

스케일이란?

D3는 이러한 종류의 매핑의 수행을 돕기 위해서 스케일scales이라고 불리는 다양한 구조를 제공한다. 이러한 구조를 개념적으로 잘 이해하는 것은 효율적인 시각화 개발자가 되기 위해 매우 중요하다. 스케일은 방금 이야기한 매핑을 수행하는 데 사용될 뿐만 아니라 전환이나 축axes과 같이 다른 많은 D3 구조에 대한 기본 구성물로 존재하기 때문이다.

이러한 스케일은 도대체 무엇일까?

짧게 말해서 스케일은 수학 함수로 생각할 수 있다. 수학 함수 또한 자바스크립트 함수처럼 명령형imperative 프로그래밍 언어에서 정의된 함수와는 개념이 다르다. 수학에서 함수는 두 집합 사이의 매핑으로 정의된다.

> 공집합이 아닌 A와 B 집합이 있다고 하자. A에서 B로의 함수 f는 A의 각 요소에 대해 정확하게 B의 한 요소가 지정된다. b가 A 요소를 받는 함수 f에 의해 지정된 B의 유일한 요소라면 이를 f(a) = b로 표현한다.
>
> 로젠 K.H.(Rosen K.H. 2007)

이런 무미건조한 정의에도 불구하고 개념적으로 약간의 부족한 면이 있지만, 이러한 것들이 우리가 수행해야 하는 작업(데이터 도메인에서 시각화 도메인으로의 요소 매핑)과 아주 궁합이 좋다는 것쯤은 알 수 있다.

여기서 설명이 필요한 아주 중요한 또 다른 개념은 주어진 함수의 **도메인**domain(정의역)과 **범위**range(치역)다.

f가 A에서 B로의 함수라면 A는 f의 **도메인**이고 B는 f의 코도메인(codomain, 공역)이라고 한다. f(a)=b이면 b는 a의 상(image)이고 a는 b의 원상 (preimage)이다. f의 **범위**(range, 치역) 또는 **상**(image)은 A 요소들의 모든 상을 나타내는 집합이다. 또한 f가 A에서 B로의 함수라면 f가 A에서 B로 매핑된다고 말할 수 있다.

로젠 K.H.(Rosen K.H. 2007)

이 개념의 이해를 돕기 위해 다음 그림을 살펴보자.

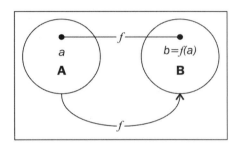

A에서 B로 매핑하는 함수 f

이제 함수 f에 대한 앞의 그림에서 도메인이 집합 A이고, 범위가 집합 B인 것을 분명히 알 수 있을 것이다. 집합 A가 데이터 도메인을 나타내고 집합 B가 시각화 집합을 나타낸다고 가정한다면 여기서 정의된 함수 f는 집합 A에서 집합 B로 요소들을 매핑하는 D3의 스케일이 된다.

 수학을 좋아하는 여러분을 위해 추가 설명을 하자면 데이터 시각화에서 스케일 함수는 대개 일대다 함수가 아닌 일대일 함수다. 이러한 정보는 이 책의 목적과는 크게 상관없지만 알고 있으면 유용할 것이다. 따라서 이에 대한 설명은 여기서 마무리 짓는다.

지금까지 우리는 D3에서 스케일 함수의 개념적인 정의에 대해 이야기해봤다. 이제 우리 시각화 프로젝트를 개발하는 데 스케일이 어떤 도움을 줄 수 있는지 살펴보자.

양적 스케일 사용

이번 예제에서는 D3에서 가장 많이 사용되는 선형, 거듭제곱, 로그 스케일을 포함하는 양적 스케일에 대해 살펴본다.

준비

다음 파일을 다운로드한 후에 로컬 머신의 웹 브라우저에서 열어보자.

https://github.com/NickQiZhu/d3-cookbook/blob/master/src/chapter4/quantitative-scales.html

예제 구현

다음의 예제 코드를 살펴보자.

```
<div id="linear" class="clear"><span>n</span></div>
<div id="linear-capped" class="clear">
    <span>1 &lt;= a*n + b &lt;= 20</span>
</div>
<div id="pow" class="clear"><span>n^2</span></div>
<div id="pow-capped" class="clear">
    <span>1 &lt;= a*n^2 + b &lt;= 10</span>
</div>
<div id="log" class="clear"><span>log(n)</span></div>
<div id="log-capped" class="clear">
    <span>1 &lt;= a*log(n) + b &lt;= 10</span>
```

```
</div>

<script type="text/javascript">
    var max = 11, data = [];
    for (var i = 1; i < max; ++i) data.push(i);

    var linear = d3.scale.linear() // <-A
        .domain([1, 10]) // <-B
        .range([1, 10]); // <-C
    var linearCapped = d3.scale.linear()
        .domain([1, 10])
        .range([1, 20]); // <-D

    var pow = d3.scale.pow().exponent(2); // <-E
    var powCapped = d3.scale.pow() // <-F
        .exponent(2)
        .domain([1, 10])
        .rangeRound([1, 10]); // <-G

    var log = d3.scale.log(); // <-H
    var logCapped = d3.scale.log() // <-I
        .domain([1, 10])
        .rangeRound([1, 10]);

    function render(data, scale, selector) {
        d3.select(selector).selectAll("div.cell")
            .data(data)
            .enter().append("div").classed("cell", true);

        d3.select(selector).selectAll("div.cell")
            .data(data)
            .exit().remove();

        d3.select(selector).selectAll("div.cell")
            .data(data)
            .style("display", "inline-block")
            .text(function (d) {
                return d3.round(scale(d), 2);
```

```
            });
    }

    render(data, linear, "#linear");
    render(data, linearCapped, "#linear-capped");
    render(data, pow, "#pow");
    render(data, powCapped, "#pow-capped");
    render(data, log, "#log");
    render(data, logCapped, "#log-capped");
</script>
```

앞의 코드는 브라우저에서 다음과 같은 결과물을 생성한다.

1	2	3	4	5	6	7	8	9	10	n
1	3.11	5.22	7.33	9.44	11.56	13.67	15.78	17.89	20	$1<=a*n + b<= 20$
1	4	9	16	25	36	49	64	81	100	n^2
1	1	2	2	3	4	5	7	8	10	$1<=a*n^2 + b<= 10$
0	0.3	0.48	0.6	0.7	0.78	0.85	0.9	0.95	1	$log(n)$
1	4	5	6	7	8	9	9	10	10	$1<=a*log(n) + b <= 10$

양적 스케일 결과물

예제 분석

이번 예제에서는 D3가 제공하는 가장 일반적인 스케일 중 다음과 같은 몇 가지를 알아봤다.

선형 스케일

앞의 코드 예제에서 d3.scale.linear() 함수를 호출해 **선형 스케일**linear scale이 만들어진 A의 바로 위쪽을 살펴보면 데이터 배열이 for 반복문을 통해 1부터 10까지의 정수로 채워지는 것을 알 수 있다. A의 함수 호출은 기본 도메인 집합 [0, 1]과 기본 범위 집합 [0, 1]을 갖는 선형 양적 스케일을 반환하며, 기본 스케일은 본질적으로 숫자에 대한 **항등 함수**^{identity function}임을 보여준다. 따라서 기본 함수가 생각보다 유용하지 않으므로, B와 C에서는 domain과 range 함수를 사용해 추가적인 사용자 정의가 필요하다. 이번 경우에는 둘 다 [1, 10]으로 설정하며, 이 스케일은 함수 $f(n)=n$으로 정의할 수 있다.

```
var linear = d3.scale.linear() // <-A
    .domain([1, 10]) // <-B
    .range([1, 10]); // <-C
```

항등 스케일

두 번째 선형 스케일은 좀 더 재미있고 두 집합 간의 매핑을 더 잘 보여준다. D에서는 범위를 도메인과는 다른 [1, 20]으로 설정했다. 따라서 이 함수는 다음과 같은 방정식으로 나타낼 수 있다.

- $f(n) = a * n + b$
- $1 <= f(n) <= 20$

데이터 집합은 시각화 집합과 일대일 대응되기 때문에 D3 스케일을 사용할 때 가장 일반적인 경우다.

```
var linearCapped = d3.scale.linear()
    .domain([1, 10])
    .range([1, 20]); // <-D
```

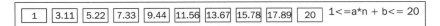

선형 스케일

두 번째 스케일에서 D3는 방정식을 만족시키는 a와 b의 상수 값을 자동으로 계산해 할당한다.

> 이전 예제의 답을 간단한 수학 계산을 통해 얻을 수 있는데, 대략적으로 a는 2.11이고 b는 −1.11이라는 것을 알 수 있다.

거듭제곱 스케일

여기서 만든 두 번째 스케일은 **거듭제곱 스케일**^{power scale}이다. E에서 2의 지수를 갖는 거듭제곱 스케일을 정의했다. d3.scale.pow() 함수는 1의 지수를 갖는 기본 거듭제곱 스케일 함수를 반환한다. 이렇게 생성된 스케일은 $f(n) = n^2$로 정의할 수 있다.

```
var pow = d3.scale.pow().exponent(2); // <-E
```

간단한 거듭제곱 스케일

F에서는 두 번째 거듭제곱 스케일이 정의됐는데, 이번에는 반올림을 수행하는 다른 범위 집합이 G에서 사용됐다. rangeRound() 함수는 결과 값에 반올림을 적용하는 것을 제외하고는 range() 함수와 동일하며, 이로 인해서 소수점을 갖지 않는다. 스케일은 일반적으로 데이터 도메인의 요소를 시각화 도메인으로 매핑하는 데 사용되기 때문에 이런 방법은 매우 편리하다. 따라서 스케일의 출력은 픽셀 수와 같은 시각화 특성을 설명하는 숫자로 표현될 가능성이 크다. 소수점 이하의 픽셀 수를 피하는 것은 렌더링 과정에서 안티에일리어싱^{anti-alias}을 방지하는 데 유용한 기술이다.

두 번째 거듭제곱 스케일은 함수 $f(n)=a*n^2+b$, $1<=f(n)<=10$을 정의한다.

```
var powCapped = d3.scale.pow() // <-F
    .exponent(2)
    .domain([1, 10])
    .rangeRound([1, 10]); // <-G
```

거듭제곱 스케일

선형 스케일과 유사하게 D3는 거듭제곱 스케일의 도메인과 범위로 정의된
제약을 만족시키기 위해 자동으로 a와 b의 적절한 상수 값을 찾아준다.

로그 스케일

H에서는 d3.scale.log() 함수를 사용해 세 번째 양적 스케일을 만들었다.
기본 **로그 스케일**^{log scale}은 밑을 10으로 가진다. H에서 본질적으로 $f(n) =$
$\log(n)$의 수학 함수를 정의한다.

```
var log = d3.scale.log(); // <-H
```

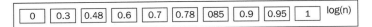

간단한 로그 스케일

I에서는 [1, 10]의 범위를 갖는 도메인과 [1, 10]의 반올림된 결과를 갖는
범위를 만들었다. 이와 같은 사용자 정의는 수학 함수 $f(n) = a * \log(n) +$
b와 $a \leq f(n) \leq 10$을 정의한다.

```
var logCapped = d3.scale.log() // <-I
    .domain([1, 10])
    .rangeRound([1, 10]);
```

| 1 | 4 | 5 | 6 | 7 | 8 | 9 | 9 | 10 | 10 | 1 <=a*log(n) + b <= 10 |

로그 스케일

부연 설명

D3는 또한 양자화, 임계값, 분위수 및 항등 스케일을 추가적으로 제공한다. 이 책의 제한적인 범위 때문에 상대적으로 많이 사용하지 않는 스케일은 다루지 않았지만, 앞서 이야기한 스케일에 대한 이해는 여기서 다루지 않았던 추가적인 양적 스케일의 이해를 도울 것이다. 더 많은 정보는 다음 링크를 참고하라.

https://github.com/mbostock/d3/wiki/Quantitative-Scales#wiki-quantitative

시간 스케일 사용

가끔 시간과 날짜에 민감한 데이터 집합을 분석할 때가 있는데, D3는 이런 유형의 매핑을 돕기 위해서 내부적으로 시간 스케일을 제공한다. 이번 예제에서는 D3 시간 스케일 사용법을 알아본다.

준비

다음 파일을 다운로드한 후에 로컬 머신의 웹 브라우저에서 열어보자.

https://github.com/NickQiZhu/d3-cookbook/blob/master/src/chapter4/time-scale.html

예제 구현

먼저 다음 코드 예제를 한번 살펴보자.

```
<div id="time" class="clear">
    <span>Linear Time Progression<br></span>
    <span>Mapping [01/01/2013, 12/31/2013] to [0, 900]<br></span>
</div>

<script type="text/javascript">
    var start = new Date(2013, 0, 1), // <-A
        end = new Date(2013, 11, 31),
        range = [0, 1200],
        time = d3.time.scale().domain([start, end]) // <-B
            .rangeRound(range), // <-C
        max = 12,
        data = [];

    for (var i = 0; i < max; ++i) { // <-D
        var date = new Date(start.getTime());
        date.setMonth(start.getMonth() + i);
        data.push(date);
    }

    function render(data, scale, selector) { // <-E
        d3.select(selector).selectAll("div.fixed-cell")
                .data(data)
            .enter()
                .append("div").classed("fixed-cell", true);

        d3.select(selector).selectAll("div.fixed-cell")
                .data(data)
            .exit().remove();

        d3.select(selector).selectAll("div.fixed-cell")
                .data(data)
            .style("margin-left", function (d) { // <-F
                return scale(d) + "px";
            })
            .html(function (d) { // <-G
                var format = d3.time.format("%x"); // <-H
```

```
                return format(d) + "<br>" + scale(d) + "px";
        });
    }

    render(data, time, "#time");
</script>
```

이번 예제는 다음과 같은 시각화 결과물을 생성한다.

Linear Time Progression Mapping [01/01/2013, 12/31/2013] to [0, 900]											
01/01/2013 0	02/01/2013 102	03/01/2013 195	04/01/2013 297	05/01/2013 395	06/01/2013 498	07/01/2013 597	08/01/2013 699	09/01/2013 801	10/01/2013 900	11/01/2013 1002	12/01/2013 1101

시간 스케일

예제 분석

이번 예제에서는 A에서 정의된 Date 범위(2013년 1월 1일에서 2013년 12월 31일 사이)를 가진다.

```
var start = new Date(2013, 0, 1), // <-A
    end = new Date(2013, 11, 31),
    range = [0, 1200],
    time = d3.time.scale().domain([start, end]) // <-B
        .rangeRound(range), // <-C
```

> 자바스크립트의 Date 객체는 월(month)의 경우 0에서부터 시작하고, 일(day)의 경우 1에서부터 시작한다. 따라서 새로운 Date(2013, 0, 1)은 2013년 1월 1일을 나타내며, 새로운 Date(2013, 0, 0)는 실제로 2012년 12월 31일을 나타낸다.

B에서 이 범위는 d3.time.scale 함수를 사용해 D3 시간 스케일^{time scale}을 만드는 데 사용됐다. 양적 스케일과 비슷하게 시간 스케일도 날짜 및 시간 기반 데이터 요소를 시각화 범위에 매핑하는 별도의 도메인과 범위 지정을

지원한다. 위 예제에서는 스케일의 범위를 [0, 1200]으로 설정했다. 이는 2013년 1월 1일부터 2013년 12월 31일까지의 시간 범위에서 날짜와 시간의 값을 0에서 1200 사이의 숫자로 매핑하는 것을 효과적으로 정의한다.

정의된 시간 스케일을 사용해 스케일 함수로 호출된 주어진 Date 객체를 매핑할 수 있다. 예를 들어 time(new Date(2013, 4, 1)은 395를 반환하고, time(new Date(2013, 11, 15)는 1147을 반환한다.

D에서는 2013년 1월부터 12월까지 12달을 갖는 데이터 배열을 구성했다.

```
for (var i = 0; i < max; ++i) { // <-D
    var date = new Date(start.getTime());
    date.setMonth(start.getMonth() + i);
    data.push(date);
}
```

그런 다음 E에서 render 함수를 사용해 일 년의 매달을 표현하기 위해서 12개의 셀을 만들었다.

셀을 수평으로 배열하기 위해서 F는 우리가 정의한 시간 스케일을 사용해 월 또는 달^{month}을 margin-left CSS 스타일로 매핑을 수행한다.

```
.style("margin-left", function (d) { // <-F
    return scale(d) + "px";
})
```

G는 이 예제에서 만들어진 스케일 기반 매핑이 생성한 것을 보여주기 위해서 레이블을 생성한다.

```
.html(function (d) { // <-G
    var format = d3.time.format("%x"); // <-H
    return format(d) + "<br>" + scale(d) + "px";
});
```

자바스크립트 Date 객체에서 사람이 읽을 수 있는 문자열을 생성하기 위해

H에서 **D3** 시간 포매터^{time formatter}를 사용했다. **D3**는 강력하고 유연한 시간 서식 설정 라이브러리를 제공하는데, 특히 `Date` 객체를 사용할 때 굉장히 유용하다.

부연 설명

가장 많이 사용되는 `d3.time.format`의 몇 가지 패턴은 다음과 같다.

- **%a** 평일 이름의 약자를 나타낸다.
- **%A** 평일 이름의 전체 이름을 나타낸다.
- **%b** 월 이름의 약자를 나타낸다.
- **%B** 월 이름의 전체 이름을 나타낸다.
- **%d** 십진수로 매월의 0을 채운 날짜를 나타낸다. [01,31]
- **%e** 십진수로 매월의 공란을 채운 날짜를 나타낸다. [1,31]
- **%H** 십진수로 24시간을 나타낸다. [00,23]
- **%I** 십진수로 12시간을 나타낸다. [01,12]
- **%j** 십진수로 일 년의 며칠에 해당하는지를 나타낸다. [001, 366]
- **%m** 십진수로 월을 나타낸다. [01,12]
- **%M** 십진수로 분을 나타낸다. [00,59]
- **%L** 십진수로 1000분의 1초를 나타낸다. [000, 999]
- **%p** AM 또는 PM을 나타낸다.
- **%S** 십진수로 초를 나타낸다. [00,61]
- **%x** "%m/%d/%Y" 형태의 날짜를 나타낸다.
- **%X** "%H:%M:%S" 형태의 시간을 나타낸다.
- **%y** 십진수로 세기를 제외한 연도를 나타낸다. [00,99]
- **%Y** 십진수로 세기를 포함하는 연도를 나타낸다.

- D3 시간 형식 패턴에 자세한 내용은 다음 링크를 참고하라.

  https://github.com/mbostock/d3/wiki/Time-Formatting#wiki-format

순서 스케일 사용

때때로 ["a", "b", "c"] 또는 ["#1f77b4", "#ff7f0e", "#2ca02c"]와 같이 데이터의 순서에 따른 매핑이 필요한 경우가 있다. 이번 예제에서는 D3 스케일을 사용해 이런 종류의 매핑을 다루는 방법을 살펴본다.

준비

다음 파일을 다운로드한 후에 로컬 머신의 웹 브라우저에서 열어보자.

https://github.com/NickQiZhu/d3-cookbook/blob/master/src/chapter4/ordinal-scale.html

예제 구현

이런 종류의 순서 매핑은 데이터 시각화에서는 일반적인 일이다. 예를 들어 어떤 데이터 포인트를 카테고리의 어떤 텍스트 값이나 RGB 색상 코드(css 스타일링에서 사용되는)에 매핑을 시킬 수 있을 것이다. D3는 이런 종류의 스케일을 다루기 위해 특화된 스케일 구현을 제공한다. 이제 여기서 그 사용법에 대해 한번 알아보자. 먼저 ordinal.scale.html 파일을 열어보자.

```
<div id="alphabet" class="clear">
    <span>Ordinal Scale with Alphabet</span>
    <span>Mapping [1..10] to ["a".."j"]</span>
</div>
```

```html
<div id="category10" class="clear">
    <span>Ordinal Color Scale Category 10</span>
    <span>Mapping [1..10] to category 10 colors</span>
</div>
<div id="category20" class="clear">
    <span>Ordinal Color Scale Category 20</span>
    <span>Mapping [1..10] to category 20 colors</span>
</div>
<div id="category20b" class="clear">
    <span>Ordinal Color Scale Category 20b</span>
    <span>Mapping [1..10] to category 20b colors</span>
</div>
<div id="category20c" class="clear">
    <span>Ordinal Color Scale Category 20c</span>
    <span>Mapping [1..10] to category 20c colors</span>
</div>
<script type="text/javascript">
    var max = 10, data = [];

    for (var i = 0; i < max; ++i) data.push(i); // <-A

    var alphabet = d3.scale.ordinal() // <-B
        .domain(data)
        .range(["a", "b", "c", "d", "e", "f", "g", "h", "i", "j"]);

    function render(data, scale, selector) { // <-C
        d3.select(selector).selectAll("div.cell")
                .data(data)
            .enter().append("div").classed("cell", true);

        d3.select(selector).selectAll("div.cell")
                .data(data)
            .exit().remove();

        d3.select(selector).selectAll("div.cell")
                .data(data)
            .style("display", "inline-block")
```

```
            .style("background-color", function(d){ // <-D
                return scale(d).indexOf("#")>=0?scale(d):"white";
            })
            .text(function (d) { // <-E
                return scale(d);
            });
        }

    render(data, alphabet, "#alphabet"); // <-F
    render(data, d3.scale.category10(), "#category10");
    render(data, d3.scale.category20(), "#category20");
    render(data, d3.scale.category20b(), "#category20b");
    render(data, d3.scale.category20c(), "#category20c"); // <-G
</script>
```

앞의 코드는 브라우저에 다음과 같은 결과물을 출력한다.

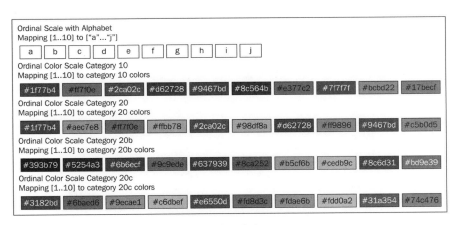

순서 스케일

예제 분석

앞 코드 예제의 A에서는 0부터 9까지의 정수를 포함하는 간단한 데이터 배열을 정의했다.

```
for (var i = 0; i < max; ++i) data.push(i); // <-A
var alphabet = d3.scale.ordinal() // <-B
    .domain(data)
    .range(["a", "b", "c", "d", "e", "f", "g", "h", "i", "j"]);
```

다음으로 B에서 d3.scale.ordinal 함수를 사용해 순서 스케일이 만들어졌다. 이 스케일의 도메인은 정수 배열 데이터로 설정됐고, 범위는 알파벳 a에서 j까지로 설정됐다.

이러한 스케일 정의로 손쉽게 스케일 함수를 호출해 매핑을 수행할 수 있다. 예를 들어 alphabet(0)는 a를 반환하고 alphabet(4)는 e를 반환하며, 이러한 방식으로 원하는 값을 반환할 수 있다.

C에서 render 함수는 데이터 배열 안의 10개 요소를 표현하기 위해 페이지 내에 다수의 div 요소를 생성하기 위해서 정의됐다. 각 div는 스케일 함수의 출력 값을 background-color 설정으로 가진다. 출력 값이 RGB 색상 문자열이 아닌 경우에는 흰색을 배경색으로 가진다.

```
.style("background-color", function(d){ // <-D
    return scale(d).indexOf("#")>=0 ? scale(d) : "white";
})
```

E에서는 각 셀의 문자열에 스케일 함수의 결과물을 보여주기 위해 설정한다.

```
.text(function (d) { // <-E
    return scale(d);
});
```

이제 F부터 G까지 모든 구조가 자리를 잡았으며, render 함수는 다른 순서 스케일에 따라 다른 시각화 결과물을 출력하기 위해 반복적으로 호출된다. F에서 alphabet 순서 스케일과 함께 사용된 render의 호출은 다음과 같은 결과물을 생성한다.

알파벳 순서 스케일

G에서 내장된 d3.scale.category20c 순서 색상 스케일로 render 함수를
호출하면 다음과 같은 결과물이 생성된다.

색상 순서 스케일

예를 들어 파이 차트나 버블 차트에 각각의 다른 색상을 입히는 것처럼 시각
화에서는 다양한 요소에 다양한 색상을 설정하는 것이 매우 일반적인 작업
이다. 따라서 이번 예제에서 살펴본 것과 같이 D3는 이를 위해 다양한 내장
순서 색상 스케일을 제공한다.

뿐만 아니라 사용자 정의 순서 색상 스케일을 만드는 방법도 매우 쉽다. 예
를 들어 사용을 원하는 색상을 범위로 갖는 집합을 사용해 순서 스케일을
생성하면 된다.

```
d3.scale.ordinal()
    .range(["#1f77b4", "#ff7f0e", "#2ca02c"]);
```

문자열 보간

때때로 폰트에 대한 CSS 스타일처럼 문자 내부의 숫자에 대해 보간이 필요
한 경우가 있다.

이번 예제에서는 D3 스케일과 보간을 사용해 이를 해결하는 방법을 알아본
다. 문자열 보간을 바로 시작하기 전에 보간자^{interpolator}에 대한 배경 지식이
필요할 것이다. 다음 절에서는 보간에 대해 기본적으로 알아보고, D3에서

보간자 함수를 구현하는 방법에 대해서도 알아본다.

보간자

앞서 다룬 세 가지 예제에서 세 가지 다른 D3 스케일 구현을 다뤘다. 이제는 D3 스케일에 대해 좀 더 깊게 파고들 시간이다. 아마도 이미 "어떻게 다른 스케일이 다른 입력에서 어떤 값을 사용하는지 알 수 있을까?"라는 질문을 했을 것이다. 사실 이러한 질문은 다음과 같이 일반화할 수 있다.

> 다양한 포인트 x0, x1, ···, xn에서 함수 f(x)의 값이 주어졌다. 우리는 이 포인트 사이에 있는 새로운 x에 대한 함수 f(x)의 값을 찾고자 한다. 이때의 과정을 **보간**이라고 한다.
>
> 크레이스지그 E & 크레이스지그 H & 노민톤 E.J.
>
> (Kreyszig E & Kreyszig H & Norminton E.J. 2010)

보간interpolation은 스케일 구현에서 중요한 역할을 할 뿐만 아니라 다른 많은 핵심 D3 기능(애니메이션과 레이아웃 관리)에서도 필수적인 역할을 한다. 그 자체의 핵심적인 역할로 인해 D3는 보간자라는 별도의 재사용 가능한 구조를 설계해 공통된 기능 간의 문제를 중앙 집중적이고 일관된 방식으로 해결할 수 있다. 다음의 간단한 보간자 예제를 살펴보자.

```
var interpolate = d3.interpolateNumber(0, 100);
interpolate(0.1); // => 10
interpolate(0.99); //=> 99
```

위 예제에서는 [0, 100]의 범위를 갖는 D3 숫자 보간자를 만들었다. d3.interpolateNumber 함수는 숫자 기반 보간을 수행하는 interpolate 함수를 반환한다. interpolate 함수는 다음 코드와 동일하다.

```
function interpolate(t) {
    return a * (1 - t) + b * t;
}
```

이 함수에서 a는 범위의 시작을 나타내고, b는 범위의 끝을 나타낸다. Interpolate() 함수로 전달되는 매개변수 t는 0에서 1의 범위를 갖는 부동소수점 숫자며, 이는 반환된 값이 a에서부터 얼마나 떨어져 있는지를 나타낸다.

D3는 다양한 내장 보간자를 제공한다. 이 책의 제한된 범위 때문에 모든 내용을 다루지는 못하지만, 다음에 나올 몇 가지 예제를 통해 가장 흥미로운 보간자 몇 가지를 집중적으로 다뤄보겠다. 단순 숫자 보간에 대해서는 여기서 마무리한다. 그럼에도 불구하고 근본적인 접근 방법 및 메커니즘은 숫자 또는 RGB 색상 코드 보간자에 상관없이 동일하게 유지된다.

 숫자와 반올림 보간에 대한 자세한 정보는 다음 링크를 참고하라.
https://github.com/mbostock/d3/wiki/Transitions#wiki-d3_interpolateNumber

이제 일반적인 보간 개념과 함께 D3에서 문자열 보간이 사용되는 방법을 살펴보자.

준비

다음 파일을 다운로드한 후에 로컬 머신의 웹 브라우저에서 열어보자.

https://github.com/NickQiZhu/d3-cookbook/blob/master/src/chapter4/string-interpolation.html

예제 구현

문자열 보간자는 문자열 안에 포함된 숫자를 찾은 후에 D3 숫자 보간자를 사용해 보간을 수행한다.

```
<div id="font" class="clear">
    <span>Font Interpolation<br></span>
</div>

<script type="text/javascript">
    var max = 11, data = [];

    var sizeScale = d3.scale.linear() // <-A
        .domain([0, max])
        .range([ // <-B
            "italic bold 12px/30px Georgia, serif",
            "italic bold 120px/180px Georgia, serif"
        ]);

    for (var i = 0; i < max; ++i) { data.push(i); }

    function render(data, scale, selector) { // <-C
        d3.select(selector).selectAll("div.cell")
                .data(data)
            .enter().append("div").classed("cell", true)
                .append("span");

        d3.select(selector).selectAll("div.cell")
                .data(data)
            .exit().remove();

        d3.select(selector).selectAll("div.cell")
                .data(data)
            .style("display", "inline-block")
            .select("span")
                .style("font", function(d,i){
                    return scale(d); // <-D
                })
                .text(function(d,i){return i;}); // <-E
    }

    render(data, sizeScale, "#font");
</script>
```

앞의 코드는 다음과 같은 결과물을 생성한다.

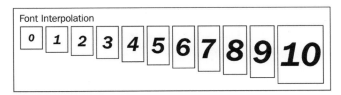

문자열 보간

예제 분석

이번 예제에서는 시작과 끝의 font 스타일을 나타내는 두 문자열 사이에 지정된 범위로 A에서 선형 스케일을 만들었다.

```
var sizeScale = d3.scale.linear() // <-A
    .domain([0, max])
    .range([ // <-B
        "italic bold 12px/30px Georgia, serif",
        "italic bold 120px/180px Georgia, serif"
    ]);
```

string-interpolation.html 파일에서 보여주는 것처럼 font 스타일 문자열은 이번 예제에서 보간을 원하는 font-size 크기인 12px/30px와 120px/180px를 포함한다.

C에서는 render() 함수가 간단하게 D에서 계산된 보간 font 스타일 문자열을 사용해 자신의 인덱스 번호를 포함하는 10개의 셀을 만든다.

```
.style("font", function(d,i){
    return scale(d); // <-D
})
.text(function(d,i){return i;}); // <-E
```

예제를 통해 CSS 폰트 스타일을 사용해 D3에서 문자열 보간에 대해 알아봤지만, D3 문자열 보간은 CSS 스타일을 다루는 것에만 국한돼 있지 않다. 이것은 모든 종류의 문자열을 다루고 다음의 **정규화 패턴**Regex pattern을 만족시키는 한 포함된 모든 숫자도 보간할 수 있다.

```
/[-+]?(?:\d+\.?\d*|\.?\d+)(?:[eE][-+]?\d+)?/g
```

 보간을 사용해 문자열을 생성할 때 예를 들어 1e-7과 같이 굉장히 작은 값은 과학적 표기법으로 변환될 수 있다. 이런 특정 변환을 피하기 위해서는 값을 항상 1e-6보다는 크게 유지해야 한다.

색상 보간

숫자를 포함하지 않는 RGB나 HSL의 색상 코드 값들을 보간할 때 색상을 보간해야 할 경우가 가끔 있다. 이번 예제에서는 색상 코드의 스케일을 정의하고 보간을 수행할 수 있는 방법을 알아본다.

다음 파일을 다운로드한 후에 로컬 머신의 웹 브라우저에서 열어보자.

https://github.com/NickQiZhu/d3-cookbook/blob/master/src/chapter4/color-interpolation.html

색상 보간은 시각화에 있어서는 매우 흔한 작업이다. D3는 실질적으로 다양한 색상을 지원하기 위해 고안된 네 가지 종류의 보간자(RGB, HSL, L*a*b, HCL)를 제공한다. 이번 예제에서는 RGB 색상 공간에서 어떻게 색상 보간되는지 알아본다. 물론 다른 색상 보간도 동일한 방법으로 진행된다.

 D3 색상 보간 함수는 모든 브라우저가 HSL 또는 L*a*b* 색상 공간을 지원하지 않기 때문에 원래의 색상 공간과 상관없이 항상 RGB 공간에서 보간된 색상을 반환한다.

```
<div id="color" class="clear">
    <span>Linear Color Interpolation<br></span>
</div>
<div id="color-diverge" class="clear">
    <span>Poly-Linear Color Interpolation<br></span>
</div>
<script type="text/javascript">
    var max = 21, data = [];

    var colorScale = d3.scale.linear() // <-A
        .domain([0, max])
        .range(["white", "#4169e1"]);

    function divergingScale(pivot) { // <-B
        var divergingColorScale = d3.scale.linear()
            .domain([0, pivot, max]) // <-C
            .range(["white", "#4169e1", "white"]);
        return divergingColorScale;
    }

    for (var i = 0; i < max; ++i) data.push(i);
```

```
function render(data, scale, selector) { // <-D
    d3.select(selector).selectAll("div.cell")
            .data(data)
        .enter()
            .append("div")
                .classed("cell", true)
            .append("span");

    d3.select(selector).selectAll("div.cell")
            .data(data)
        .exit().remove();

    d3.select(selector).selectAll("div.cell")
            .data(data)
        .style("display", "inline-block")
        .style("background-color", function(d){
            return scale(d); // <-E
        })
        .select("span")
            .text(function(d,i){return i;});
}

render(data, colorScale, "#color");
render(data, divergingScale(5), "#color-diverge");
</script>
```

이 코드는 다음과 같은 시각화 결과물을 생성한다.

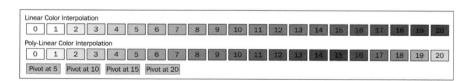

색상 보간

이번 예제의 첫 단계에서는 A에서 선형 색상 스케일을 정의하고 범위를
["white", "4169e1"]로 설정한다.

```
var colorScale = d3.scale.linear() // <-A
    .domain([0, max])
    .range(["white", "#4169e1"]);
```

앞서 살펴본 것처럼 D3 색상 보간자는 색상 공간에 있어서 꽤 똑똑하다.
브라우저와 유사하게 색상 보간자는 색상 키워드와 16진수 값 모두를 이해
한다.

이번 예제의 B에서 diverginScale 함수 정의로 사용된 새로운 기법은 **다중
선형 스케일**^{poly-linear scale}이다.

```
function divergingScale(pivot) { // <-B
    var divergingColorScale = d3.scale.linear()
        .domain([0, pivot, max]) // <-C
        .range(["white", "#4169e1", "white"]);
    return divergingColorScale;
}
```

다중 선형 스케일은 비선형 진행을 가진다. 이것은 C에서 보여주는 것처럼
선형 스케일에서 다중 선형 도메인을 제공함으로써 달성된다. 다중 선형 스
케일은 서로 다른 도메인을 가진 두 개의 선형 스케일을 연결하는 것으로
생각할 수 있다. 따라서 이 다중 선형 색상 스케일은 다음과 같은 두 가지
선형 스케일을 효과적으로 결합한 것이다.

```
d3.scale.linear()
    .domain([0, pivot]).range(["white", "#4169e1"]);
d3.scale.linear()
    .domain([pivot, max]).range(["#4169e1", "white "]);
```

나머지 예제에서는 더 이상 놀랄 만한 일이 없다. D에서 정의된 render() 함수는 인덱스 번호가 매겨진 20개의 셀을 생성하고, 이전에 정의한 두 개의 색상 스케일 출력을 사용해 색상을 지정한다. 웹 페이지의 버튼(예를 들어 Pivot at 5)을 클릭하면 다중 선형 색상 스케일의 여러 위치에서 피벗 효과를 볼 수 있다.

참고 사항

- CSS3에서 지원되는 완전한 색상 키워드 목록은 W3C 공식 문서를 참고하라.

  http://www.w3.org/TR/css3-color/#html4

복합 객체 보간

시각화에서 단순한 값들이 아닌 너비, 높이, 색상의 속성으로 구성되는 사각형 객체와 같이 다양한 값들로 이뤄진 객체를 보간해야 할 경우가 있다. 다행스럽게도 D3는 이런 복합 객체 보간을 내부적으로 지원한다.

준비

다음 파일을 다운로드한 후에 로컬 머신의 웹 브라우저에서 열어보자.
https://github.com/NickQiZhu/d3-cookbook/blob/master/src/chapter4/compound-interpolation.html

예제 구현

이번 예제에서는 D3에서 복합 객체 보간을 수행하는 방법을 알아본다.

compound-interpolation.html 파일은 다음 코드와 같다.

```html
<div id="compound" class="clear">
    <span>Compound Interpolation<br></span>
</div>

<script type="text/javascript">
    var max = 21, data = [];

    var compoundScale = d3.scale.pow()
        .exponent(2)
        .domain([0, max])
        .range([
            {color:"#add8e6", height:"15px"}, // <-A
            {color:"#4169e1", height:"150px"} // <-B
        ]);

    for (var i = 0; i < max; ++i) data.push(i);

    function render(data, scale, selector) { // <-C
        d3.select(selector).selectAll("div.v-bar")
            .data(data)
            .enter().append("div").classed("v-bar", true)
            .append("span");

        d3.select(selector).selectAll("div.v-bar")
            .data(data)
            .exit().remove();

        d3.select(selector).selectAll("div.v-bar")
            .data(data)
            .classed("v-bar", true)
            .style("height", function(d){ // <-D
                return scale(d).height;
            })
            .style("background-color", function(d){ // <-E
                return scale(d).color;
            })
```

```
                .select("span")
                .text(function(d,i){return i;});
        }

        render(data, compoundScale, "#compound");
</script>
```

위의 코드는 다음과 같은 시각화 결과물을 생성한다.

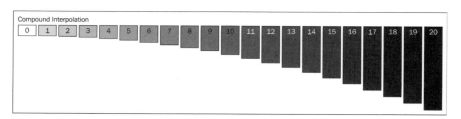

복합 객체 보간

이번 예제에서는 단순한 원시 데이터 유형이 아니라 두 개의 객체를 사용해 정의된 범위를 가진다는 점에서 4장에서 소개된 이전 예제와는 다르다.

```
var compoundScale = d3.scale.pow()
    .exponent(2)
    .domain([0, max])
    .range([
        {color:"#add8e6", height:"15px"}, // <-A
        {color:"#4169e1", height:"150px"} // <-B
    ]);
```

A와 B에서 스케일 범위의 시작과 끝이 RGB 색상과 CSS 높이 스타일의 다른 값을 포함하는 두 개의 객체라는 것을 알 수 있다. 복합 범위를 포함하는 이런 종류의 스케일을 삽입할 때 D3는 객체 내부의 각 필드를 반복하고 각각의 단순한 보간 규칙을 재귀적으로 적용한다. 다시 말해 이번 예제의 D3는

문자열 보간을 사용해서 `height` 필드는 15px에서 150px까지 삽입하고,
#add8e6에서 #4169e1의 색상 보간을 사용해 `color` 필드를 삽입할 것이다.

 이 알고리즘의 재귀적 특성 덕분에 D3는 중첩된 객체에서도 보간을 할 수 있다. 따
라서 다음과 같이 객체를 보간할 수 있다.

```
{
    color:"#add8e6",
    size{
        height:"15px",
        width: "25px"
    }
}
```

복합 스케일 함수가 호출되면 주어진 범위가 정의와 일치하는 복합 객체가
반환된다.

```
.style("height", function(d){
    return scale(d).height; // <-D
})
.style("background-color", function(d){
    return scale(d).color; // <-E
})
```

D와 E에서 볼 수 있듯이 반환된 값은 복합 객체며, 이로 인해 보간된 값을
검색하기 위한 속성에 접근할 수 있다.

 일반적인 경우는 아니지만 복합 객체 범위의 시작과 끝이 동일한 속성을 갖지 않는
다면 D3는 누락된 속성을 상수로 다룰 것이다. 다음의 스케일은 모든 div 요소에
대해 15px 높이로 렌더링할 것이다.

```
var compoundScale = d3.scale.pow()
    .exponent(2)
    .domain([0, max])
    .range([
        {color:"#add8e6", height:"15px"}, // <-A
        {color:"#4169e1"} // <-B
    ]);
```

사용자 정의 보간자 구현

드문 경우지만 내장 D3 보간자가 시각화 요구를 다루는 데 충분하지 않는
경우가 있다. 이런 상황에서는 필요를 충족시키기 위한 특정 로직을 포함해
사용자 정의 보간자를 구현할 수 있다. 이번 예제에서는 이러한 접근법을
살펴보고 몇 가지 재미있는 사례를 보여준다.

준비

다음 파일을 다운로드한 후에 로컬 머신의 웹 브라우저에서 열어보자.

https://github.com/NickQiZhu/d3-cookbook/blob/master/src/chapter4/custom-
interpolator.html

예제 구현

여기서는 사용자 정의 보간자 구현의 두 가지 다른 예제를 살펴본다. 첫 번
째 예제는 달러($)로 가격을 보간할 수 있는 사용자 정의 함수를 구현하고,
두 번째 예제는 알파벳을 다루는 사용자 보간자를 구현한다. 다음 코드를
살펴보자.

```
<div id="dollar" class="clear">
    <span>Custom Dollar Interpolation<br></span>
```

```
</div>
<div id="alphabet" class="clear">
    <span>Custom Alphabet Interpolation<br></span>
</div>

<script type="text/javascript">
    d3.interpolators.push(function(a, b) { // <-A
        var re = /^\$([0-9,.]+)$/, // <-B
        ma, mb, f = d3.format(",.02f");
        if ((ma = re.exec(a)) && (mb = re.exec(b))) { // <-C
            a = parseFloat(ma[1]);
            b = parseFloat(mb[1]) - a; // <-D
            return function(t) { // <-E
                return "$" + f(a + b * t); // <-F
            };
        }
    });

    d3.interpolators.push(function(a, b) { // <-G
        var re = /^([a-z])$/, ma, mb; // <-H
        if ((ma = re.exec(a)) && (mb = re.exec(b))) { // <-I
            a = a.charCodeAt(0);
            var delta = a - b.charCodeAt(0); // <-J
            return function(t) { // <-K
                return String.fromCharCode(Math.ceil(a - delta * t));
            };
        }
    });

    var dollarScale = d3.scale.linear()
        .domain([0, 11])
        .range(["$0", "$300"]); // <-L

    var alphabetScale = d3.scale.linear()
        .domain([0, 27])
        .range(["a", "z"]); // <-M
```

```
function render(scale, selector) {
    var data = [];
    var max = scale.domain()[1];

    for (var i = 0; i < max; ++i) data.push(i);

    d3.select(selector).selectAll("div.cell")
            .data(data)
        .enter()
            .append("div")
                .classed("cell", true)
            .append("span");

    d3.select(selector).selectAll("div.cell")
            .data(data)
        .exit().remove();

    d3.select(selector).selectAll("div.cell")
            .data(data)
        .style("display", "inline-block")
        .select("span")
            .text(function(d,i){return scale(d);}); // <-N
}

render(dollarScale, "#dollar");
render(alphabetScale, "#alphabet");
</script>
```

앞의 코드는 다음과 같은 시각화 결과물을 생성한다.

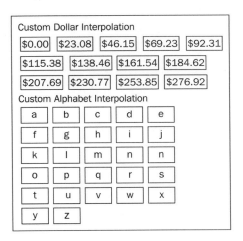

Custom Dollar Interpolation

$0.00	$23.08	$46.15	$69.23	$92.31
$115.38	$138.46	$161.54	$184.62	
$207.69	$230.77	$253.85	$276.92	

Custom Alphabet Interpolation

a	b	c	d	e
f	g	h	i	j
k	l	m	n	n
o	p	q	r	s
t	u	v	w	x
y	z			

사용자 정의 보간

예제 분석

이번 예제에서 다뤄본 첫 번째 사용자 정의 보간자는 A에서 정의돼 있다.
사용자 정의 보간자는 좀 더 복잡하므로 어떻게 동작하는지 자세하게 살펴
보자.

```
d3.interpolators.push(function(a, b) { // <-A
    var re = /^\$([0-9,.]+)$/, // <-B
    ma, mb, f = d3.format(",.02f");
    if ((ma = re.exec(a)) && (mb = re.exec(b))) { // <-C
        a = parseFloat(ma[1]);
        b = parseFloat(mb[1]) - a; // <-D
        return function(t) { // <-E
            return "$" + f(a + b * t); // <-F
        };
    }
});
```

A에서 보간자 함수를 d3.interpolators로 추가한다. 이는 전역 보간자 레지스트리registry 배열로 알려진 모든 등록된 보간자를 포함한다. 기본적으로 이 레지스트리는 다음의 보간자를 포함한다.

- 숫자 보간자
- 문자열 보간자
- 색상 보간자
- 객체 보간자
- 배열 보간자

사용자 정의 보간자 구현을 전역적으로 사용이 가능하게 하기 위해서 이 레지스트리 배열의 가장 밑단에 추가할 수 있다. 보간자 함수는 E에서 보여주 듯이 보간 함수의 구현을 반환하는 동시에 시작 범위 (a)와 끝 범위 (b)를 입력 매개변수로 갖는 팩토리factory 함수로 기대된다. 특정 문자열 값이 존재할 때 어떤 보간자를 사용해야 하는지 D3가 어떻게 알 수 있을까 궁금할 것이다. 이에 대한 대답은 B에서 찾을 수 있다. 일반적으로 /^\$([0-9,.]+)$/의 정규 패턴을 정의하기 위해 re라는 변수를 사용한다. 이는 임의의 숫자에 대한 매개변수 a와 b를 앞선 달러 기호($)와 짝을 짓기 위해 사용한다. 두 매개변수가 주어진 패턴과 일치하면 보간 함수가 생성돼 반환된다. 그렇지 않으면 D3는 d3.interpolators 배열을 반복해 적절한 보간자를 찾는다.

새로운 보간자를 스택stack의 최상위로 추가할 수 있기 때문에 d3.interpolators는 배열보다 실질적으로 FILO 스택 구조(정확한 스택의 알고리즘으로는 구현되지는 않았다)에 더 가깝다. 보간자를 선택할 때 D3는 최상위부터 하나씩 적절한 보간자인지 확인할 것이다. 그러므로 이번 경우에서는 나중에 추가된 보간자가 우선한다.

E에서는 보간된 값이 a와 얼마만큼 떨어져 있는지 알아내기 위해 0에서 1의 범위를 가지며, 하나의 매개변수 t를 받는 이름 없는 interpolate() 함수가 생성됐다.

```
return function(t) { // <-E
    return "$" + f(a + b * t); // <-F
};
```

원하는 값이 a에서 b까지 얼마나 멀리 이동했는지에 대해서는 백분율로 생각할 수 있다. 이를 염두에 두고 F에서 보간을 수행하고 오프셋 t를 기반으로 원하는 값을 계산해 효과적으로 가격 문자열을 보간한다.

 D에서 b 매개변수의 값이 범위의 끝에서 a와 b의 차이 값으로 변경된 점을 주의해야 한다.

```
b = parseFloat(mb[1]) - a; // <-D
```

이는 가독성이 떨어지는 코드이므로, 여러분이 구현을 할 때에는 함수 내부에서 입력 매개변수를 수정하는 것을 피해야 한다.

G에서는 a부터 z까지 소문자 알파벳 한 글자를 다루기 위해 두 번째 사용자 정의 함수를 등록했다.

```
d3.interpolators.push(function(a, b) { // <-G
    var re = /^([a-z])$/, ma, mb; // <-H
    if ((ma = re.exec(a)) && (mb = re.exec(b))) { // <-I
        a = a.charCodeAt(0);
        var delta = a - b.charCodeAt(0); // <-J
        return function(t) { // <-K
            return String.fromCharCode(Math.ceil(a - delta * t));
        };
```

```
    }
});
```

이 보간자 함수는 이전에 나온 것과 굉장히 유사하다는 점을 단번에 알아차릴 수 있다. 먼저 H에서 단일 소문자 알파벳을 일치시키기 위해 정규 패턴이 정의된다. I에서 일치화가 수행된 후에 범위 a와 b의 시작과 끝 범위 모두 character(문자) 값에서 integer(정수) 값으로 변환된다. J에서는 a와 b의 차이가 계산됐다. K에서와 같이 보간 함수는 첫 번째 보간자와 동일한 공식을 따른다.

이러한 사용자 정의 보간자가 D3에 등록되면 추가 작업을 수행하지 않고 해당 범위의 스케일을 정의할 수 있으며, 그 값들을 보간할 수 있다.

```
var dollarScale = d3.scale.linear()
    .domain([0, 11])
    .range(["$0", "$300"]); // <-L
var alphabetScale = d3.scale.linear()
    .domain([0, 27])
    .range(["a", "z"]); // <-M
```

예상대로 dollarScale 함수는 자동으로 가격 보간자로 사용되며, alphabetScale 함수는 알파벳 보간자로 사용된다. 필요한 값을 얻기 위해서 스케일 함수를 호출할 때 어떠한 추가적인 작업도 필요 없다는 것을 N에서 볼 수 있다.

```
.text(function(d,i){
    return scale(d);} // <-N
);
```

이와는 별개로 사용자 정의 보간자는 매우 중요한 개념으로 다뤄지지는 않는다. 하지만 6장의 스타일 전환 같은 D3 개념과 함께 사용될 때 이는 더욱 강력하고 재미있는 사용자 정의 효과를 생성하며, 다음에 자세히 알아본다.

참고 사항

- 4장에 사용된 정규 표현이 처음이거나 더 많은 정보를 알고자 한다면 다음의 링크에서 많은 정보를 얻을 수 있다.

  http://www.regular-expressions.info

5

축 다루기

5장에서 다루는 내용은 다음과 같다.

- 기본적인 축 사용법
- 틱^{Tick} 사용자 정의
- 눈금선 그리기
- 동적으로 축의 스케일 조절

소개

D3가 처음 세상에 나왔을 때는 축 요소에 대한 기본 지원이 없었으나 이런 상황은 오래 가지 않았다. 축은 많은 직교 좌표계를 기반으로 하는 시각화 프로젝트에서 보편적인 기본 요소이기 때문에 D3가 축에 대한 기본적인 지원을 해야 한다는 점은 분명해졌다. 따라서 D3가 발표된 후에 이른 시기에 축과 관련된 기능들이 소개되고 지속적으로 해당 기능을 강화하고 있다. 5장에서는 축 요소에 대한 사용법과 관련된 기술을 알아본다.

기본적인 축 사용법

이번 예제에서는 D3에서 축 요소의 기본 개념과 지원을 소개하고 축의 다양한 형태와 기능 및 SVG 구조를 알아본다.

다음 파일을 다운로드한 후에 로컬 머신의 웹 브라우저에서 열어보자.

https://github.com/NickQiZhu/d3-cookbook/blob/master/src/chapter5/basic-axes.html

먼저 다음 코드 예제를 한번 살펴보자.

```
<div class="control-group">
    <button onclick="renderAll('bottom')">
        horizontal bottom
    </button>
    <button onclick="renderAll('top')">
        horizontal top
    </button>
    <button onclick="renderAll('left')">
        vertical left
    </button>
    <button onclick="renderAll('right')">
        vertical right
    </button>
</div>

<script type="text/javascript">
    var height = 500,
        width = 500,
```

```
        margin = 25,
        offset = 50,
        axisWidth = width - 2 * margin,
        svg;

function createSvg(){ // <-A
    svg = d3.select("body").append("svg") // <-B
        .attr("class", "axis") // <-C
        .attr("width", width)
    .attr("height", height);
}

function renderAxis(scale, i, orient){
    var axis = d3.svg.axis() // <-D
        .scale(scale) // <-E
        .orient(orient) // <-F
        .ticks(5); // <-G

    svg.append("g")
        .attr("transform", function(){ // <-H
            if(["top", "bottom"].indexOf(orient) >= 0)
                return "translate("+margin+","+i*offset+")";
            else
                return "translate("+i*offset+", "+margin+")";
        })
        .call(axis); // <-I
}

function renderAll(orient){
    if(svg) svg.remove();

    createSvg();

    renderAxis(d3.scale.linear()
        .domain([0, 1000])
        .range([0, axisWidth]), 1, orient);
    renderAxis(d3.scale.pow()
        .exponent(2)
```

```
        .domain([0, 1000])
        .range([0, axisWidth]), 2, orient);
    renderAxis(d3.time.scale()
        .domain([new Date(2012, 0, 1), new Date()])
        .range([0, axisWidth]), 3, orient);
    }
</script>
```

앞의 코드는 다음 스크린샷과 같이 4개의 버튼을 포함하는 시각적 결과물을
만들어낸다. horizontal bottom 버튼을 클릭하면 다음과 같은 결과를 볼 수
있다.

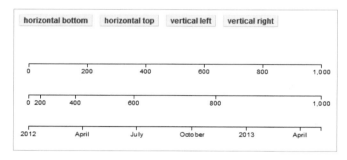

수평 축

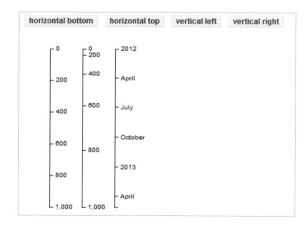

수직 축

예제 분석

이번 예제의 첫 단계는 축을 렌더링에 사용되는 svg 요소를 생성하는 것이다. 이는 A에서 정의된 createSVG 함수와 B, C에서 보여주는 D3 append, attr 수정자 함수를 사용해 완성할 수 있다.

 D3 축 요소는 SVG만을 지원하기 때문에 이번 예제는 이 책에서 HTML 요소 대신 SVG를 사용하는 첫 번째 예제다. SVG 표준이 익숙하지 않더라도 걱정하지 않아도 된다. 7장에서 해당 내용을 자세하게 다룰 예정이다. 5장의 목적은 D3 축 요소와 함께 사용되는 기본적이고 제한적인 SVG 개념에 대한 소개다.

다음 코드를 통해 SVG 캔버스를 어떻게 생성하는지 살펴보자.

```
var height = 500,
    width = 500,
    margin = 25,
    offset = 50,
    axisWidth = width - 2 * margin,
    svg;

function createSvg(){ // <-A
    svg = d3.select("body").append("svg") // <-B
        .attr("class", "axis") // <-C
        .attr("width", width)
        .attr("height", height);
}
```

이제 svg 캔버스에 축을 렌더링할 준비가 됐다. renderAxis 함수는 함수 이름 그대로 그 역할을 수행하기 위해 설계됐다. D에서 먼저 d3.svg.axis 함수를 사용해 축 요소를 만들어보자.

```
var axis = d3.svg.axis() // <-D
```

```
    .scale(scale) // <-E
    .orient(orient) // <-F
    .ticks(5); // <-G
```

D3 축은 D3의 다양한 스케일(양적, 시간, 순서)과 함께 사용할 수 있도록 고안됐다. 축 스케일은 E에서 보여주는 scale() 함수를 사용해 제공된다. 이번 예제에서 다음의 스케일을 이용해 3가지 다른 축을 렌더링해보겠다.

```
d3.scale.linear().domain([0, 1000]).range([0, axisWidth])
d3.scale.pow().exponent(2).domain([0, 1000]).range([0, axisWidth])
d3.time.scale()
    .domain([new Date(2012, 0, 1), new Date()])
    .range([0, axisWidth])
```

axis 객체에서 수행한 두 번째 사용자 정의는 방향이다. 방향은 D3에서 축을 배치하는 방법을 알려주므로, 수평 또는 수직으로 렌더링하는 방법을 살펴보자. D3는 축에 대해서 네 가지 다른 방향 설정을 지원한다.

- **top** 축의 상단에 라벨을 가진 수평 축
- **bottom** 축의 하단에 라벨을 가진 수평 축
- **left** 축의 왼편에 라벨을 가진 수직 축
- **right** 축의 오른편에 라벨을 가진 수직 축

G에서 틱tick의 수를 5로 설정했다. 이것은 D3에게 축에서 렌더링하고자 하는 틱의 수를 알려주지만, D3는 사용 가능한 공간과 자체 계산을 기반으로 틱의 수를 약간 더 많거나 적은 수로 렌더링을 진행할 수 있다.

축이 정의되면 생성 과정의 마지막 단계는 축을 렌더링을 하기 위해 필요한 모든 SVG 구조를 다루는 svg:g 컨테이너 요소를 생성하는 것이다.

```
svg.append("g")
    .attr("transform", function(){ // <-H
        if(["top", "bottom"].indexOf(orient) >= 0)
```

```
        return "translate(" + margin + ","+ i * offset + ")";
    else
        return "translate(" + i * offset + ", " + margin + ")";
})
.call(axis); // <-I
```

 축과 관련해 모든 SVG 요소를 포함하는 g 요소를 갖는 것은 좋은 연습임과 동시에
D3 축 요소의 필요조건에도 부합한다.

이 코드 조각은 transform 속성을 사용해 svg 캔버스 위에 축을 그리기
위한 위치를 계산하는 것과 관련이 있다(H 참조). 앞의 코드 예제에서는 오프
셋을 사용해 축을 이동하기 위해서는 translate SVG 변환을 사용했는데,
이는 x와 y 좌표로 정의된 거리 매개변수를 사용해 요소를 이동할 수 있다.

 SVG 변환은 7장에서 자세하게 알아볼 예정이며, 다음 URL을 통해 이 주제에 대한
더 자세한 정보를 얻을 수 있다.
http://www.w3.org/TR/SVG/coords.html#TranslationDefined

I에서는 axis 객체를 매개변수로 사용하는 d3.selection.call 함수를 사
용했다. d3.selection.call 함수는 매개변수로 전달된 현재 선택에 주어
진 함수(이번 경우는 axis 객체)를 호출한다. 쉽게 말해 d3.selection.call 함
수로 전달된 함수는 다음과 같은 형태를 가진다.

```
function foo(selection) {
    ...
}
```

d3.selection.call 함수는 또한 호출하는 함수에 추가 인자의 전달을 허용한다. 다음 링크를 통해 더 많은 정보를 알 수 있다.

https://github.com/mbostock/d3/wiki/Selections#wikicall

D3 축 요소가 호출되면 나머지 부분에 대해 신경을 써주고, 자동으로 축에 필요한 모든 SVG 요소를 생성할 것이다(1 참조). 예를 들어 이번 예제에서 다룬 수평-하단 시간 축에 대한 내용은 여러분이 자세하게 알 필요 없이 자동으로 생성된 다음과 같은 복잡한 SVG 구조를 가진다.

```
▼<g transform="translate(25,150)">
  ▼<g class="tick major" style="opacity: 1;" transform="translate(0,0)">
      <line y2="6" x2="0"></line>
      <text y="9" x="0" dy=".71em" style="text-anchor: middle;">2012</text>
    </g>
  ▼<g class="tick major" style="opacity: 1;" transform="translate(83.42318658050905,0)">
      <line y2="6" x2="0"></line>
      <text y="9" x="0" dy=".71em" style="text-anchor: middle;">April</text>
    </g>
  ▶<g class="tick major" style="opacity: 1;" transform="translate(166.88458808844848,0)">…</g>
  ▶<g class="tick major" style="opacity: 1;" transform="translate(251.26314785471692,0)">…</g>
  ▶<g class="tick major" style="opacity: 1;" transform="translate(335.67992254841573,0)">…</g>
  ▼<g class="tick major" style="opacity: 1;" transform="translate(418.1859508705958,0)">
      <line y2="6" x2="0"></line>
      <text y="9" x="0" dy=".71em" style="text-anchor: middle;">April</text>
    </g>
    <path class="domain" d="M0,6V0H450V6"></path>
  </g>
```

수평-하단 시간 축의 SVG 구조

틱 사용자 정의

이미 이전 예제를 통해 ticks 함수의 사용법을 살펴봤다. 이는 D3축에서 여러분이 할 수 있는 가장 단순한 틱Tick 관련 사용자 정의라고 할 수 있다. 이번 예제에서는 D3 축을 사용해 가장 일반적이고 유용한 틱 관련 사용자 정의를 다룬다.

다음 파일을 다운로드한 후에 로컬 머신의 웹 브라우저에서 열어보자.

https://github.com/NickQiZhu/d3-cookbook/blob/master/src/chapter5/ticks.
html

예제 구현

다음 코드 예제에서는 라벨의 하위 틱, 패딩 및 포맷에 대한 사용자 지정을
한다. 먼저 코드 조각을 살펴보자.

```javascript
<script type="text/javascript">
    var height = 500,
        width = 500,
        margin = 25,
        axisWidth = width - 2 * margin;

    var svg = d3.select("body").append("svg")
        .attr("class", "axis")
        .attr("width", width)
        .attr("height", height);

    var scale = d3.scale.linear()
        .domain([0, 100])
        .range([0, axisWidth]);

    var axis = d3.svg.axis()
        .scale(scale)
        .ticks(5)
        .tickSubdivide(5) // <-A
        .tickPadding(10) // <-B
        .tickFormat(function(v){ // <-C
            return v + "%";
        });
```

```
svg.append("g")
    .attr("transform", function(){
        return "translate(" + margin + "," + margin + ")";
    })
    .call(axis);
</script>
```

앞의 코드는 다음의 시각적 결과물을 생성한다.

사용자 정의된 축의 틱

예제 분석

이번 예제에서 가장 주의 깊게 살펴볼 곳은 ticks 함수 다음에 굵게 표시된 부분이다. 앞서 언급했듯이 ticks 함수는 축에 얼마나 많은 틱을 포함해야 하는지 D3에게 알려준다. 틱의 수를 설정한 후에 추가적인 함수 호출을 통해 틱에 대한 사용자 정의를 계속 진행한다. A에서 ticksSubdivide 함수는 축이 각 틱 사이에서 렌더링해야 하는 세부 횟수에 대한 힌트를 D3에 제공하기 위해 사용된다. 다음 B에서는 틱 라벨과 축 사이의 간격(픽셀)을 설정하기 위해 tickpadding 함수를 사용했다. 마지막으로 tickFormat이라는 사용자 정의 함수가 값에 퍼센트(%) 기호를 붙이기 위해서 C에서 제공됐다.

 앞서 이야기한 함수들과 틱에 대한 다양한 사용자 정의 방법은 다음의 D3 위키 링크를 참고하라.

https://github.com/mbostock/d3/wiki/SVGAxes#wiki-ticks

눈금선 그리기

x와 y축의 틱에 맞게 가로와 세로 눈금을 일관성 있게 그려야 하는 경우가 종종 있다. 이전 예제를 통해 살펴본 것처럼 D3 축에서 틱이 렌더링되는 방법에 대한 정확한 제어를 하고 싶지도 또 할 필요도 없다. 따라서 틱이 렌더 링되기 전까지 얼마나 많은 수의 틱이 존재하고, 그 값이 어떤가에 대해서는 알 수 없을 것이다. 이는 틱 구성을 미리 알 수 없는 재사용 가능한 시각화 라이브러리를 구축하는 경우 특히 그렇다. 이번 예제에서는 틱 값에 대한 정 보 없이 축에 일정한 눈금선을 그리는 몇 가지 유용한 방법을 알아본다.

준비

다음 파일을 다운로드한 후에 로컬 머신의 웹 브라우저에서 열어보자.

https://github.com/NickQiZhu/d3-cookbook/blob/master/src/chapter5/grid-line.html

예제 구현

먼저 코드를 통해 눈금을 그리는 방법을 살펴보자.

```
<script type="text/javascript">
    var height = 500,
        width = 500,
        margin = 25;

    var svg = d3.select("body").append("svg")
            .attr("class", "axis")
            .attr("width", width)
            .attr("height", height);

    function renderXAxis(){
        var axisLength = width - 2 * margin;
```

```
        var scale = d3.scale.linear()
                .domain([0, 100])

        var xAxis = d3.svg.axis()
                .scale(scale)
                .orient("bottom");

        svg.append("g")
            .attr("class", "x-axis")
            .attr("transform", function(){ // <-A
            return "translate(" + margin + "," + (height - margin)
                + ")";
            })
            .call(xAxis);

    d3.selectAll("g.x-axis g.tick") // <-B
        .append("line") // <-C
            .classed("grid-line", true)
            .attr("x1", 0) // <-D
            .attr("y1", 0)
            .attr("x2", 0)
        .attr("y2", - (height - 2 * margin)); // <-E
}

function renderYAxis(){
    var axisLength = height - 2 * margin;

    var scale = d3.scale.linear()
            .domain([100, 0])
            .range([0, axisLength]);

    var yAxis = d3.svg.axis()
            .scale(scale)
            .orient("left");

    svg.append("g")
        .attr("class", "y-axis")
        .attr("transform", function(){
```

```
                return "translate(" + margin + "," + margin + ")";
            })
            .call(yAxis);

        d3.selectAll("g.y-axis g.tick")
            .append("line")
            .classed("grid-line", true)
            .attr("x1", 0)
            .attr("y1", 0)
            .attr("x2", axisLength)
            .attr("y2", 0);
    }

    renderYAxis();
    renderXAxis();
</script>
```

이전 코드는 다음과 같은 시각화 결과물을 생성한다.

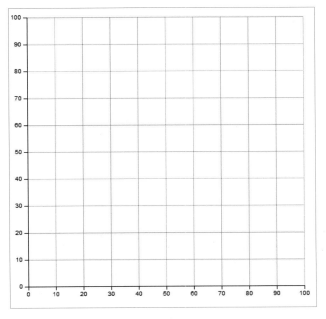

축과 눈금자 선

이번 예제에서는 x와 y 두 축이 각각 renderXAsix와 renderYAxis 함수에 의해 만들어졌다. 먼저 x축이 어떻게 생성됐는지 살펴보자.

일단 x축과 해당 눈금선이 어떻게 렌더링되는지 이해한다면 이와 거의 유사한 y축을 렌더링하는 데 사용되는 로직은 쉽게 이해할 수 있을 것이다. 5장을 통해 여러 번 시연한 것처럼 x축과 스케일은 아무런 문제없이 정의됐다. svg:g 요소는 x축 구조를 포함하게 만들어졌다. 이 svg:g 요소는 A에서 보여주는 translate 변환을 사용해 차트 하단에 위치됐다.

```
.attr("transform", function(){ // <-A
    return "translate(" + margin + "," + (height - margin) + ")";
})
```

translate 변환은 하부 요소에 관한 좌표의 프레임을 바꾼다는 점을 기억하는 것은 중요한다. 예를 들어 svg:g 요소 안에 (0, 0)으로 새로 설정된 좌표를 만들어서 SVG 캔버스 위에 위치시킬 때 이 좌표는 실제로 (margin, height - margin)에 위치할 것이다. 이는 svg:g 요소 내의 모든 하위 요소가 자동으로 이 기본 좌표로 변환되므로 참조 프레임이 이동하기 때문이다. 이러한 이해를 바탕으로 축이 렌더링된 후에 동적으로 눈금선을 생성하는 방법을 살펴보자.

```
d3.selectAll("g.x-axis g.tick") // <-B
    .append("line") // <-C
        .classed("grid-line", true)
        .attr("x1", 0) // <-D
        .attr("y1", 0)
        .attr("x2", 0)
        .attr("y2", - (height - 2 * margin)); // <-E
```

축이 렌더링되면 각 틱 요소들은 자신의 svg:g 요소(B 참조)로 그룹화되기 때문에 여러분은 g.tick 선택을 통해 축 위에 있는 모든 틱을 선택할 수 있다. C에서는 새로운 svg:line 요소를 각 svg:g 틱 요소에 추가한다. SVG 선 요소는 SVG 표준이 제공하는 가장 단순한 형태며, 다음과 같은 4가지 주요 속성을 가진다.

- x1과 y1 속성은 선의 시작점을 정의한다.
- x2와 y2 속성은 선의 도착점을 정의한다.

여기서 각 g.tick 요소가 이미 축에서 해당 위치로 변환됐기 때문에 x1과 y1, x2는 0으로 설정한다. 따라서 세로 눈금을 그리기 위해서는 y2 속성만 바꿔주면 된다. y2 속성은 -(height - 2 * margin)으로 설정됐다. 이전 코드에서 언급한 것처럼 모든 g.x-axis가 (height - margin)만큼 아래로 이동했기 때문에 좌표 값은 음수가 된다. 따라서 x축의 그리고자 하는 최상단 세로 눈금선의 절대 좌표 y2 = (height - margin) - (height - 2 * margin) = margin이다.

 SVG 좌표계에서 (0, 0)은 SVG 캔버스의 좌측 상단 코너를 의미한다.

이것은 SVG 구조 내의 x축과 이와 관련된 눈금선을 보여준다.

```
▼<g class="x-axis" transform="translate(25,475)">
  ▼<g class="tick major" style="opacity: 1;" transform="translate(0,0)">
    <line y2="6" x2="0"></line>
    <text y="9" x="0" dy=".71em" style="text-anchor: middle;">0</text>
    <line class="grid-line" x1="0" y1="0" x2="0" y2="-450"></line>
  </g>
  ▼<g class="tick major" style="opacity: 1;" transform="translate(45,0)">
    <line y2="6" x2="0"></line>
    <text y="9" x="0" dy=".71em" style="text-anchor: middle;">10</text>
    <line class="grid-line" x1="0" y1="0" x2="0" y2="-450"></line>
  </g>
  ▶<g class="tick major" style="opacity: 1;" transform="translate(90,0)">…</g>
  ▶<g class="tick major" style="opacity: 1;" transform="translate(135,0)">…</g>
  ▶<g class="tick major" style="opacity: 1;" transform="translate(180,0)">…</g>
  ▶<g class="tick major" style="opacity: 1;" transform="translate(225,0)">…</g>
  ▶<g class="tick major" style="opacity: 1;" transform="translate(270,0)">…</g>
  ▶<g class="tick major" style="opacity: 1;" transform="translate(315.00000000000006,0)">…</g>
  ▶<g class="tick major" style="opacity: 1;" transform="translate(360,0)">…</g>
  ▶<g class="tick major" style="opacity: 1;" transform="translate(405,0)">…</g>
  ▶<g class="tick major" style="opacity: 1;" transform="translate(450,0)">…</g>
  <path class="domain" d="M0,6V0H450V6"></path>
</g>
```

눈금선을 포함하는 x축 SVG 구조

앞의 스크린샷에서 본 것처럼 눈금선을 나타내는 svg:line 요소는 이번 절 앞부분에 이야기한 "g.tick" svg:g 컨테이너 요소에 추가됐다.

동일한 방법을 사용해 y축 눈금선도 만들어진다. 한 가지 차이점이라면 x축에서 했던 y2 속성을 설정하는 대신에 선들은 수평(F 참조)이기 때문에 x2 속성을 변경한다.

```
d3.selectAll("g.y-axis g.tick")
    .append("line")
        .classed("grid-line", true)
        .attr("x1", 0)
        .attr("y1", 0)
        .attr("x2", axisLength) // <-F
        .attr("y2", 0);
```

동적으로 축의 스케일 조절

때때로 축을 사용하는 스케일이 사용자와의 상호작용이나 입력 데이터의 변화로 인해서 바뀌는 경우가 있다. 사용자가 시각화에 대한 시간 범위를 변경할 수 있는 것을 그 예로 들 수 있다. 또한 이런 종류의 변화는 축의 크기 조절을 반영할 필요가 있다. 이번 예제에서는 동적으로 축의 스케일을 조절하는 방법과 동시에 눈금선을 다시 그리는 방법을 알아본다.

준비

다음 파일을 다운로드한 후에 로컬 머신의 웹 브라우저에서 열어보자.

https://github.com/NickQiZhu/d3-cookbook/blob/master/src/chapter5/rescaling.html

동적으로 크기 조절을 수행하는 다음 코드를 살펴보자.

```javascript
<script type="text/javascript">
    var height = 500,
        width = 500,
        margin = 25,
        xAxis, yAxis, xAxisLength, yAxisLength;

    var svg = d3.select("body").append("svg")
            .attr("class", "axis")
            .attr("width", width)
            .attr("height", height);

    function renderXAxis(){
        xAxisLength = width - 2 * margin;

        var scale = d3.scale.linear()
                .domain([0, 100])
                .range([0, xAxisLength]);

        xAxis = d3.svg.axis()
                .scale(scale)
                .tickSubdivide(1)
                .orient("bottom");

        svg.append("g")
            .attr("class", "x-axis")
            .attr("transform", function(){
                return "translate(" + margin + ","
                        + (height - margin) + ")";
            })
            .call(xAxis);
    }

    function rescale(){ // <-A
        var max = Math.round(Math.random() * 100);
```

```
        xAxis.scale().domain([0, max]); // <-B
        svg.select("g.x-axis")
            .transition()
            .call(xAxis); // <-C

        renderXGridlines();
    }

    function renderXGridlines(){
        var lines = d3.selectAll("g.x-axis g.tick")
                .select("line.grid-line")
                .remove(); // <-D

        lines = d3.selectAll("g.x-axis g.tick")
                .append("line")
                .classed("grid-line", true)

        lines.attr("x1", 0)
                .attr("y1", 0)
                .attr("x2", 0)
                .attr("y2", - yAxisLength);
    }

    renderXAxis();
    renderXGridlines();
</script>
```

앞의 코드는 다음과 같은 효과를 생성한다.

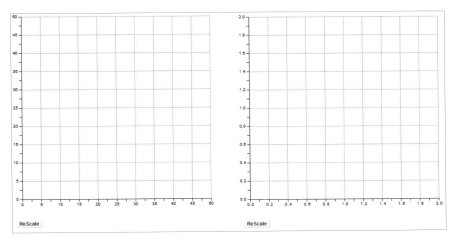

동적 축 크기 조절

 책의 제한된 범위로 인해 이번 예제의 y축과 관련된 코드는 예제에서 생략했다. 온라인으로 제공되는 완벽한 코드를 살펴보자.

예제 분석

화면상의 ReScale 버튼을 클릭하면 모든 틱과 눈금자가 부드럽게 전환되면서 양 축의 크기 또한 변화되는 것을 인지할 수 있을 것이다. 이번 절에서는 크기 조절이 어떻게 작동되는지 살펴보고 전환 효과에 대해서는 6장의 스타일 전환을 통해 알아본자. 이번 예제에서 가장 비중 있게 다뤄야 할 rescale 함수는 A에 정의돼 있다.

```
function rescale(){ // <-A
    var max = Math.round(Math.random() * 100);

    xAxis.scale().domain([0, max]); // <-B
    svg.select("g.x-axis")
        .transition()
        .call(xAxis); // <-C
```

```
        renderXGridlines();
}
```

축의 크기를 변경하는 것은 간단하게 그것의 도메인을 변경하면 된다(B 참
조). 잠시 기억을 더듬어 보자면 스케일 도메인은 데이터 도메인을 나타내고
범위 도메인은 시각화 도메인을 나타낸다. 따라서 SVG 전체 크기를 변경하
지 않고 스케일만 변경하는 것이기 때문에 시각화 범위는 변화가 없어야 한
다. 업데이트가 되면 x축에 대해 svg:g 요소가 전달되는 xAxis를 다시 호출
한다(C 줄 참조). 이러한 단순한 호출이 축 업데이트에 관한 작업들을 처리하므
로, 더 이상 축에서 해야 될 일은 없다. 다음으로 도메인 변경은 틱을 변경시
키기 때문에 모든 눈금선을 업데이트하고 다시 그리는 작업이 필요하다.

```
function renderXGridlines(){
    var lines = d3.selectAll("g.x-axis g.tick")
            .select("line.grid-line")
            .remove(); // <-D

    lines = d3.selectAll("g.x-axis g.tick")
            .append("line")
            .classed("grid-line", true)

    lines.attr("x1", 0)
            .attr("y1", 0)
            .attr("x2", 0)
            .attr("y2", - yAxisLength);
}
```

D에서 보여주는 것처럼 remove() 함수의 호출로 모든 눈금선이 제거되고,
조절된 축의 모든 새로운 틱에 대한 눈금선이 다시 만들어진다. 이러한 접근
법은 스케일 변화 중에도 모든 틱과 눈금선을 효과적으로 유지할 수 있게
해준다.

6
스타일 전환

6장에서 다루는 내용은 다음과 같다.

- 단일 요소 애니메이션
- 다중 요소 애니메이션
- 완화 사용
- 트위닝 사용
- 전환 연결 사용
- 전환 필터 사용
- 전환 이벤트 살펴보기
- 사용자 정의 보간자 구현
- 타이머 사용

소개

천 마디 말보다 한 번 보는 게 더 낫다(A picture is worth a thousand words).

예로부터 전해 내려오는 이 속담은 틀림없이 데이터 시각화의 가장 중요한 초석 중 하나일 것이다. 한편 애니메이션은 연속된 정지 영상을 사용해 생성된다. 인간의 눈과 뇌의 복합체는 양성 잔상과 파이 현상, 베타 움직임을 통해 연속된 이미지의 환상을 만들어낼 수 있다. 릭 패어런트^{Rick Parent}는 이러한 과정에 대한 완벽한 설명을 그의 저서 『Computer Animation Algorithms and Techniques』에 담아냈다.

> 인간의 시각 시스템은 복잡한 정보 처리 장치이기 때문에 이미지는 많은 양의 정보를 신속하게 전달할 수 있다. 따라서 움직이는 이미지는 짧은 시간에 더 많은 정보를 전달할 수 있다. 사실, 인간의 시각 시스템은 끊임없이 변화하는 세계에서 살아남기 위해 움직임을 감지하고 분석할 수 있게 진화해 왔다.
>
> 패어런트 R.(Parent R. 2012)

이것이 실제로 데이터 시각화 프로젝트에서 사용되는 애니메이션의 주목표다. 6장에서는 D3 전환^{transition} 메커니즘을 집중적으로 설명한다. 기초에서부터 사용자 정의 보간과 시간 기반 전환 같은 고급 기법을 다룬다. 전환을 정복하는 것은 여러분의 건조한 시각화에 단비를 내려줄 것이고 동시에 trending과 difference 같이 시각화하기 어려운 속성들에 대해서도 강력한 도구 모음을 제공할 것이다.

전환이란?

D3 전환은 웹 페이지에서 HTML과 SVG 요소를 사용해 컴퓨터 애니메이션을 만들 수 있는 기능을 제공한다. D3 전환은 보간 기반 애니메이션^{Interpolation-based Animation}이라고 불리는 애니메이션을 구현한다. 컴퓨터는 특히 값에 대한 보간이 잘 돼 있기 때문에 대부분의 컴퓨터 애니메이션은 보간을 기반으로 한다. 이름이 보여주는 것처럼 이러한 애니메이션 기능의 기초는 값 보간이다.

기억을 더듬어 보면 이미 D3 보간자와 보간 함수를 4장에서 자세히 다뤘다. 전환은 애니메이션과 같이 시간에 따라 값이 변화하는 기능을 제공하기 위해서 보간과 스케일을 기반으로 한다. 각 전환은 애니메이션에서 키 프레임 key frame이라고 불리는 시작과 끝의 값을 사용해 정의되는 동안, 다른 알고리즘과 보간자는 프레임 사이의 'in-betweening' 또는 줄여서 트위닝 tweening으로 불리는 중간 값이 채워질 것이다. 애니메이션 알고리즘과 관련 기술에 익숙하지 않다면 언뜻 보기에 애니메이션을 만드는 방법이 서툴러 보일 수도 있다. 하지만 실상은 그렇지 않는다. 보간 기반 전환은 각각의 모든 프레임에 대한 움직임을 직접적이고 자세한 기댓값으로 제공할 수 있다. 이로 인해서 굉장히 복잡한 제어 과정을 간단하게 제공한다. 사실 D3 전환 API는 굉장히 잘 설계돼 있으므로 대부분의 경우에는 코드 단 몇 줄로 데이터 시각화에서 원하는 애니메이션을 구현할 수 있다. 이제 실제 예제를 통해 이 주제에 대한 이해도를 높여보자.

단일 요소 애니메이션

이번 예제에서는 먼저 단순한 애니메이션을 생성하기 위해 시간이 흐름에 따라 단일 요소의 속성을 보간하는 가장 간단한 전환 예제를 살펴본다.

준비

다음 파일을 다운로드한 후에 로컬 머신의 웹 브라우저에서 열어보자.

https://github.com/NickQiZhu/d3-cookbook/blob/master/src/chapter6/single-element-transition.html

이런 간단한 전환을 위해 필요한 코드는 누구나 좋아할 만큼 굉장히 짧다.

```
<script type="text/javascript">
    var body = d3.select("body"),
        duration = 5000;

    body.append("div") // <-A
            .classed("box", true)
            .style("background-color", "#e9967a") // <-B
        .transition() // <-C
        .duration(duration) // <-D
            .style("background-color", "#add8e6") // <-E
            .style("margin-left", "600px") // <-F
            .style("width", "100px")
            .style("height", "100px");
</script>
```

이 코드는 사각형이 오른쪽에서 왼쪽으로 움직이는 동안 크기가 작아지고 색 또한 변하는 예제를 생성한다.

단일 요소 전환

C와 D만으로도 애니메이션 효과를 줄 수 있다는 점은 꽤나 놀랍다.

```
body.append("div") // <-A
        .classed("box", true)
```

```
.style("background-color", "#e9967a") // <-B
.transition() // <-C
.duration(duration) // <-D
```

C에서는 먼저 전환을 정의하기 위해 d3.selection.transition 함수를 호출했다. 그런 다음 transition 함수는 현재 선택에서 여전히 같은 요소를 나타내는 전환-바인딩 선택을 반환한다. 하지만 이제 이 함수는 추가함수를 가지며, 전환 행동의 추가적인 사용자 정의를 허용한다. C는 A에서 생성한 div 요소의 전환-바인딩 선택을 반환한다.

D에서 duration() 함수를 사용해 전환의 지속 시간을 5000밀리초로 설정했다. 이 함수 또한 현재 전환-바인딩 선택을 반환하며, 따라서 함수 연결을 허용한다. 6장의 시작 부분에서 언급한 것처럼 보간 기반 애니메이션은 일반적으로 시작과 종료 값을 지정할 때만 필요하며, 보간자와 알고리즘은 시간이 지남에 따라 중간 값을 채운다. D3 전환은 transition 함수를 호출하기 전에 설정된 모든 값을 시작 값으로 처리하고 transition 함수 호출후의 설정된 값을 종료 값으로 설정한다. 다음 예제를 살펴보자.

```
.style("background-color", "#e9967a") // <-B
```

B에 정의된 background-color 스타일은 전환의 시작 값으로 처리된다. 다음에 나오는 모든 스타일은 종료 값으로 설정된다.

```
.style("background-color", "#add8e6") // <-E
.style("margin-left", "600px") // <-F
.style("width", "100px")
.style("height", "100px");
```

여기서 왜 시작과 종료 값이 대칭이 아닐까 궁금증이 생길 수도 있다. D3 전환은 모든 보간 값에 명시적인 시작과 종료 값을 요구하지 않는다. 시작 값이 누락된 경우 계산된 스타일을 사용하려고 시도하고 종료 값이 누락된 경우에는 값을 상수로 처리한다. 전환이 시작되면 D3는 각 값에 가장 적절하게 등록된 보간자를 자동으로 선택할 것이다. 예제에서는 내부적으로 숫자 보간을 사용해 포함된 숫자를 보간하는 문자열 보간자가 나머지 스타일 값에 사용되지만, RGB 색상 보간자는 E에서 사용됐다. 다음은 보간된 스타일 값의 시작 값과 종료 값을 나타낸다.

- **background-color** 시작 값(#e9967a)은 종료 값(#add8e6)보다 크다.
- **margin-left** 시작 값은 계산된 스타일이고, 종료 값(600px)보다 크다.
- **width** 시작 값은 계산된 스타일이고, 종료 값(100px)보다 크다.
- **height** 시작 값은 계산된 스타일이고, 종료 값(100px)보다 크다.

다중 요소 애니메이션

좀 더 정교한 데이터 시각화를 위해서는 이전 예제에서 설명한 단일 요소 대신 다중 요소에 대한 애니메이션을 적용해야 한다. 더욱 중요한 것은 이러한 전환이 종종 같은 시각화 내의 데이터와 함께 구동되고, 다른 요소와의 조정이 필요하다. 이번 예제에서는 데이터 기반 다중 요소 전환으로 움직이는 막대 차트를 생성하는 방법을 알아본다. 이 차트는 시간의 흐름에 따라 오른쪽에서 왼쪽으로 부드러운 전환을 통해 움직이며, 동시에 새로운 막대가 오른쪽에 추가된다.

준비

다음 파일을 다운로드한 후에 로컬 머신의 웹 브라우저에서 열어보자.

https://github.com/NickQiZhu/d3-cookbook/blob/master/src/chapter6/multi-element-transition.html

예제 구현

예상했겠지만 이번 예제는 이전 예제의 코드보다 약간 더 많은 내용을 포함하고 있다.

다음 예제 코드를 살펴보자.

```
<script type="text/javascript">
    var id= 0,
        data = [],
        duration = 500,
        chartHeight = 100,
        chartWidth = 680;

    for(var i = 0; i < 20; i++){
        push(data);
    }

    function render(data) {
        var selection = d3.select("body")
                .selectAll("div.v-bar")
                .data(data, function(d){return d.id;}); // <-A

        // enter
        selection.enter()
                .append("div")
                    .attr("class", "v-bar")
                    .style("position", "fixed")
                    .style("top", chartHeight + "px")
                    .style("left", function(d, i){
                        return barLeft(i+1) + "px"; // <-B
                    })
                    .style("height", "0px") // <-C
                .append("span");

        // update
        selection
```

```
                .transition().duration(duration) // <-D
                    .style("top", function (d) {
                        return chartHeight - barHeight(d) + "px";
                    })
                    .style("left", function(d, i){
                        return barLeft(i) + "px";
                    })
                    .style("height", function (d) {
                        return barHeight(d) + "px";
                    })
                    .select("span")
                        .text(function (d) {return d.value;});

        // exit
        selection.exit()
                .transition().duration(duration) // <-E
                .style("left", function(d, i){
                    return barLeft(-1) + "px"; //<-F
                })
                .remove(); // <-G
    }

function push(data) {
    data.push({
        id: ++id,
        value: Math.round(Math.random() * chartHeight)
    });
}

function barLeft(i) {
// start bar position is i * (barWidth + gap)
    return i * (30 + 2);
}

function barHeight(d) {
    return d.value;
}
```

```
setInterval(function () {
    data.shift();
    push(data);
    render(data);
}, 2000);

render(data);

d3.select("body")
    .append("div")
        .attr("class", "baseline")
        .style("position", "fixed")
        .style("top", chartHeight + "px")
        .style("left", "0px")
        .style("width", chartWidth + "px");
</script>
```

앞의 코드는 다음 스크린샷에서 보여주는 것처럼 웹 브라우저에서 슬라이딩 막대 차트를 생성한다.

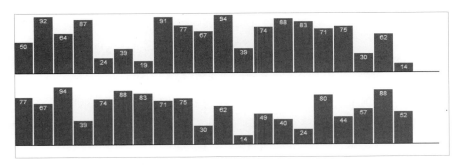

슬라이딩 막대 차트

예제 분석

표면적으로 이 예제는 복합적이고 복잡한 효과들로 인해 상당히 어려워 보인다. 매초 새로운 막대가 생성되면서 애니메이션 효과가 적용되는 동안 나머지 막대들은 왼쪽으로 미끄러지듯이 이동하게 된다. D3 집합에 관련된 함수 API의 장점은 조작하는 요소들의 수와 관계없이 정확하게 같은 방식으로 동작한다는 점이다. 따라서 이러한 메커니즘만 이해한다면 이번 예제가 앞에서 살펴본 예제와 크게 다를 바가 없다는 것을 알게 될 것이다.

첫 단계로 클래식 입력-업데이트-종료의 D3 패턴을 사용해 많은 세로막대 (A 참조)에 대한 데이터-바인딩 선택을 생성한다.

```
var selection = d3.select("body")
        .selectAll("div.v-bar")
        .data(data, function (d) { return d.id; }); // <-A
```

d3.selection.data 함수에서 두 번째 매개변수에 대해서는 아직까지 다루지 않았다. 여기서는 이 함수가 **객체-확인**object-identity 함수라는 정도만 알아두자. 이 함수를 사용하는 목적은 객체에 대한 불변성을 제공하기 위해서다. 간단히 말해 데이터와 시각화 요소 사이의 결합이 안정화되길 바란다는 의미로 사용될 수 있다. 객체의 불변성을 달성하기 위해서 각각의 데이터는 유일한 식별자를 가져야 한다. 일단 ID가 제공되면 D3는 이를 보장할 것이다. 예를 들어 {id: 3, value: 45}로 바인딩된 div 요소가 value 값을 12로 변경하는 업데이트 섹션을 통해 새로이 계산됐다면 같은 div 요소가 같은 id를 가진 데이터를 위해 사용될 것이다. 여기서는 {id: 3, value: 12}로 같은 id에서 value가 변경됐음을 알 수 있다. 이번 예제에서 이러한 객체 불변성은 굉장히 중요하며, 이번 예제의 슬라이딩 효과 또한 이를 충족시키지 못하면 동작하지 않을 것이다.

 객체 불변성에 대한 자세한 정보는 다음 링크에서 D3의 저자 마이크 보스톡의 문서를 참고하라.

http://bost.ocks.org/mike/constancy/

두 번째 단계는 d3.selection.enter 함수로 이러한 세로막대를 생성하고 인덱스 숫자에 따라 각 막대의 left 위치를 계산하는 것이다(B 참고).

```
// enter
selection.enter()
    .append("div")
        .attr("class", "v-bar")
        .style("position", "fixed")
        .style("top", chartHeight + "px")
        .style("left", function (d, i) {
            return barLeft(i + 1) + "px"; // <-B
        })
        .style("height", "0px") // <-C
    .append("span");
```

여기서 한 번 더 짚고 넘어가야 할 곳은 enter 섹션이다. 아직 전환을 호출하지 않았으며, 이는 여기서 정의하는 모든 값이 전환에서의 시작 값으로 사용되라는 것을 알 수 있다. C를 통해 막대의 height가 0px로 설정돼 있는 것을 볼 수 있다. 이는 막대가 0px에서 목표하는 height까지 높아지는 애니메이션 효과를 가능하게 한다. 이와 동시에 동일한 로직이 막대의 left 위치(B 참조)에 적용됐고 barLeft(i+1)이 설정됐다. 따라서 이러한 설정을 통해 원하는 슬라이딩 전환이 가능하게 된다.

```
// update
selection
    .transition().duration(duration) // <-D
        .style("top", function (d) {
            return chartHeight - barHeight(d) + "px";
        })
        .style("left", function (d, i) {
            return barLeft(i) + "px";
        })
        .style("height", function (d) {
            return barHeight(d) + "px";
```

```
})
    .select("span")
        .text(function (d) {
            return d.value;
        });
```

입력 섹션을 마무리한 다음에 이제는 transition이 정의된 업데이트 섹션을 살펴볼 것이다. 무엇보다도 먼저 모든 업데이트에 대한 전환을 도입하기 위해 어떠한 스타일이 적용되기 전에 transition 함수를 호출한다(D 참조). 일단 전환-바인딩 선택이 생성된 후에 다음의 스타일 전환을 적용한다.

- "top": chartHeight + "px" > chartHeight - barHeight(d)+"px"

- "left": barLeft(i+1) + "px" > barLeft(i) + "px"

- "height": "0px" > barHeight(d) + "px"

앞서 언급한 세 가지 전환은 기존의 모든 막대뿐만 아니라 새로운 막대와 슬라이딩 효과를 다루기 위한 모든 것이다. 마지막으로 살펴봐야 할 것은 막대가 더 이상 필요하지 않을 때 이를 다루기 위해 필요한 종료 패턴이다. 이로 인해 페이지상에서 일정한 수의 막대를 유지할 수 있다. 종료 섹션을 다음과 같이 조작한다.

```
// exit
selection.exit()
    .transition().duration(duration) // <-E
    .style("left", function (d, i) {
        return barLeft(-1) + "px"; //<-F
    })
    .remove(); // <-G
```

이 책의 5장까지만 해도 d3.selection.exit 함수 다음에 바로 remove() 함수를 항상 호출했다. 이를 통해 더 이상 필요하지 않은 요소들을 즉시 제거할 수 있다. 사실 exit() 함수 또한 선택을 반환하기 때문에 remove()

함수를 호출하기 전에 다른 애니메이션 효과를 줄 수 있다. exit 선택을 사용해 E에서 전환을 시작한 다음 left 값에 다음의 전환 변화로 움직임을 만들었다.

- left: barLeft(i) + "px" > barLeft(i-1) + "px"

항상 가장 왼쪽 막대를 제거하기 때문에 이 전환은 SVG 캔버스에서 막대를 왼쪽/밖으로 이동한 다음 제거한다.

 exit 전환은 이번 예제에서 보여준 것처럼 간단한 전환에만 국한될 필요가 없다. 일부 시각화에서는 update 전환처럼 복잡하게도 사용한다.

전환이 정의된 render 함수가 준비되면 간단하게 모든 데이터를 업데이트하고 setInterval 함수를 사용해 매초 막대 차트를 다시 렌더링한다. 이제 이것으로 이번 예제를 마무리한다.

완화 사용

전환은 시간의 함수로 생각할 수 있다. 시간의 진행을 숫자 값의 진행으로 매핑시켜 결과적으로 객체의 움직임(숫자 값이 위치로 사용될 때)을 생성하거나 형태(다른 시각 속성을 묘사하기 위해 사용될 때)를 변화시킬 수 있다. 시간은 항상 일정한 페이스로 움직인다. 다시 말해 시간의 진행(물론 블랙홀 근처에서 시각화를 하지 않는 한)은 균일하지만 결과 값의 진행 또한 균일할 필요는 없다. 완화^{Easing}는 유연함을 제공하고, 이런 종류의 매핑을 제어하는 표준 기법이다. 전환이 일정한 값의 진행을 생성하면 이것을 선형 완화^{linear easing}라고 한다. D3는 여러 종류의 완화 기능을 제공한다. 이번 예제에서는 내장된 D3의 몇 가지 완화 함수에 대해 살펴보고, D3 전환과 함께 사용자 정의 완화를 구현해보겠다.

다음 파일을 다운로드한 후에 로컬 머신의 웹 브라우저에서 열어보자.

https://github.com/NickQiZhu/d3-cookbook/blob/master/src/chapter6/easing.html

예제 구현

다음 코드 예제에서는 전환 완화를 요소 단위로 사용자 정의하는 방법을 살펴본다.

```javascript
<script type="text/javascript">
    var data = [ // <-A
        "linear", "cubic", "cubic-in-out",
        "sin", "sin-out", "exp", "circle", "back",
        "bounce",
        function (t) { // <-B
            return t * t;
        }
    ],
    colors = d3.scale.category10();

    d3.select("body").selectAll("div")
            .data(data) // <-C
        .enter()
        .append("div")
            .attr("class", "fixed-cell")
            .style("top", function (d, i) {
                return i * 40 + "px";
            })
            .style("background-color", function (d, i) {
                return colors(i);
            })
```

```
        .style("color", "white")
        .style("left", "500px")
        .text(function (d) {
            if (typeof d === 'function') return "custom";
            return d;
        });

d3.selectAll("div").each(function (d) {
    d3.select(this)
        .transition().ease(d) // <-D
        .duration(1500)
        .style("left", "10px");
});
</script>
```

앞의 코드는 다양한 완화 효과가 적용된 움직이는 상자를 생성한다. 다음의
스크린샷은 완화 효과가 적용된 시점에서 캡처를 했다.

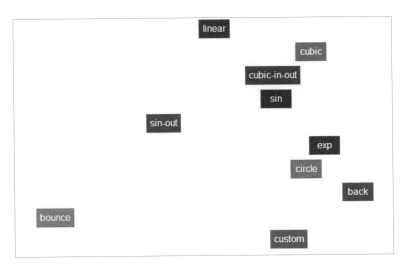

다양한 완화 효과

이번 예제에서는 다양한 내장 D3 완화 함수와 전환에서의 그 효과에 대해 살펴봤다. 이제 어떻게 이러한 효과가 적용됐는지 살펴보자. 먼저 보여주고자 하는 다양한 완화 모드를 저장할 배열을 만든다.

```
var data = [ // <-A
        "linear",
            "cubic",
            "cubic-in-out",
        "sin",
            "sin-out",
            "exp",
            "circle",
            "back",
        "bounce",
        function (t) { // <-B
            return t * t;
        }
],
```

모든 내장 완화 함수가 그 이름을 사용해 정의되는 동안 배열의 마지막 요소는 **사용자 정의 완화 함수(quadric easing)**를 사용했다. 그런 다음 이 데이터 배열을 사용해 일련의 div 요소를 만들고 ("left", "500px")에서 ("left", "10px")까지 움직이는 전환 효과가 각각의 div 요소에 대해 만들어졌다.

```
d3.selectAll("div").each(function (d) {
    d3.select(this)
        .transition().ease(d) // <-D
        .duration(1500)
        .style("left", "10px");
});
```

여기서 보통 다른 D3 속성에서 했던 것과 같이 왜 함수를 사용해 완화를 명시하지 않는지 궁금할 수도 있다.

```
.transition().ease(function(d){return d;}) // 동작하지 않는다.
.duration(1500)
.style("left", "10px");
```

그 이유는 바로 이러한 함수의 사용이 ease() 함수에는 동작하지 않기 때문이다. 실제 프로젝트에서 각 요소에 대한 완화의 행동을 사용자 정의할 필요는 거의 없지만, 필요하다면 D에서 제시한 방법을 사용하면 된다.

완화 함수를 요소 단위 혹은 속성 단위로 사용자 지정을 할 수 없다.

D3 위키(2013, 8월)

 이러한 제약은 다음 예제에서 다룰 트위닝의 사용자 정의 트위닝으로 해결할 수 있다.

D에서 보여준 것처럼 D3 전환에 대한 다양한 완화 함수를 지정하는 것은 매우 직관적이다. 해야 할 일은 단지 전환-바인딩 선택에 ease() 함수를 호출만 하면 된다. 전달되는 매개변수가 문자열이라면 D3는 그 이름을 사용해 매칭되는 함수를 찾을 것이고, 찾지 못한다면 기본 값을 선형^{linear}으로 할 것이다. 내장된 모든 완화 함수에 D3는 또한 추가적인 효과를 갖기 위해 다른 완화 함수와 결합할 수 있는 sin-out이나 quad-out-in 같은 완화 모드 수정자를 제공한다. 사용 가능한 완환 모드 수정자는 다음과 같다.

- **in** 디폴트
- **out** 반전
- **in-out** 반사
- **out-in** 반전과 반사

D3에서 사용되는 디폴트 완화 효과는 cubic-in-out이다.

다음 링크를 참고해 D3에서 제공되는 완화 함수를 살펴보자.

https://github.com/mbostock/d3/wiki/Transitions#wiki-d3_ease

사용자 정의 완화 함수가 사용될 때 해당 함수는 [0, 1]의 범위에서 현재 매개변수 시간 값을 가질 것으로 예상된다.

```
function(t){ // <-B
    return t * t;
}
```

이번 예제에서는 간단한 2차 완화 함수를 구현했으며, D3에서는 quad라는 내장 함수로 이 기능을 제공하고 있다.

 완화와 펜너의 방정식(Penner's equations, D3와 JQuery 더불어 대부분의 자바스크립트 프레임워크 구현)에 대한 정보는 다음 링크를 참고하라.

http://www.robertpenner.com/easing/

트위닝 사용

Tween은 'inbetween'이라는 단어에서 유래됐다. 이것은 셀 애니메이션이라고 불리는 전통 애니메이션의 일반적인 방법으로 마스터 애니메이터에 의해 키 프레임이 만들어지고, 경험이 적은 애니메이터들이 키 프레임들 사이의 프레임을 생성하는 데 사용됐다. 이 문구는 지금의 컴퓨터로 생성된 애니메이션에서 'inbetween' 프레임이 생성되는 방식을 제어하는 기술이나 알고리즘을 나타낸다. 이번 예제에서는 D3 전환으로 트위닝^{tweening}을 지원하는 방법을 알아본다.

다음 파일을 다운로드한 후에 로컬 머신의 웹 브라우저에서 열어보자.

https://github.com/NickQiZhu/d3-cookbook/blob/master/src/chapter6/tweening.
html

다음에 나올 예제 코드에서는 9개의 정수를 통해 버튼에 애니메이션 효과를
주는 사용자 정의 트위닝 함수를 생성한다.

```javascript
<script type="text/javascript">
    var body = d3.select("body"), duration = 5000;

    body.append("div").append("input")
        .attr("type", "button")
        .attr("class", "countdown")
        .attr("value", "0")
        .style("width", "150px")
        .transition().duration(duration).ease("linear")
            .style("width", "400px")
            .attr("value", "9");

    body.append("div").append("input")
        .attr("type", "button")
        .attr("class", "countdown")
        .attr("value", "0")
        .transition().duration(duration).ease("linear")
            .styleTween("width", widthTween) // <- A
            .attrTween("value", valueTween); // <- B

    function widthTween(a) {
        var interpolate = d3.scale.quantize()
            .domain([0, 1])
```

```
        .range([150, 200, 250, 350, 400]);

    return function (t) {
        return interpolate(t) + "px";
    };
}

function valueTween() {
    var interpolate = d3.scale.quantize() // <-C
        .domain([0, 1])
        .range([1, 2, 3, 4, 5, 6, 7, 8, 9]);

    return function (t) { // <-D
        return interpolate(t);
    };
}
</script>
```

앞의 코드는 매우 다른 비율로 모핑되는 두 개의 버튼을 생성한다. 다음 스크린샷은 프로세스 진행 중에 캡처했다.

트위닝

예제 분석

이번 예제에서 첫 번째 버튼은 선형 완화의 단순한 전환을 사용해 만들어졌다.

```
body.append("div").append("input")
        .attr("type", "button")
```

```
.attr("class", "countdown")
.attr("value", "0")
.style("width", "150px")
.transition().duration(duration).ease("linear")
    .style("width", "400px")
    .attr("value", "9");
```

전환은 버튼의 너비를 "150px"에서 "400px"로 바꾸는 동안 그 안의 값도
"0"에서 "9"로 바꾼다. 예상대로 이 전환은 D3 문자열 보간자를 사용해
이 값들의 연속적인 선형 보간에 의해 이뤄진다. 이와 비교해 두 번째 버튼
은 덩어리로 그 값이 변화하는 효과를 가진다. 1에서 시작해서 2, 3, …, 9까
지 그 값이 변화한다. 이러한 효과는 attrTwwen과 styleTween 함수를 지
원하는 D3 트위닝에 의해 구현할 수 있다. 먼저 버튼 값 트위닝이 동작하는
방법을 살펴보자.

```
.transition().duration(duration).ease("linear")
        .styleTween("width", widthTween) // <- A
        .attrTween("value", valueTween); // <- B
```

앞의 코드 조각에서는 첫 번째 버튼에서 했던 것처럼 값 속성에 대한 종료
값을 설정하는 대신에 attrTween 함수를 사용하고 다음 코드의 구현과 같
은 valueTween 트위닝 함수가 제공됐다.

```
function valueTween(){
    var interpolate = d3.scale.quantize() // <-C
        .domain([0, 1])
        .range([1, 2, 3, 4, 5, 6, 7, 8, 9]);

    return function(t){ // <-D
        return interpolate(t);
    };
}
```

D3에서 트윈 함수는 트위닝을 수행하기 위한 실제 함수를 만드는 팩토리

함수의 역할을 기대한다. 이번 예제에서는 C에서 도메인 [0, 1]을 개별 정수 영역 [1, 9]까지 매핑하기 위해서 quantize 스케일을 정의했다. D에서 정의된 실제 트위닝 함수는 단순히 점핑 정수 효과를 생성하는 quantize 스케일을 사용해 매개변수 시간 값을 보간한다.

 Quantize 스케일은 연속적이기보다는 비연속 선형 스케일의 다른 형태다. 이에 대해 더 많은 정보는 다음 링크를 참고하라.

https://github.com/mbostock/d3/wiki/Quantitative-Scales#wiki-quantize

부연 설명

지금까지 전환과 관련된 세 가지 개념(완화, 트윈, 보간)에 대해 알아봤다. 일반적으로 D3 전환은 다음의 순서도에 보여주는 것처럼 3단계로 정의된다.

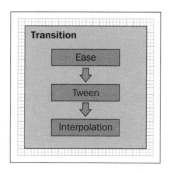

전환의 진행

다양한 예제에서 살펴본 것처럼 D3 전환은 3단계 모두에서 사용자 정의를 지원한다. 이는 원하는 대로 전환을 사용자 정의할 수 있게 굉장한 유연성을 제공한다.

사용자 정의 트윈은 대개 보간을 사용해 구현되지만, 자신만의 트윈 함수를 만들 때는 원하는 모든 것을 사용할 수 있다. D3 보간자를 전혀 사용하지 않고도 사용자 정의 트윈을 만들 수도 있다.

트위닝 효과를 강조하기 위해서 이번 예제에서는 선형 완화를 사용했지만, D3는 완화된 트위닝^{eased tweening}을 완벽하게 지원한다. 따라서 이전 예제에서 보여준 모든 완화 함수와 결합해 더욱 복잡한 전환 효과를 생성할 수 있다.

전환 연결 사용

6장의 앞에서 살펴본 네 가지 예제는 사용자 정의 완화와 트위닝 함수가 포함된 D3의 단일 전환 제어에 중점을 두고 있다. 하지만 때때로 완화와 트위닝을 사용한 단일 전환이 충분하지 못할 때가 있다. 예를 들어 div 요소를 먼저 축소시켜 웹 페이지의 다른 위치에 빔의 형태로 전송한 후 원래 크기로 복구하는 텔레포트를 시뮬레이션하는 경우 단일 전환으로만 수행하기는 어려울 것이다. 이번 예제에서는 **전환 연결**^{transition chaining}을 사용해 이러한 유형의 전환을 달성하는 방법을 알아본다.

준비

다음 파일을 다운로드한 후에 로컬 머신의 웹 브라우저에서 열어보자.

https://github.com/NickQiZhu/d3-cookbook/blob/master/src/chapter6/chaining. html

예제 구현

앞에 소개한 순간 이동 전환 코드는 의외로 굉장히 간단한다.

```
<script type="text/javascript">
    var body = d3.select("body");

    function teleport(s) {
        s.transition().duration(300) // <-A
            .style("width", "200px")
            .style("height", "1px")
        .transition().duration(100) // <-B
            .style("left", "600px")
        .transition().duration(300) // <-C
            .style("left", "800px")
            .style("height", "80px")
            .style("width", "80px");
    }

    body.append("div")
            .style("position", "fixed")
            .style("background-color", "steelblue")
            .style("left", "10px")
            .style("width", "80px")
            .style("height", "80px")
            .call(teleport); // <-D
</script>
```

위의 코드는 div의 순간 이동을 수행한다.

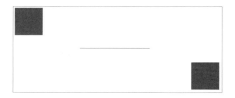

전환 연결을 통한 div 순간 이동

이 간단한 순간 이동 효과는 몇 개의 전환을 연결해 달성했다. D3에서 전환이 연결되면 이전 전환이 완료 상태에 도달한 후에만 실행되도록 보장된다. 다음 코드를 통해 한번 살펴보자.

```
function teleport(s){
    s.transition().duration(300) // <-A
        .style("width", "200px")
        .style("height", "1px")
    .transition().duration(100) // <-B
        .style("left", "600px")
    .transition().duration(300) // <-C
        .style("left", "800px")
        .style("height", "80px")
        .style("width", "80px");
};
```

첫 번째 전환은 A(압축)에서 정의되고 시작됐으며, B에서 두 번째 전환(빔)이 만들어졌고, 마지막으로 C에서 세 번째 전환(복원)에 연결됐다. 전환 연결은 간단한 전환을 함께 연결해 복잡한 전환 효과를 조직하는 단순하지만 강력한 기술이다. 이번 예제의 마지막에서는 함수 내에서 텔레포트 전환으로 감싸진 재사용 가능한 복합 전환 효과를 가지며, d3.selection.call 함수(D 참조)를 사용해 이것을 선택에 적용했다. 자신 반복 금지[DRY, Don't Repeat Yourself] 원칙을 따르려면 재사용 전환 효과는 필수적이다. 특히 시각화의 애니메이션이 더욱 정교해진다면 이 원칙에 대한 중요도는 더욱 높아진다.

전환 필터 사용

가끔 특정 선택의 부분집합에 전환을 선택적으로 적용해야 할 경우가 있다. 이번 예제에서는 데이터 기반의 전환 필터 기술을 사용해 이 효과를 알아본다.

다음 파일을 다운로드한 후에 로컬 머신의 웹 브라우저에서 열어보자.

https://github.com/NickQiZhu/d3-cookbook/blob/master/src/chapter6/filtering.
html

예제 구현

이번 예제에서는 div 요소(또는 상자) 집합을 웹 페이지의 오른쪽에서 왼쪽으로 이동해본다. 모든 상자를 왼쪽으로 이동한 후에 Dog와 싸우지 않게 Cat으로 표시된 상자만 선택적으로 이동한다. 다음 코드를 살펴보자.

```javascript
<script type="text/javascript">
    var data = ["Cat", "Dog", "Cat", "Dog", "Cat", "Dog", "Cat",
            "Dog"],
        duration = 1500;

    d3.select("body").selectAll("div")
            .data(data)
        .enter()
        .append("div")
            .attr("class", "fixed-cell")
            .style("top", function (d, i) {
                return i * 40 + "px";
            })
            .style("background-color", "steelblue")
            .style("color", "white")
            .style("left", "500px")
            .text(function (d) {
                return d;
            })
        .transition() // <- A
            .duration(duration)
```

```
                    .style("left", "10px")
        .filter(function (d) {return d == "Cat"; }) // <- B
            .transition() // <- C
            .duration(duration)
                .style("left", "500px");
</script>
```

전환이 완료된 후에 페이지는 다음과 같이 보인다.

전환 필터

이 예제의 초기 설정은 기술의 핵심에 집중할 수 있도록 설계를 최소화해 매우 간단하다. 먼저 "Cat"과 "Dog"의 문자열이 섞인 배열이 있다. 그리고 이러한 값을 담기 위한 div 상자들이 만들어진 후에(A 참고) 모든 상자가 웹 페이지 왼쪽으로 이동한다. 지금까지는 크게 어려움이 없는 다중 요소 전환의 간단한 예제다.

```
.transition() // <- A
.duration(duration)
    .style("left", "10px")
.filter(function(d){return d == "Cat";}) // <- B
.transition() // <- C
```

```
.duration(duration)
    .style("left", "500px");
```

B에서는 d3.selection.filter 함수를 사용해 "Cat" 상자만을 포함하는 부분 선택을 생성한다. D3 전환은 여전히 선택(전환-바인딩 선택)이기 때문에 d3.selection.filter 함수는 일반 선택과 동일한 방식으로 동작한다. 필터 함수에 의해 부분 선택이 생성되면 부분 선택에만 보조 전환(C 참고)을 적용할 수 있다. 필터 함수는 전환-바인딩 부분 선택을 반환한다. 따라서 C에서 생성된 두 번째 전환은 실제로 전환 연결을 생성하며, 이는 첫 번째 전환이 완료된 후에만 진행이 된다. 전환 연결과 필터 조합의 사용으로 여러 가지 흥미로운 데이터 기반 애니메이션을 생성할 수 있다. 이는 모든 데이터 시각화 프로그램의 도구 모음에 있는 유용한 도구다.

참고 사항

- D3 데이터 기반 선택 필터에 대한 예제는 3장을 참고하라.
- selection.filter 함수 API는 다음 링크를 참고하라.
  https://github.com/mbostock/d3/wiki/Selections#wiki-filter

전환 이벤트 살펴보기

전환 연결을 사용하면 첫 번째 전환이 완료된 후에 두 번째 전환을 실행할 수 있다. 그러나 때때로 전환 이외의 특정 작업을 실행하거나 전환 중에 다른 작업의 수행이 필요한 경우가 있다. 이러한 이유로 이벤트 리스너가 설계됐으며, 이번 예제에서는 이에 대해 알아본다.

다음 파일을 다운로드한 후에 로컬 머신의 웹 브라우저에서 열어보자.

https://github.com/NickQiZhu/d3-cookbook/blob/master/src/chapter6/events.
html

예제 구현

이번 예제에서는 전환된 상태를 기반으로 애니메이션 div 요소에 다른 캡션을 표시하는 방법을 보여준다. 분명히 이번 예제에서는 동일한 기술을 사용해 더 의미 있는 작업을 쉬운 방법으로 확장할 수 있다.

```javascript
<script type="text/javascript">
    var body = d3.select("body"), duration = 3000;

    var div = body.append("div")
            .classed("box", true)
            .style("background-color", "steelblue")
            .style("color", "white")
            .text("waiting") // <-A
        .transition().duration(duration) // <-B
            .delay(1000) // <-C
            .each("start", function () { // <-D
                console.log(arguments);
                d3.select(this).text(function (d, i) {
                    return "transitioning";
                });
            })
        .each("end", function () { // <-E
            d3.select(this).text(function (d, i) {
                return "done";
            });
        })
```

```
        .style("margin-left", "600px");
</script>
```

앞의 코드는 waiting 라벨을 가진 상자가 오른쪽으로 이동하는 시점에서 transitioning으로 변화되고, 움직임이 끝나면 done으로 바뀌는 시각화 결과 물을 생성한다.

전환 이벤트 다루기

예제 분석

이번 예제에서는 간단하게 수평 이동 전환으로 단일 div 요소를 만들었다. 이 요소가 시작될 때 전환 상태에 따라 라벨을 변경한다. 먼저 waiting 라벨 을 보여주는 부분부터 살펴보자.

```
var div = body.append("div")
        .classed("box", true)
        .style("background-color", "steelblue")
        .style("color", "white")
        .text("waiting") // <-A
    .transition().duration(duration) // <-B
        .delay(1000) // <-C
```

B에서 전환이 정의되기 전에 A에서 waiting 라벨이 설정됐다. 하지만 전환이 시작되기 전에 waiting 라벨이 보일 수 있게 지연 값을 지정한다. 다음으로 transition 라벨이 전환 중에 어떻게 나타나는지 살펴보자.

```
.each("start", function(){ // <-D
    d3.select(this).text(function (d, i) {
        return "transitioning";
    });
})
```

이는 each() 함수를 호출하고 첫 번째 매개변수 집합을 두 번째 매개변수로
전달된 이벤트 리스너 함수가 있는 "start" 이벤트로 선택해 수행된다. 이
벤트 리스너 함수의 this 참조는 현재 선택된 요소를 가리키므로 D3에 의
해 감싸질 수 있고 추가적인 조작이 가능하다. "end" 전환 이벤트도 같은
방식으로 처리된다.

```
.each("end", function(){ // <-E
    d3.select(this).text(function (d, i) {
        return "done";
    });
})
```

단 한 가지 차이점은 each 함수의 이벤트 이름을 "end"로 넘겨주는 것이다.

사용자 정의 보간자 구현

4장에서 D3 사용자 정의 보간자를 구현하는 방법을 살펴봤다. 이번 예제에
서는 이 기술을 D3 전환과 함께 사용자 정의 보간을 활용해 특별한 전환
효과를 생성하는 방법에 대해 알아보겠다.

준비

다음 파일을 다운로드한 후에 로컬 머신의 웹 브라우저에서 열어보자.

https://github.com/NickQiZhu/d3-cookbook/blob/master/src/chapter6/custom-
interpolator-transition.html

```
```

이번 예제는 4장의 사용자 정의 보간자 구현하기를 기반으로 제작됐다. 사용자 정의 보간자에 대해 익숙하지 않은 경우 이번 예제를 진행하기 전에 다시 한 번 관련 예제를 복습하기를 바란다.

예제 구현

다음의 custom-interpolator-transition.html 파일이 어떻게 동작하는지 살펴보자.

```javascript
<script type="text/javascript">
    d3.interpolators.push(function (a, b) { // <-A
        var re = /^([a-z])$/, ma, mb;
        if ((ma = re.exec(a)) && (mb = re.exec(b))) {
            a = a.charCodeAt(0);
            var delta = a - b.charCodeAt(0);
            return function (t) {
                return String.fromCharCode(Math.ceil(a - delta * t));
            };
        }
    });

    var body = d3.select("body");

    var countdown = body.append("div").append("input");

    countdown.attr("type", "button")
        .attr("class", "countdown")
        .attr("value", "a") // <-B
        .transition().ease("linear") // <-C
        .duration(4000).delay(300)
        .attr("value", "z"); // <-D
</script>
```

앞의 코드는 a에서 시작해 z에서 끝나는 상자를 생성한다.

사용자 지정 보간을 사용한 전환

예제 분석

이번 예제에서 가장 먼저 해야 할 일은 4장에서 설명한 알파벳 보간자와 동일한 사용자 정의 보간자를 등록하는 것이다.

```
d3.interpolators.push(function (a, b) { // <-A
    var re = /^([a-z])$/, ma, mb;
    if ((ma = re.exec(a)) && (mb = re.exec(b))) {
        a = a.charCodeAt(0);
        var delta = a - b.charCodeAt(0);
        return function (t) {
            return String.fromCharCode(Math.ceil(a - delta * t));
        };
    }
});
```

사용자 정의 보간자가 등록되면 전환 부분에는 사용자가 따로 지정할 부분이 거의 없다. 보간 및 전환이 필요한 값을 기반으로 하기 때문에 D3는 자동으로 올바른 보간자를 선택해 작업을 수행한다.

```
countdown.attr("type", "button")
        .attr("class", "countdown")
        .attr("value", "a") // <-B
        .transition().ease("linear") // <-C
        .duration(4000).delay(300)
        .attr("value", "z"); // <-D
```

앞의 코드 조각에서 볼 수 있듯이 시작 값은 "a"이며 B에 정의됐다. 그런 다음 표준 D3 전환이 C에서 생성되고, 마지막으로 D에서 "z"로 최종 값을 설정하면 나머지는 D3와 사용자 정의 보간자가 처리한다.

타이머 사용

지금까지 6장에서는 D3 전환의 다양한 주제를 다뤄봤다. 이 시점에서 애니메이션 프레임을 생성하는 D3 전환은 어떻게 동작하는지에 대한 궁금증을 가질 것이다. 이번 예제에서는 처음부터 사용자 정의 애니메이션을 생성할 수 있는 저수준low-level의 D3 타이머 함수를 살펴본다.

준비

다음 파일을 다운로드한 후에 로컬 머신의 웹 브라우저에서 열어보자.

https://github.com/NickQiZhu/d3-cookbook/blob/master/src/chapter6/timer.html

예제 구현

이번 예제에서는 D3 전환이나 보간에 의지하지 않고 사용자 정의 애니메이션을 처음부터 만들어본다. 다음의 코드를 살펴보자.

```
<script type="text/javascript">
    var body = d3.select("body");

    var countdown = body.append("div").append("input");

    countdown.attr("type", "button")
        .attr("class", "countdown")
        .attr("value", "0");

    function countup(target) { // <-A
```

```
        d3.timer(function () { // <-B
            var value = countdown.attr("value");
            if (value == target) return true; // <-C
            countdown.attr("value", ++value); // <-D
        });
    }

    function reset() {
        countdown.attr("value", 0);
    }
</script>

<div class="control-group">
    <button onclick="countup(100)">
        Start
    </button>
    <button onclick="reset()">
        Clear
    </button>
</div>
```

앞의 코드는 다음 그림과 같이 타이머가 0으로 설정된 박스를 생성한다.
Start 버튼을 누르면 시간이 증가하고 100에 도달하면 멈춘다.

사용자 정의 시간 기반 애니메이션

예제 분석

이 예제에서는 0에서 100까지 정수를 증가하는 사용자 정의 애니메이션을
만들었다. 물론 이렇게 간단한 예제는 D3 전환이나 트위닝으로 쉽게 구현할

수 있다. 그러나 이와 같이 간단한 예제는 복잡한 기술의 사용이 불필요하다. 또한 이처럼 간단한 예제에서도 타이머 기반 솔루션은 일반적인 전환 기반 솔루션보다 간단하고 유연한다. 이 애니메이션의 동력은 A의 countup 함수에서 비롯된다.

```
function countup(target) { // <-A
    d3.timer(function () { // <-B
        var value = countdown.attr("value");
        if (value == target) return true; // <-C
            countdown.attr("value", ++value); // <-D
        });
```

이번 예제에서 살펴본 것처럼 이 예제를 이해하기 위해 가장 중요한 것은 d3.timer 함수다.

d3.timer(function, [delay], [mark])는 사용자 정의 타이머 함수를 시작하고 true를 반환할 때까지 주어진 함수를 반복적으로 호출한다. 일단 타이머가 시작되면 이를 멈출 방법이 없기 때문에 프로그래머는 반드시 마지막에 true를 반환하는지 확인해야 한다. 추가적으로 mark와 함께 delay를 지정할 수 있다. 지연delay은 표식mark에서 시작하는데, 표식이 지정돼 있지 않다면 Date.now 값을 표식으로 사용한다. 다음은 방금 이야기한 내용의 이해를 돕고자 서로의 관계를 나타내는 그림을 보여준다.

여기의 구현에서 사용자 정의 타이머 함수는 호출될 때마다(D 참고) 버튼 캡션을 1씩 증가시키고, 값이 100에 도달할 때 true를 반환하므로 타이머가 종료된다(C 참고).

내부적으로 D3 전환은 이것의 애니메이션을 생성하기 위해 동일한 타이머 함수를 사용한다. 현 시점에서 d3.timer를 사용하는 것과 애니메이션 프레임을 직접적으로 사용하는 것의 차이점에 대한 궁금증이 생길 것이다. 이에 대한 정답으로는 타이머가 지원되는 브라우저의 경우 d3.timer는 실제로 애니메이션 프레임을 사용하고 지원되지 않는 브라우저의 경우 또한 setTimeout 함수의 사용으로 대비책을 갖고 있어 브라우저 지원 여부에 대한 걱정은 하지 않아도 될 것 같다.

참고 사항

- d3.timer에 대한 더 많은 정보는 다음 링크의 API를 참고하라.
  https://github.com/mbostock/d3/wiki/Transitions#wiki-d3_timer

7

모양 다루기

7장에서 다루는 내용은 다음과 같다.

- 간단한 모양 만들기
- 선 생성자 사용
- 선 보간 사용
- 선장력 변경
- 영역 생성자 사용
- 영역 보간 사용
- 아크 생성자 사용
- 아크 전환 구현

소개

SVG^{Scalable Vector Graphics}는 웹과 모바일 플랫폼에서 사용자 대화형 그래픽을 위해 설계된 오래된 W3C^{World Wide Web Consortium}의 표준이다. HTML과 마찬가지로 SVG는 많은 웹 애플리케이션의 기반을 형성하며, 최신 브라우저의

CSS 및 자바스크립트와 같은 다른 기술과도 공존할 수 있다. 오늘날의 웹에서는 디지털 지도에서부터 데이터 시각화에 이르기까지 SVG가 모든 곳에서 사용되는 것을 볼 수 있다. 지금까지 이 책에서 HTML 요소만을 사용해 대부분의 예제를 다뤘지만 실제 프로젝트에서는 SVG가 데이터 시각화의 사실상 표준으로 사용되며, D3가 가장 빛날 수 있는 곳이기도 한다. 7장에서는 SVG의 기본 개념과 함께 SVG 모양 생성을 위한 D3의 지원에 대해 다룬다. SVG라는 주제 하나만으로도 현재 책 두께만큼의 내용을 실을 수 있으므로, 여기서 SVG와 관련된 주제를 다룰 계획은 없다. 대신 D3와 데이터 시각화 관련 기술과 기능에 초점을 맞춘다.

SVG란?

이름이 보여주는 것처럼 SVG는 그래픽에 관련된 것이다. 가변 벡터를 사용해 그래픽 이미지를 설명하는 방법으로 여기서 SVG의 두 가지 장점에 대해서 살펴본다.

벡터

SVG 이미지는 픽셀 대신에 벡터^{Vector}에 기반을 둔다. 픽셀 기반의 이미지는 색상 정보를 포함하고, x와 y 좌표 값을 가진 비트맵으로 구성된다. 반면에 벡터 기반 접근법을 사용하면 각 이미지는 기하학적 모양의 집합으로 구성된다. 예상할 수 있겠지만 이러한 접근 방식은 이후에 자연스럽게 데이터 시각화의 요구 사항에 부합하게 된다. 비트맵에서 색상을 조작하는 것보다 SVG에서 선과 막대, 원을 사용해 데이터를 시각화하는 것이 더욱 간단하다.

확장성

SVG의 두 번째 두드러진 특징은 확장성이다. SVG 그래픽은 상대 함수를 사용해 묘사된 기하학적 모형의 집합이기 때문에 정확도를 잃지 않고 다양한 크기와 확대/축소 변화에서 렌더링과 다시 렌더링하는 과정이 가능하다.

이와는 대조적으로 비트맵 기반 이미지가 높은 해상도로 크기가 변경될 때 픽셀레이션^{pixelation} 효과로 품질 저하가 우려된다. 픽셀레이션은 각각의 픽셀이 시각화될 때 나타나는데, SVG는 이러한 문제점이 전혀 없다. 다음 그림은 이러한 내용에 대한 이해를 높여준다.

SVG와 비트맵 픽셀레이션

데이터 시각화로 SVG를 사용하면 품질의 저하 없이 어떠한 해상도에서든 시각화를 표현할 수 있다. 이와 더불어 SVG는 다음과 같이 추가적인 장점을 제공한다.

- **가독성** SVG는 XML에 기반을 두고 사람이 읽을 수 있는 마크업 언어다.
- **열린 표준** SVG는 W3C에 의해 만들어졌으며, 독점 판매 표준이 아니다.
- **채택성** 최신 웹 브라우저와 더불어 모바일 플랫폼에서도 SVG 표준을 지원한다.
- **정보 처리 상호 운용** SVG는 CSS나 자바스크립트와 같은 다른 웹 기술과 함께 잘 동작하며, D3 또한 자체적으로 이러한 기능을 완벽하게 보여준다.
- **가벼움** 비트맵 기반 이미지와 비교해 SVG는 더욱 가볍고, 작은 공간을 차지한다.

지금까지 언급한 모든 기능 덕분에 SVG는 웹에서 데이터 시각화를 위한 사실상의 표준이 됐다. 7장을 시작으로 이 책의 모든 예제는 D3의 진정한 힘을 보여주기 위해 SVG를 사용해 표현한다.

간단한 모양 만들기

이번 예제에서는 몇 가지 간단한 내장 SVG 모양 공식과 그 속성을 알아본다. 이렇게 간단한 모양들은 꽤나 만들기 쉽고, 필요에 따라 D3를 사용해 보통 직접 만들기도 한다. 이렇게 간단한 모양들이 D3에서 작업을 할 때 알아야 할 가장 유용한 모양 생성자는 아니지만, 때때로 시각화 프로젝트에서 부수적으로 모양을 만들고자 할 때 편리할 것이다.

준비

다음 파일을 다운로드한 후에 로컬 머신의 웹 브라우저에서 열어보자.

https://github.com/NickQiZhu/d3-cookbook/blob/master/src/chapter7/simple-shapes.html

예제 구현

이번 예제에서는 고유한 SVG 모양 요소를 사용해 네 가지 다른 색상으로 네 가지 모양을 그려보자.

```
<script type="text/javascript">
    var width = 600,
        height = 500;
```

```
var svg = d3.select("body").append("svg");

svg.attr("height", height)
    .attr("width", width);

svg.append("line") // <-A
    .attr("x1", 0)
    .attr("y1", 200)
    .attr("x2", 100)
    .attr("y2", 100);

svg.append("circle") // <-B
    .attr("cx", 200)
    .attr("cy", 150)
    .attr("r", 50);

svg.append("rect")
    .attr("x", 300) // <-C
    .attr("y", 100)
    .attr("width", 100) // <-D
    .attr("height", 100)
    .attr("rx", 5); // <-E

svg.append("polygon")
    .attr("points", "450,200 500,100 550,200"); // <-F
</script>
```

앞의 코드는 다음과 같은 시각화 결과물을 생성한다.

간단한 SVG 모양

이번 예제에서는 SVG 내장 모양 요소를 사용해 선과 원, 사각형, 삼각형의 네 가지 다른 모양을 그려봤다.

SVG 좌표계에 대한 간단한 복습

SVG x와 y 좌표계는 캔버스의 왼쪽 상단 모서리 (0, 0)에서 시작해 오른쪽 하단 모서리 (<width>, <height>)에서 끝난다.

- **line** 선 요소는 좌표 속성 x1과 y1을 시작점으로 하고, x2와 y2를 끝점으로 사용하는 간단한 직선을 생성한다(A 참조).

- **circle** append() 함수는 원의 중심을 정의하는 좌표 속성 cx 및 cy를 갖는 원을 그리는 동안 속성 r은 원의 반경을 정의한다(B 참조).

- **rect** append() 함수는 직사각형의 왼쪽 상단 모서리(C 참조)를 정의하는 좌표 속성 x와 y, 직사각형의 크기 제어를 위한 width와 height, 그리고 둥근 모서리를 위해 사용된 rx와 ry 속성을 가진다. rx와 ry 속성은 사각형의 모서리를 마무리짓기 위해 사용된 타원의 x와 y축의 반경을 제어한다.

- **polygon** 다각형을 그리기 위해서는 points 속성(F 참조)을 사용해 다각형을 구성하는 점의 집합에 대한 정의가 필요하다. points 속성은 공백으로 구분된 점의 좌표 리스트를 받는다.

```
svg.append("polygon")
    .attr("points", "450,200 500,100 550,200"); // <-F
```

모든 SVG 모양은 스타일 속성을 직접 사용하거나 HTML 요소와 유사한 CSS를 통해 스타일을 지정할 수 있다. 뿐만 아니라 SVG 변환 및 필터 지원을 사용해 변환과 필터링을 할 수 있지만, 현재 책의 제한된 영역으로 인해 여기서는 이러한 항목은 자세하게 다루지 않는다. 7장의 나머지 부분에서는

SVG 모양 생성에 대한 D3 특정 지원에 초점을 맞춘다.

SVG는 또한 `ellipse`와 `polyline` 요소를 지원하지만 `circle`과 `polygon` 과의 유사성 때문에 이 책에서는 자세하게 다루지 않는다. SVG 모양 요소 에 대한 다양한 정보는 다음의 링크를 참고하라.

http://www.w3.org/TR/SVG/shapes.html

D3 SVG 모양 생성자

SVG 모양 요소 중 팔방미인은 `svg:path`다. 경로는 채우기, 획, 또는 자를 수 있는 모든 모양의 윤곽을 정의한다. 지금까지 이야기한 모든 모양은 `svg:path`를 사용해 수학적으로 정의할 수 있다. SVG path는 굉장히 강력 한 구조며, 자체 언어와 문법을 갖고 있다. `svg:path` 자체 언어는 다음 명령 으로 구성된 `svg:path` 요소의 d 속성을 설정하는 데 사용된다.

- moveto   Command M(absolute)/m(relative) moveto (x y)+

- closepath   Z(absolute)/z(relative) closepath

- lineto   L(absolute)/l(relative) lineto (x y)+, H(absolute)/h(relative) horizontal lineto x+, V(absolute)/v(relative) vertical lineto y+

- Cubic Bézier   C(absolute)/c(relative) curve to (x1 y1 x2 y2 x y)+, S(absolute)/s(relative) shorthand curve to (x2 y2 x y)+

- Quadratic Bézier curve   Q(absolute)/q(relative) quadratic Bézier curve to (x1 y1 x y)+, T(absolute)/t(relative) shorthand quadratic Bézier curve to (x y)+

- Elliptical curve   A(absolute)/a(relative) elliptical arc (rx ry x-axis-rotation large-arc-flag sweep-flag x y)+

경로의 직접적인 사용은 해당 언어를 사용하는 어려움 때문에 환영받지 못하는 메소드로 인식되며, 대부분의 경우 SVG path 요소를 시각화로 생성하는 데 도움을 받을 수 있는 어도비 일러스트레이터Adobe Illustrator나 잉크스케이프Inkscape 같은 소프트웨어가 필요하다. 이와 유사하게 D3에서는 데이터 기반 경로 수식을 생성하는 데 사용할 수 있는 SVG 모양 생성기 함수 모음이 함께 제공된다. 이것은 SVG와 함께 직관적인 데이터 기반 접근법을 결합해 D3가 데이터 시각화에서 진정한 대변혁을 일으키는 것을 보여준다. 7장의 나머지에서는 여기에 초점을 맞춘다.

참고 사항

- SVG 관련 주제에 대한 많은 정보는 다음 링크를 참고하라.
  http://www.w3.org/TR/SVG/Overview.html
- SVG 경로 수식 언어와 문법에 대한 완벽한 정보는 다음 링크에서 찾을 수 있다.
  http://www.w3.org/TR/SVG/paths.html

선 생성자 사용

D3 선 생성자는 아마도 가장 다재다능한 생성자 중 하나일 것이다. '선' 생성자라고 불리지만 svg:line 요소와의 관련은 거의 없는 반면에 svg:path 요소를 사용해 구현이 이뤄진다. svg:path와 마찬가지로 D3 선 생성자는 매우 유연해 선의 사용만으로도 모양을 효과적으로 그릴 수 있지만, 삶의 편의를 도모하기 위해 D3에서는 다른 특별한 모양의 생성자도 함께 제공한다. 자세한 내용은 7장의 뒷부분에서 다룬다. 이번 예제에서는 d3.svg.line 생성자를 사용해 여러 개의 데이터 기반 선을 그려본다.

다음 파일을 다운로드한 후에 로컬 머신의 웹 브라우저에서 열어보자.

https://github.com/NickQiZhu/d3-cookbook/blob/master/src/chapter7/line.
html

이제 다음과 같은 코드를 살펴보자.

```javascript
<script type="text/javascript">
    var width = 500,
        height = 500,
        margin = 50,
        x = d3.scale.linear() // <-A
            .domain([0, 10])
            .range([margin, width - margin]),
        y = d3.scale.linear() // <-B
            .domain([0, 10])
            .range([height - margin, margin]);

    var data = [ // <-C
        [
            {x: 0, y: 5}, {x: 1, y: 9}, {x: 2, y: 7},
            {x: 3, y: 5}, {x: 4, y: 3}, {x: 6, y: 4},
            {x: 7, y: 2}, {x: 8, y: 3}, {x: 9, y: 2}
        ],
        d3.range(10).map(function (i) {
            return {x: i, y: Math.sin(i) + 5};
        })
    ];

    var line = d3.svg.line() // <-D
            .x(function (d) { return x(d.x); })
```

```
        .y(function (d) { return y(d.y); });

var svg = d3.select("body").append("svg");

svg.attr("height", height)
    .attr("width", width);

svg.selectAll("path")
        .data(data)
    .enter()
        .append("path") // <-E
        .attr("class", "line")
        .attr("d", function (d) { return line(d); }); // <-F

// 축과 관련된 코드는 생략됐다.
    ...
</script>
```

앞의 코드는 x와 y축 위에 여러 개의 선을 그린다.

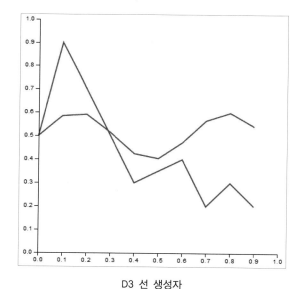

D3 선 생성자

이번 예제에서는 2차원 배열로 정의된 데이터를 사용해 선을 그렸다.

```
var data = [ // <-C
    [
        {x: 0, y: 5}, {x: 1, y: 9}, {x: 2, y: 7},
        {x: 3, y: 5}, {x: 4, y: 3}, {x: 6, y: 4},
        {x: 7, y: 2}, {x: 8, y: 3}, {x: 9, y: 2}
    ],
    d3.range(10).map(function (i) {
        return {x: i, y: Math.sin(i) + 5};
    })
];
```

첫 번째 데이터 배열은 수동적이고 명시적으로 정의되며, 두 번째 배열은 수학 공식을 사용해 생성된다. 이 두 경우 모두 데이터 시각화 프로젝트에서 사용하는 일반적인 방법이다. 데이터가 정의된 다음 데이터 포인트를 시각화 표현으로 매핑하기 위해 두 개의 스케일이 x와 y 좌표에 대해 만들어졌다.

```
x = d3.scale.linear() // <-A
        .domain([0, 10])
        .range([margin, width - margin]),
y = d3.scale.linear() // <-B
        .domain([0, 10])
        .range([height - margin, margin]);
```

이러한 스케일의 도메인은 앞서 정의한 두 배열의 모든 데이터 요소를 포함할 만큼 충분히 크게 정의됐으며, 범위는 여백을 포함하지 않고 캔버스 영역을 나타낼 수 있게 설정했다. y축 범위는 SVG 표준 왼쪽 상단 모서리 대신에 캔버스의 왼쪽 하단 모서리에 원점을 위치시키기 위해 반전이 된다. 데이터와 스케일이 모두 설정되면 d3.svg.line 함수를 사용해 생성자를 정의하는 선을 생성한다.

```
var line = d3.svg.line() // <-D
        .x(function (d) { return x(d.x); })
        .y(function (d) { return y(d.y); });
```

d3.svg.line 함수는 사용자 정의가 가능한 D3 선 생성자 함수를 반환한다. 이번 예제에서는 x 스케일 매핑을 사용해 계산된 x 좌표와 y 스케일에 의해 매핑된 y 좌표를 계산하는 특정 선 생성자에 대해 간단하게 이야기했다. D3 스케일을 사용해 좌표를 매핑하는 것은 편리할 뿐만 아니라 실질적으로도 많이 사용된다(논란의 여지가 있음). 자신이 선호하는 접근 방식을 사용해 이러한 기능을 구현할 수 있다. 이제 남은 유일한 작업은 실제로 svg:path 요소를 만드는 것이다.

```
svg.selectAll("path")
        .data(data)
    .enter()
        .append("path") // <-E
        .attr("class", "line")
        .attr("d", function (d) { return line(d); }); // <-F
```

경로 생성 과정은 매우 직관적이다. 두 개의 svg:path 요소가 E에서 정의한 데이터 배열을 사용해 만들어졌다. 그런 다음 각 경로 요소의 d 속성은 데이터 d를 입력 매개변수로 전달해 이전에 생성한 line 생성자를 사용해 설정됐다. 다음 스크린샷은 생성된 svg:path 요소의 모양을 보여준다.

```
▼<svg height="500" width="500">
    <path class="line" d="M50,250L90,130,170L170,250L210,330L290,290L330,370L370,330L410,370"></path>
    <path class="line" d=
    "M50,250L90,216.34116060768412L130,213.6281029269727L170,244.3551996776053L210,280.27209981231715L250,288.35697098652554
    ▶<g class="axis" transform="translate(50,450)">…</g>
    ▶<g class="axis" transform="translate(50,50)">…</g>
</svg>
```

생성된 SVG 경로 요소

마지막으로 앞에서 정의된 동일한 x와 y축을 사용해 두 개의 축이 만들어진다. 이 책의 영역이 한정돼 있어 이번 예제의 축과 관련된 코드를 생략했으며, 실제 코드 또한 변경되지 않고 이 책에서 중점적으로 다루는 주제는 아니기 때문에 7장의 나머지 부분에서도 축과 관련된 코드는 생략했다.

참고 사항

● D3에서 축에 대한 자세한 정보는 5장 축 다루기를 살펴보자.

선 보간 사용

D3 선 생성자는 선형 보간 모드를 기본으로 사용하지만, 이 뿐만 아니라 여러 종류의 다양한 선 보간 모드 또한 제공한다. 선 보간은 예를 들어 직선(직선 보간) 또는 곡선(입체 보간)과 같이 데이터 포인트가 연결되는 방법을 결정한다. 이번 예제에서는 이러한 보간 모드의 효과와 함께 설정하는 방법을 알아본다.

준비

다음 파일을 다운로드한 후에 로컬 머신의 웹 브라우저에서 열어보자.

https://github.com/NickQiZhu/d3-cookbook/blob/master/src/chapter7/line-interpolation.html

이번 예제는 이전 예제에서 이미 다룬 내용을 기반으로 진행한다. 기본적인 선 생성자 함수에 대해 아직 익숙하지 않다면 앞선 예제들을 복습한 후에 진행하는 것을 추천한다.

이제 다른 선 보간 모드를 사용하는 방법을 알아보자.

```
var width = 500,
    height = 500,
    margin = 30,
    x = d3.scale.linear()
        .domain([0, 10])
        .range([margin, width - margin]),
    y = d3.scale.linear()
        .domain([0, 10])
        .range([height - margin, margin]);

var data = [
    [
        {x: 0, y: 5}, {x: 1, y: 9}, {x: 2, y: 7},
        {x: 3, y: 5}, {x: 4, y: 3}, {x: 6, y: 4},
        {x: 7, y: 2}, {x: 8, y: 3}, {x: 9, y: 2}
    ],
    d3.range(10).map(function (i) {
        return {x: i, y: Math.sin(i) + 5};
    })
];

var svg = d3.select("body").append("svg");

svg.attr("height", height)
    .attr("width", width);

renderAxes(svg);

render("linear");

renderDots(svg);

function render(mode) {
    var line = d3.svg.line()
```

```
        .interpolate(mode) // <-A
        .x(function (d) {
            return x(d.x);
        })
        .y(function (d) {
            return y(d.y);
        });

    svg.selectAll("path.line")
            .data(data)
        .enter()
            .append("path")
            .attr("class", "line");

    svg.selectAll("path.line")
            .data(data)
        .attr("d", function (d) {
            return line(d);
        });
}

function renderDots(svg) { // <-B
    data.forEach(function (list) {
        svg.append("g").selectAll("circle")
                .data(list)
            .enter().append("circle") // <-C
                .attr("class", "dot")
                .attr("cx", function (d) {
                    return x(d.x);
                })
                .attr("cy", function (d) {
                    return y(d.y);
                })
                .attr("r", 4.5);
    });
}
```

// 축과 관련된 코드는 생략됐다.

앞의 코드는 다양한 보간 모드의 설정이 가능한 선 차트를 웹 브라우저에
생성한다.

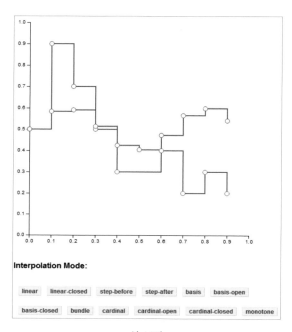

선 보간

이번 예제 또한 앞서 다룬 내용과 대부분 유사한다. 두 개의 선이 이미 정의
된 데이터 집합에 의해 생성됐지만, 이번 예제에서는 사용자가 특정 선 보간
모드를 선택할 수 있도록 선 생성자의 interpolate 함수를 사용했다(A 참조).

```
var line = d3.svg.line()
          .interpolate(mode) // <-A
          .x(function (d) { return x(d.x); })
          .y(function (d) { return y(d.y); });
```

D3에서는 다음 보간 모드를 지원한다.

- **linear** 선형 세그먼트, 즉 폴리라인
- **linear-closed** 닫힌 선형 세그먼트, 즉 다각형
- **step-before** 세로와 가로 세그먼트 사이에서 교대하는 단계 함수
- **step-after** 가로와 세로 세그먼트 사이에서 교대하는 단계 함수
- **basis** 끝부분에 제어 포인트가 중복되는 B 스플라인
- **basis-open** 시작과 끝이 교차하지 않는 열린 B 스플라인
- **basis-closed** 루프로 닫힌 B 스플라인
- **bundle** basis와 동일하며, 스플라인을 교정하기 위해 사용된 tension 매개변수를 제외하고 basis와 동일
- **cardinal** 끝부분에 제어 포인트가 중복되는 카디널 스플라인
- **cardinal-open** 시작과 끝은 교차하지 않지만 다른 점들은 교차하는 열린 카디널 스플라인
- **cardinal-closed** 루프로 닫힌 카디널 스플라인
- **monotone** y의 단조성을 보존하는 입체 보간

이와 더불어 renderDots 함수(B 참조)에서는 각 데이터 요소에 작은 원을 만들어 참조 포인트로 사용했다. 이 점들은 C에서처럼 svg:circle 요소를 사용해 만들어진다.

```
function renderDots(svg){ // <-B
    data.forEach(function(set){
        svg.append("g").selectAll("circle")
            .data(set)
            .enter().append("circle") // <-C
            .attr("class", "dot")
            .attr("cx", function(d) { return x(d.x); })
            .attr("cy", function(d) { return y(d.y); })
```

```
            .attr("r", 4.5);
        });
}
```

선장력 변경

카디널 보간 모드^{cardinal, cardinal-open, cardinal-closed}가 사용되면 **장력**^{tension} 설정
을 통해 선에 대한 수정을 할 수 있다. 이번 예제에서는 장력을 수정하는
방법과 선 보간에 미치는 영향에 대해 살펴본다.

다음 파일을 다운로드한 후에 로컬 머신의 웹 브라우저에서 열어보자.

https://github.com/NickQiZhu/d3-cookbook/blob/master/src/chapter7/line-
tension.html

이제 선장력을 바꾸는 방법과 선의 생성에 어떤 영향을 끼치는지 살펴보자.

```
<script type="text/javascript">
    var width = 500,
        height = 500,
        margin = 30,
        duration = 500,
        x = d3.scale.linear()
            .domain([0, 10])
            .range([margin, width - margin]),
        y = d3.scale.linear()
            .domain([0, 1])
            .range([height - margin, margin]);
```

```
var data = d3.range(10).map(function(i){
        return {x: i, y: (Math.sin(i * 3) + 1) / 2};
});

var svg = d3.select("body").append("svg");

svg.attr("height", height)
    .attr("width", width);

renderAxes(svg);

render([1]);

function render(tension){
    var line = d3.svg.line()
        .interpolate("cardinal")
        .x(function(d){return x(d.x);})
        .y(function(d){return y(d.y);});

    svg.selectAll("path.line")
        .data(tension)
        .enter()
        .append("path")
        .attr("class", "line");

    svg.selectAll("path.line")
        .data(tension) // <-A
        .transition().duration(duration).ease("linear") // <-B
        .attr("d", function(d){
            return line.tension(d)(data); // <-C
        });

    svg.selectAll("circle")
        .data(data)
        .enter().append("circle")
        .attr("class", "dot")
        .attr("cx", function(d) { return x(d.x); })
        .attr("cy", function(d) { return y(d.y); })
        .attr("r", 4.5);
```

```
    }
    // 축과 관련된 코드는 생략됐다.
    ...
</script>
<h4>Line Tension:</h4>
<div class="control-group">
    <button onclick="render([0])">0</button>
    <button onclick="render([0.2])">0.2</button>
    <button onclick="render([0.4])">0.4</button>
    <button onclick="render([0.6])">0.6</button>
    <button onclick="render([0.8])">0.8</button>
    <button onclick="render([1])">1</button>
</div>
```

앞의 코드는 선장력의 설정이 가능한 카디널 선형 차트를 생성한다.

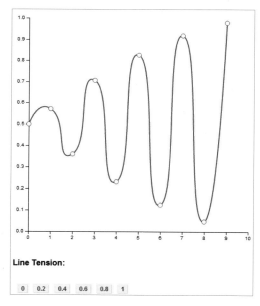

선장력

장력은 카디널 스플라인 보간 장력을 [0, 1] 범위 안의 특정 숫자로 설정한다. 장력은 선 생성자의 tension 함수를 사용해 설정할 수 있다(C 참조).

```
svg.selectAll("path.line")
        .data(tension) // <-A
    .transition().duration(duration).ease("linear") // <-B
    .attr("d", function(d){
        return line.tension(d)(data);} // <-C
    );
```

게다가 선 보간에 대한 장력 효과를 강조하기 위해서 B에서 전환을 시작했다. 장력이 명시적으로 설정돼 있지 않다면 카디널 보간은 기본적으로 장력을 0.7로 설정한다.

영역 생성자 사용

D3 선 생성자를 사용해 기술적으로 어떠한 모양에 상관없이 외곽선을 생성할 수 있지만, 심지어 다른 보간 지원을 받으며 직접적으로 선을 사용해 영역(영역 차트처럼)을 그리는 일은 쉬운 일이 아니다. 이것이 D3에서 드로잉 영역을 위해 특별히 설계된 별도의 모양 생성자 함수를 제공하는 이유다.

다음 파일을 다운로드한 후에 로컬 머신의 웹 브라우저에서 열어보자.

https://github.com/NickQiZhu/d3-cookbook/blob/master/src/chapter7/area.html

이번 예제에서는 의사^{pseudo} 선형 차트에 채워진 영역을 효과적으로 추가해
영역 차트로 만들 것이다.

```
<script type="text/javascript">
    var width = 500,
        height = 500,
        margin = 30,
        duration = 500,
        x = d3.scale.linear()  // <-A
            .domain([0, 10])
            .range([margin, width - margin]),
        y = d3.scale.linear()
            .domain([0, 10])
            .range([height - margin, margin]);

    var data = d3.range(11).map(function(i){  // <-B
        return {x: i, y: Math.sin(i)*3 + 5};
    });

    var svg = d3.select("body").append("svg");

    svg.attr("height", height)
        .attr("width", width);

    renderAxes(svg);

    render("linear");

    renderDots(svg);

    function render(){
        var line = d3.svg.line()
            .x(function(d){return x(d.x);})
            .y(function(d){return y(d.y);});

        svg.selectAll("path.line")
```

```
            .data([data])
       .enter()
          .append("path")
          .attr("class", "line");

    svg.selectAll("path.line")
            .data([data])
       .attr("d", function(d){return line(d);});

    var area = d3.svg.area() // <-C
        .x(function(d) { return x(d.x); }) // <-D
        .y0(y(0)) // <-E
        .y1(function(d) { return y(d.y); }); // <-F

    svg.selectAll("path.area") // <-G
            .data([data])
       .enter()
          .append("path")
          .attr("class", "area")
          .attr("d", function(d){return area(d);}); // <-H
  }

  // 점에 관한 렌더링 코드는 생략했다.

  // 축에 관한 코드는 생략했다.
  ...
</script>
```

앞의 코드는 다음과 같은 시각화 결과물을 생성한다.

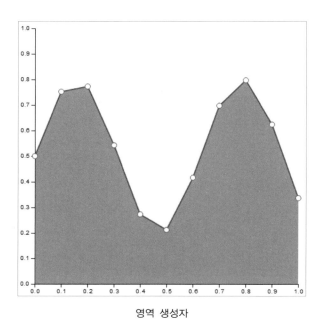

영역 생성자

예제 분석

7장의 앞에서 다룬 선 생성자의 사용법과 유사하게 x와 y 좌표에서 데이터를 시각화 영역에 매핑하기 위해 정의된 두 개의 스케일을 가진다(A 참조).

```
x = d3.scale.linear() // <-A
        .domain([0, 10])
        .range([margin, width - margin]),
    y = d3.scale.linear()
        .domain([0, 10])
        .range([height - margin, margin]);
var data = d3.range(11).map(function(i){ // <-B
    return {x: i, y: Math.sin(i)*3 + 5};
});
```

B에서 데이터는 수학적 수식으로 생성됐다. 그 다음으로 d3.svg.area 함수를 사용해 영역 생성자가 만들어졌다(C 참조).

```
var area = d3.svg.area() // <-C
        .x(function(d) { return x(d.x); }) // <-D
        .y0(y(0)) // <-E
        .y1(function(d) { return y(d.y); }); // <-F
```

선 생성자와 유사한 **D3** 영역 생성자는 이차원 좌표 시스템에서 작동하도록 고안됐다. x 함수는 x 좌표에 대한 접근자 함수를 정의하며(D 참조), 앞에서 정의한 x 스케일을 사용해 시각화 좌표에 데이터를 매핑한다. y 좌표의 경우 영역 생성자에 하한(y0)과 상한(y1) 좌표를 나타내는 다른 두 개의 접근자를 제공한다. 이것이 선 생성자와 영역 생성자 간의 가장 큰 차이점이다. **D3** 영역 생성자는 x와 y축 모두에 상한과 하한 값 (x0, x1, y0, y1)을 지원한다. 상한과 하한의 값이 같다면 약칭 (x, y)로 표기할 수 있다. 영역 생성자가 정의된 후의 영역을 만드는 메소드는 선 생성자와 거의 동일하다.

```
svg.selectAll("path.area") // <-G
        .data([data])
    .enter()
        .append("path")
        .attr("class", "area")
        .attr("d", function(d){return area(d);}); // <-H
```

영역 또한 svg:path 요소(G 참조)를 사용해 구현된다. **D3** 영역 생성자는 데이터 "d"를 입력 매개변수로 사용해 H에서 svg:path 요소에 대한 "d" 수식을 생성하기 위해 사용된다.

영역 보간 사용

D3 선 생성자와 유사하게 영역 생성자 또한 동일한 보간 모드를 제공한다. 이로 인해 모든 모드에서 선 생성자와 함께 사용할 수 있다.

다음 파일을 다운로드한 후에 로컬 머신의 웹 브라우저에서 열어보자.

https://github.com/NickQiZhu/d3-cookbook/blob/master/src/chapter7/area-
interpolation.html

예제 구현

이번 예제에서는 보간 모드를 영역 생성자에서 설정하는 방법을 살펴본다.
다음으로 일치하는 보간된 영역을 이에 상응하는 선으로 생성할 수 있다.

```
var width = 500,
    height = 500,
    margin = 30,
    x = d3.scale.linear()
        .domain([0, 10])
        .range([margin, width - margin]),
    y = d3.scale.linear()
        .domain([0, 10])
        .range([height - margin, margin]);

var data = d3.range(11).map(function(i){
    return {x: i, y: Math.sin(i)*3 + 5};
});

var svg = d3.select("body").append("svg");

svg.attr("height", height)
    .attr("width", width);

renderAxes(svg);

render("linear");

renderDots(svg);
```

```
function render(mode){
    var line = d3.svg.line()
            .interpolate(mode) // <-A
            .x(function(d){return x(d.x);})
            .y(function(d){return y(d.y);});

    svg.selectAll("path.line")
            .data([data])
        .enter()
            .append("path")
            .attr("class", "line");

    svg.selectAll("path.line")
            .data([data])
        .attr("d", function(d){return line(d);});

    var area = d3.svg.area()
            .interpolate(mode) // <-B
            .x(function(d) { return x(d.x); })
            .y0(height - margin)
            .y1(function(d) { return y(d.y); });

    svg.selectAll("path.area")
            .data([data])
        .enter()
            .append("path")
            .attr("class", "area")

    svg.selectAll("path.area")
            .data([data])
        .attr("d", function(d){return area(d);});
}
// 점과 축에 관련된 코드는 생략됐다.
```

앞의 코드는 보간 모드 설정이 가능한 의사 영역 차트를 생성한다.

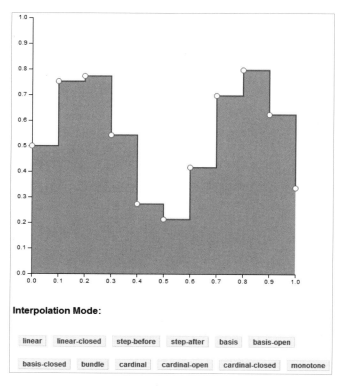

영역 보간

이번 예제는 보간 모드가 사용자 선택에 기반을 둔다는 점을 제외하고는 이전 예제와 유사한다.

```
var line = d3.svg.line()
        .interpolate(mode) // <-A
        .x(function(d){return x(d.x);})
        .y(function(d){return y(d.y);});

var area = d3.svg.area()
        .interpolate(mode) // <-B
        .x(function(d) { return x(d.x); })
```

```
.y0(y(0))
.y1(function(d) { return y(d.y); });
```

보다시피 보간 모드는 interpolate 함수를 통해 영역 생성자와 함께 두 선에서 구성된다(A와 B 참조). D3 선과 영역 생성자는 보간 모드에 동일한 집합을 제공하기 때문에 이번 예제에서 볼 수 있는 것과 일치하는 선과 영역을 생성하기 위해 항상 계산에 포함될 수 있다.

부연 설명

D3 영역 생성자는 또한 카디널 모드를 사용해 보간될 때 동일한 장력 설정을 지원한다. 이는 선 생성자의 장력 지원과 동일하고 이 책의 제한된 영역으로 인해 영역 장력에 대해서는 여기서 다루지 않는다.

참고 사항

- 영역 생성자 함수에 대한 더 많은 정보는 다음 링크를 참고하라.
  https://github.com/mbostock/d3/wiki/SVG-Shapes#wikiarea

아크 생성자 사용

선형과 영역 생성자 이외에도 가장 일반적인 모양 생성자 중에 D3는 아크 생성자^{arc generator}도 제공한다. 이 시점에서 "SVG 표준에 이미 원형 요소를 포함하는데 이러한 것들이 충분하지 않을까?"하는 의구심이 들 수도 있다.

하지만 이에 대한 간단한 대답은 "아니오"다. D3 아크 생성자는 단순한 svg:circle 요소보다 더 많은 목적의 기능을 가진다. D3 아크 생성자는 원은 물론이고 고리형(도넛형), 원형 섹터, 고리형 섹터를 만들 수 있다. 이번 예제에서는 이 모든 것을 다룬다. 더욱 중요한 점은 아크 생성자는 그 이름에서 알 수 있듯이 아크(다시 말해 완전한 원이나 섹터가 아닌 임의의 각도를 갖는 아크)를 생성하도록 설계됐다.

준비

다음 파일을 다운로드한 후에 로컬 머신의 웹 브라우저에서 열어보자.

https://github.com/NickQiZhu/d3-cookbook/blob/master/src/chapter7/arc.html

예제 구현

이번 예제에서는 다중 슬라이스 원과 고리형(도넛), 원형 섹터, 고리형 섹터를 생성하기 위해 아크 생성자를 사용한다.

```
<script type="text/javascript">
    var width = 400,
    height = 400,
    // 각도는 라디언으로 설정
    fullAngle = 2 * Math.PI, // <-A
    colors = d3.scale.category20c();

    var svg = d3.select("body").append("svg")
            .attr("class", "pie")
            .attr("height", height)
            .attr("width", width);

    function render(innerRadius, endAngle){
        if(!endAngle) endAngle = fullAngle;

        var data = [ // <-B
            {startAngle: 0, endAngle: 0.1 * endAngle},
            {startAngle: 0.1 * endAngle, endAngle: 0.2 * endAngle},
            {startAngle: 0.2 * endAngle, endAngle: 0.4 * endAngle},
```

```
          {startAngle: 0.4 * endAngle, endAngle: 0.6 * endAngle},
          {startAngle: 0.6 * endAngle, endAngle: 0.7 * endAngle},
          {startAngle: 0.7 * endAngle, endAngle: 0.9 * endAngle},
          {startAngle: 0.9 * endAngle, endAngle: endAngle}
    ];

    var arc = d3.svg.arc().outerRadius(200) // <-C
              .innerRadius(innerRadius);

    svg.select("g").remove();

    svg.append("g")
        .attr("transform", "translate(200,200)")
        .selectAll("path.arc")
              .data(data)
          .enter()
              .append("path")
                  .attr("class", "arc")
                  .attr("fill", function(d, i){
                      return colors(i);})
                  .attr("d", function(d, i){
                      return arc(d, i); // <-D
                  });
  }

  render(0);
</script>

<div class="control-group">
    <button onclick="render(0)">Circle</button>
    <button onclick="render(100)">Annulus(Donut)</button>
    <button onclick="render(0, Math.PI)">Circular Sector</button>
    <button onclick="render(100, Math.PI)">Annulus Sector</button>
</div>
```

앞의 코드는 버튼을 클릭해 아크 또는 섹터, 아크 섹터로 변경이 가능한 원을
생성한다. 예를 들어 고리형(도넛)은 두 번째 버튼을 클릭해 만들어진다.

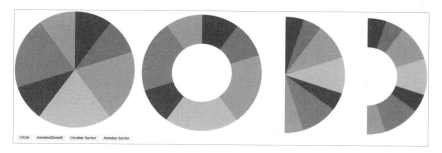

아크 생성자

D3 아크 생성자를 이해하는 데 있어서 가장 중요한 부분은 아크 생성자의 데이터 구조다. D3 아크 생성자는 데이터에 있어서 매우 구체적인 요구 조건을 가진다(B 참조).

```
var data = [ // <-B
    {startAngle: 0, endAngle: 0.1 * endAngle},
    {startAngle: 0.1 * endAngle, endAngle: 0.2 * endAngle},
    {startAngle: 0.2 * endAngle, endAngle: 0.4 * endAngle},
    {startAngle: 0.4 * endAngle, endAngle: 0.6 * endAngle},
    {startAngle: 0.6 * endAngle, endAngle: 0.7 * endAngle},
    {startAngle: 0.7 * endAngle, endAngle: 0.9 * endAngle},
    {startAngle: 0.9 * endAngle, endAngle: endAngle}
];
```

아크 데이터의 각 줄은 startAngle과 endAngle의 두 필드를 반드시 가져야 한다. 각도는 [0, 2 * Math.PI] 영역에 있어야 한다(A 참조). D3 아크 생성자는 이번 예제의 앞에서 설명한 것처럼 각도를 사용해 슬라이스를 생성한다.

시작과 끝의 각도와 함께 아크 데이터 집합은 다양한 추가 필드를 포함할 수 있다. 이러한 필드는 다른 시각화 표현을 다루는 D3 함수에 접근할 수 있다.

자신이 가진 데이터에 기반을 두고 이러한 각도를 계산하는 것이 엄청나게 번거롭다고 생각할 수 있다. 정말 번거롭다. 이러한 이유로 D3는 이런 각도를 계산하는 데 도움이 되는 특정 레이아웃 관리자를 제공한다. 레이아웃 관리자는 8장에서 다룬다. 지금은 기본 메커니즘을 이해하는 데 초점을 맞춰 레이아웃 매니저를 배울 때나 각도를 수동으로 설정을 해야 할 때 잘 처리할 수 있게 하자.

```
var arc = d3.svg.arc().outerRadius(200) // <-C
        .innerRadius(innerRadius);
```

d3.svg.arc 함수는 추가적으로 outerRadius와 innerRadius 설정을 가진다. innerRadius가 설정되면 아크 생성자는 원형 대신에 고리형(도넛)의 이미지를 생성할 것이다. 마지막으로 D3 아크는 svg:path 요소를 사용해 구현할 수도 있기 때문에 선형과 영역 생성자와 유사하게 d3.svg.arg 생성자 함수도 svg:path 요소에 대해 d 수식의 생성하도록 호출할 수 있다(D 참조).

```
svg.append("g")
            .attr("transform", "translate(200,200)")
    .selectAll("path.arc")
            .data(data)
        .enter()
            .append("path")
            .attr("class", "arc")
            .attr("fill", function(d, i){return colors(i);})
            .attr("d", function(d, i){
                return arc(d, i); // <-D
            });
```

추가적으로 svg:g 요소에 대해 알아두면 좋을 만한 정보를 살펴보자. 이 요소는 스스로 어떠한 모양을 정의하지는 않지만 다른 요소들을 묶는 데 사용하는 컨테이너 요소로 사용된다(이번 경우에 path.arc 요소). g 요소에 적용된 변환은 모든 자식 요소에게도 적용되며, 그 속성 또한 자식 요소들에게 상속된다.

아크 전환 구현

아크가 선형이나 영역과 같이 다른 모양과 크게 다른 한 영역은 전환이다. 간단한 SVG 내장 모양을 포함해 지금까지 살펴본 대부분 모양은 D3 전환 및 보간을 사용해 애니메이션을 처리할 수 있지만, 아크의 경우는 그렇지 않다. 이번 예제에서는 아크 전환 기술에 대해 살펴본다.

준비

다음 파일을 다운로드한 후에 로컬 머신의 웹 브라우저에서 열어보자.

https://github.com/NickQiZhu/d3-cookbook/blob/master/src/chapter7/arc-transition.html

예제 구현

이번 예제에서는 각 슬라이스를 각도 0에서 시작해 원하는 최종 각도까지 전환해 완전한 고리형(도넛형)에 도달하는 다중 슬라이스 고리형(도넛형)으로 애니메이션 효과를 적용할 예정이다.

```
<script type="text/javascript">
    var width = 400,
        height = 400,
        endAngle = 2 * Math.PI,
```

```
        colors = d3.scale.category20c();

var svg = d3.select("body").append("svg")
    .attr("class", "pie")
    .attr("height", height)
    .attr("width", width);

function render(innerRadius) {
    var data = [
        {startAngle: 0, endAngle: 0.1 * endAngle},
        {startAngle: 0.1 * endAngle, endAngle: 0.2 * endAngle},
        {startAngle: 0.2 * endAngle, endAngle: 0.4 * endAngle},
        {startAngle: 0.4 * endAngle, endAngle: 0.6 * endAngle},
        {startAngle: 0.6 * endAngle, endAngle: 0.7 * endAngle},
        {startAngle: 0.7 * endAngle, endAngle: 0.9 * endAngle},
        {startAngle: 0.9 * endAngle, endAngle: endAngle}
    ];
    var arc = d3.svg.arc().outerRadius(200)
            .innerRadius(innerRadius);

    svg.select("g").remove();

    svg.append("g")
        .attr("transform", "translate(200,200)")
        .selectAll("path.arc")
            .data(data)
        .enter()
            .append("path")
            .attr("class", "arc")
            .attr("fill", function (d, i) {
                return colors(i);
            })
            .transition().duration(1000)
            .attrTween("d", function (d) { // <-A
                var start = {startAngle: 0, endAngle: 0}; // <-B
                var interpolate = d3.interpolate(start, d); // <-C
                return function (t) {
```

```
                return arc(interpolate(t)); // <-D
            };
        });
    }

    render(100);
</script>
```

앞의 코드는 회전을 시작으로 나중에 완전한 고리형(도넛형)이 되는 아크를
생성한다.

트위닝을 사용한 아크 전환

예제 분석

이러한 전환 요구 사항에 직면했을 때 애니메이션을 생성하기 위해 내장된
보간에 의존하면서 기본적인 D3 전환을 사용하는 것이 가장 먼저 떠오를
것이다. 다음은 이를 수행할 코드 조각이다.

```
svg.append("g")
    .attr("transform", "translate(200,200)")
    .selectAll("path.arc")
        .data(data)
    .enter()
        .append("path")
        .attr("class", "arc")
        .attr("fill", function (d, i) {
```

```
        return colors(i);
    })
    .attr("d", function(d){
        return arc({startAngle: 0, endAngle: 0});
    })
    .transition().duration(1000).ease("linear")
    .attr("d", function(d){return arc(d);});
```

앞의 코드 조각에서 강조된 선들이 보여주듯이 이런 접근에서 startAngle
과 endAngle이 0으로 초기화된 슬라이스 경로를 생성했다. 그런 다음 전환
을 통해 아크 생성자 함수 arc(d)를 사용해 경로 "d" 속성을 마지막 각도로
보간했다. 이러한 접근법이 의미 있는 것처럼 보이지만, 그 결과물은 다음과
같은 전환이 생성된다.

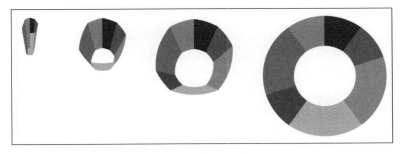

트위닝을 사용하지 않은 아크 전환

이것은 분명히 원하는 애니메이션이 아니다. 이러한 이상한 전환의 이유는
svg:path 속성 "d"에서 직접 전환을 작성함으로써 D3에 이러한 문자열을
보간하도록 지시하기 때문이다.

d="M1.2246063538223773e-14,-200A200,200 0 0,1 1.2246063538223773e-
14,-200L6.123031769111886e-15,-100A100,100 0 0,0
6.123031769111886e-15,-100Z"

선형 문자열은 다음과 같다.

```
d="M1.2246063538223773e-14,-200A200,200 0 0,1 117.55705045849463,-
161.80339887498948L58.778525229247315,-80.90169943749474A100,100 0
0,0 6.123031769111886e-15,-100Z"
```

이는 특수한 전환 효과다.

 이러한 전환 효과가 이번 예제에서 요구하는 것이 아닐지라도, 이 또한 D3 전환의
유연함과 강점을 보여주는 좋은 예가 된다.

원하는 전환 효과를 얻기 위해서는 D3 속성 트위닝을 사용해야 한다(트위닝에
대한 자세한 설명은 6장을 참고하라).

```
svg.append("g")
    .attr("transform", "translate(200,200)")
    .selectAll("path.arc")
        .data(data)
    .enter()
        .append("path")
        .attr("class", "arc")
        .attr("fill", function (d, i) {
            return colors(i);
        })
        .transition().duration(1000)
        .attrTween("d", function (d) { // <-A
            var start = {startAngle: 0, endAngle: 0}; // <-B
            var interpolate = d3.interpolate(start, d); // <-C
            return function (t) {
                return arc(interpolate(t)); // <-D
            };
        });
```

여기에서 svg:path 속성 "d"를 직접 전환하는 대신 A에서 트위닝 함수를

만들었다. 기억을 더듬어보면 D3 `attrTween`은 트위닝 함수의 팩토리 함수를 기대하며, 이 경우에는 각도 0에서 트위닝을 시작하게 된다(B 참조). 그런 다음 C에서 각 슬라이스의 시작과 끝의 각도를 보간하는 복합 객체 보간자를 생성한다. 마지막으로 D에서 아크 생성자는 이미 삽입된 각도를 사용해 적절한 `svg:path` 공식을 생성하는 데 사용한다. 이것은 사용자 정의 속성 트위닝을 통해 적절하게 아크의 부드러운 전환을 생성하는 방법이다.

부연 설명

D3 또한 기호와 현, 사선과 같은 다른 모양 생성자의 지원을 제공한다. 하지만 이 책의 단순함과 제한적인 영역으로 인해 8장에서 복잡한 시각화 구성 요소의 일부로 다루기는 하겠지만, 여기서 개별적으로는 다루지 않을 것이다. 더욱 중요한 것은 7장에서 소개한 모양 생성자에 대한 충분한 이해를 바탕으로 다른 D3 모양 생성자 또한 별다른 문제없이 사용할 수 있다는 점이다.

참고 사항

- 전환과 트위닝에 대한 자세한 설명은 6장을 참고하라.

8

차트 다루기

8장에서 다루는 내용은 다음과 같다.

- 선 차트 만들기
- 영역 차트 만들기
- 분산형 차트 만들기
- 버블 차트 만들기
- 막대 차트 만들기

소개

8장에서는 데이터 시각화에서 가장 오래되고 믿음직한 동반자인 차트에 대해서 다룬다. 차트는 데이터의 그래픽 표현으로 명확하고 이해가 쉽다. 다음의 정의가 이를 확인시켜준다.

> (차트에서) 데이터는 막대 차트의 막대와 선 차트의 선, 파이 차트의 조각과 같은 기호로 표현된다.
>
> 젠센 C. & 안데르손 L.(Jensen C. & Anderson L., 1991)

데이터 시각화에서 차트가 사용될 때 시각적 표현에 대한 쉬운 이해와 구문은 시각화 대상으로 하여금 그래픽 메타포^{Graphic Metaphor}(도식 은유)가 내포하는 의미에 대한 배움의 짐을 덜어준다. 따라서 데이터에 대한 집중과 시각화를 통해 생성된 정보에 더 집중할 수 있게 해준다. 8장의 목표는 일반적으로 사용되는 차트에 대한 소개와 더불어 지금까지 배운 다양한 주제와 기술을 결합해 D3를 이용한 매끄러운 대화형 차트를 만드는 것이다.

8장의 예제는 완전하게 재사용 가능한 함수를 기반으로 차트를 구현하기 때문에 이때까지 다뤘던 예제보다 그 양이 훨씬 많다. 가독성을 높이기 위해서 일관성 있는 차트 구조에 기반을 두고 코드를 몇 개의 파트로 나눴다. 하지만 잠재적인 혼란과 코드상의 이점을 극대화하려면 제공되는 예제 코드를 웹 브라우저와 문서 편집기를 통해 열어보는 것을 적극 추천한다.

D3 차트 규칙 D3에서 가장 먼저 재사용이 가능한 차트를 만들기 전에 D3 커뮤니티에서 일반적으로 받아들여지는 차트 규칙에 대해 다룰 필요가 있다. 그렇지 않으면 다른 사용자들을 돕기보다는 혼란만 가중시킬 수 있기 때문이다.

 상상한 것처럼 D3 차트는 HTML 대신 SVG를 사용해 일반적인 구현이 이뤄졌다. 그러나 여기에서 언급한 규칙들의 세부 구현이 다소 다를 수는 있지만 HTML 기반 차트에도 적용할 수 있다.

먼저 다음의 다이어그램을 살펴보자.

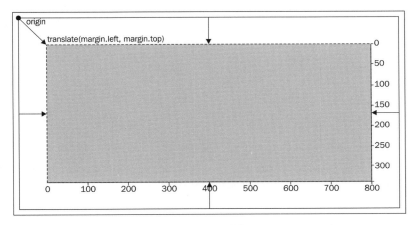

D3 차트 규칙

D3 제작자가 이야기하는 규칙에 대한 자세한 정보는 다음의 링크를 통해 살펴보자.
http://bl.ocks.org/mbostock/3019563

이 다이어그램에서 볼 수 있듯이 SVG 이미지의 원점 (0, 0)은 예상대로 왼쪽 상단 모서리에 있다. 그러나 이 규칙의 가장 중요한 점은 차트 여백이 정의되는 방법과 축이 배치되는 위치와 관련이 있다는 점이다.

- **여백** 먼저 규칙에서 가장 중요한 여백을 살펴보자. 각 차트에서 볼 수 있듯이 왼쪽, 오른쪽, 위, 아래의 네 가지 다른 여백이 있다. 유연한 차트 구현은 사용자로 하여금 각 여백에 다른 값을 설정할 수 있게 한다. 다음 나올 예제를 통해 이 방법에 대해 알아본다.

- **좌표 변환** 두 번째로 이 규칙에서는 차트 바디(회색 영역)의 좌표 참조가 SVG 변환 `translate(margin.left, margin.top)`을 사용해 정의돼야 한다고 제안한다. 이 변환은 차트 바디 영역을 원하는 지점으로 효과적으로 이동시킨다. 이러한 접근법이 주는 추가적인 이점 중 하나는 차트 바디 좌표의 참조 프레임을 이동시킴으로써 여백의 크기가 무의미해

짐에 따라 차트 바디 내부의 하위 요소의 생성을 간단하게 한다. 차트 바디 내부의 하위 요소는 이제 차트 바디 영역의 왼쪽 상단 모서리를 원점 (0,0)으로 가진다.

- **축** 이 규칙의 마지막은 차트 축을 배치하는 방법과 위치에 관한 것이다. 다이어그램에서 살펴봤듯이 차트 축은 차트 바디의 일부가 아닌 차트 여백 안에 배치가 된다. 이 방법은 차트에서 축을 주변 요소로 처리하므로 차트 바디 구현을 복잡하게 만들지 않고 축 렌더링 로직을 차트에 독립적이고 쉽게 재사용할 수 있게 하는 장점이 있다.

지금까지 배운 모든 지식과 기술을 사용해 처음으로 재사용이 가능한 D3 차트를 만들어보자.

선 차트 만들기

선 차트는 기본 차트 형태로 다양한 분야에서 널리 사용되는 흔한 차트다. 이 차트는 직선 세그먼트로 연결된 일련의 데이터 포인트로 구성된다. 선 차트는 일반적으로 x축과 y축 두개의 수직 축에 의해 경계가 지정된다. 이번 예제에서는 D3를 사용해 선 차트를 구현해본다. 여기서 선 차트는 다양한 스케일에 대해 여러 연속된 데이터 배열의 디스플레이를 설정할 수 있는 재사용 가능한 자바스크립트 객체로 구현된다. 이와 더불어 애니메이션과 동적으로 여러 개의 연속된 데이터 배열의 업데이트 구현도 함께 살펴보자.

준비

다음 파일을 다운로드한 후에 로컬 머신의 웹 브라우저에서 열어보자.

https://github.com/NickQiZhu/d3-cookbook/blob/master/src/chapter8/line-chart.html

이번 예제를 읽는 동안에 전체 코드 예제를 열어 놓는 것을 추천한다.

예제 구현

먼저 이러한 차트 형태를 구현한 코드를 살펴보자. 이번 예제의 양이 상당히 많기 때문에 여기서는 기본 골격만 알아보는 것으로 하고, 예제 분석에서 해당 내용들을 자세히 다루겠다.

```javascript
<script type="text/javascript">
    // 먼저 함수형 객체를 사용해 차트 객체를 정의한다.
    function lineChart() { // <-1A
        ...
        // 메인 렌더링 함수
        _chart.render = function () { // <-2A
            ...
        };

        // 축 렌더링 함수
        function renderAxes(svg) {
            ...
        }
        ...

        // 차트 바디 렌더링 함수
        function renderBody(svg) { // <-2D
            ...
        }

        // 선 렌더링 함수
        function renderLines() {
            ...
        }

        // 데이터 포인트 렌더링 함수
        function renderDots() {
```

```
        }

        return _chart; // <-1E
    }
```

이 예제는 다음의 차트를 생성한다.

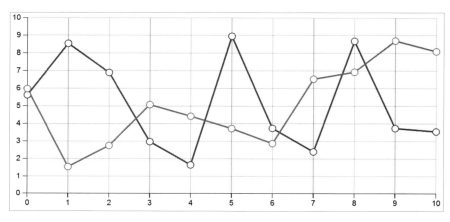

선 차트

보다시피 이번 예제가 지금까지 다뤘던 그 어떤 예제보다 훨씬 복잡하기 때문에 지금부터는 이해를 돕기 위해 세부 주제로 나눠서 설명을 하겠다.

차트 객체와 속성 차트 객체를 만드는 방법과 해당 차트 객체에서 관련 속성을 검색하고 설정하는 방법을 먼저 살펴보겠다.

```
function lineChart() { // <-1A
    var _chart = {};

    var _width = 600, _height = 300, // <-1B
        _margins = {top: 30, left: 30, right: 30, bottom: 30},
        _x, _y,
        _data = [],
```

```
            _colors = d3.scale.category10(),
            _svg,
            _bodyG,
            _line;
        ...
        _chart.height = function (h) {// <-1C
            if (!arguments.length) return _height;
            _height = h;
            return _chart;
        };
        _chart.margins = function (m) {
            if (!arguments.length) return _margins;
            _margins = m;
            return _chart;
        };
        ...
        _chart.addSeries = function (series) { // <-1D
            _data.push(series);
            return _chart;
        };
        ...
        return _chart; // <-1E
    }

    ...
    var chart = lineChart()
        .x(d3.scale.linear().domain([0, 10]))
        .y(d3.scale.linear().domain([0, 10]));

    data.forEach(function (series) {
        chart.addSeries(series);
    });

    chart.render();
```

보다시피 차트 객체는 1장의 'D3 스타일 자바스크립트 이해' 절에서 다룬 함수 객체 패턴을 따르는 1A의 `lineChart` 함수 호출을 사용해 정의됐다. 함수 객체 패턴에서 제공되는 정보 은닉과 그 유연함을 활용해 일련의 내부 속성을 모두 밑줄 문자(1B 참조)로 시작하는 이름으로 정의했다. 그중 몇 가지 속성은 접근자 함수의 제공을 통해 정의됐으며(1C 참조), 공개적으로 접근이 가능한 속성은 다음과 같다.

- **width** 픽셀로 표현되는 차트 SVG의 전체 너비
- **height** 픽셀로 표현되는 차트 SVG의 전체 높이
- **margin** 차트 여백
- **colors** 다른 데이터들을 구분하기 위해 사용되는 차트의 색상 순서 스케일
- **x** x축 스케일
- **y** y축 스케일

접근자 함수는 1장에서 소개된 기법을 사용해 매개변수가 없을 때는 게터getter로 동작하고 매개변수가 있을 때는 세터setter처럼 동작하는 하나의 함수로 결합했다(1C 참조). 또한 `lineChart` 함수와 그 접근자는 차트 인스턴스를 반환해 함수 연결을 가능하게 한다. 마지막으로 차트 객체는 연속된 데이터 배열(series)을 내부 데이터 저장소 배열(_data)에 푸시하는 `addSeries` 함수도 제공한다(1D 참조).

차트 바디 프레임 렌더링 기본 차트 객체와 그 속성을 살펴본 후에 재사용 가능한 차트 구현의 다음 단계는 차트 바디 svg:g 요소의 렌더링과 그 클립 경로의 생성이다.

```
_chart.render = function () { // <-2A
    if (!_svg) {
        _svg = d3.select("body").append("svg") // <-2B
            .attr("height", _height)
            .attr("width", _width);
```

```
        renderAxes(_svg);

        defineBodyClip(_svg);
    }

    renderBody(_svg);
};
...
function defineBodyClip(svg) { // <-2C
    var padding = 5;

    svg.append("defs")
        .append("clipPath")
        .attr("id", "body-clip")
        .append("rect")
        .attr("x", 0 - padding)
        .attr("y", 0)
        .attr("width", quadrantWidth() + 2 * padding)
        .attr("height", quadrantHeight());
}

function renderBody(svg) { // <-2D
    if (!_bodyG)
        _bodyG = svg.append("g")
            .attr("class", "body")
            .attr("transform", "translate("
                + xStart() + ","
                + yEnd() + ")") // <-2E
            .attr("clip-path", "url(#body-clip)");

    renderLines();

    renderDots();
}
...
```

2A에서 정의된 render 함수는 svg:svg 요소를 만들고 width와 height를
설정하는 역할을 맡고 있다(2B 참조). 그다음으로 전체 차트 바디 영역을 포함

하는 svg:clipPath 요소를 만든다. svg:clipPath 요소는 페인트가 적용될 수 있는 영역을 제한하는 데 사용된다. 여기서는 차트 바디 영역 내에서 선과 점을 칠할 수 있는 영역을 제한하는 데 사용된다. 이 코드는 차트 바디를 정의하고 다음과 같은 SVG 구조를 생성한다.

```
▼<svg height="300" width="600">
  ▶<g class="axes">…</g>
  ▼<defs>
    ▶<clippath id="body-clip">…</clippath>
    </defs>
  ▶<g class="body" transform="translate(30,30)" clip-path="url(#body-clip)">…</g>
  </svg>
```

 클리핑(clipping)과 마스킹(masking)에 대한 자세한 정보는 다음의 링크를 통해 살펴보자.

http://www.w3.org/TR/SVG/masking.html

2D에서 정의된 renderBody 함수는 앞 절에서 다룬(2E 참조) 차트 여백 규칙에 변환 집합과 함께 모든 차트 바디 내용물을 감싸는 svg:g 요소를 생성한다.

축 렌더링 축은 renderAxes 함수로 렌더링된다(3A 참조).

```
function renderAxes(svg) { // <-3A
    var axesG = svg.append("g")
        .attr("class", "axes");

    renderXAxis(axesG);

    renderYAxis(axesG);
}
```

7장에서도 이야기했듯이 x축과 y축 모두 차트 여백 영역 안쪽에서 렌더링된다. 5장에서 축에 대해 자세히 다뤘기 때문에 여기서는 축 렌더링에 대한 자세한 설명은 하지 않겠다.

연속된 데이터 배열 렌더링 이번 예제에서 다룬 모든 내용은 이 차트 형태에만 국한된 것이 아니라 다른 직교 좌표 기반 차트 타입에서도 프레임을 공유할 수 있다. 마지막으로 선 세그먼트와 점들이 다수의 연속된 데이터 배열에서 어떻게 만들어지는지 살펴보겠다. 연속된 데이터 배열을 다시 렌더링하는 다음의 코드 조각을 살펴보자.

```
function renderLines() {
    _line = d3.svg.line() // <-4A
        .x(function (d) { return _x(d.x); })
        .y(function (d) { return _y(d.y); });

    _bodyG.selectAll("path.line")
        .data(_data)
        .enter() // <-4B
        .append("path")
        .style("stroke", function (d, i) {
            return _colors(i); // <-4C
        })
        .attr("class", "line");

    _bodyG.selectAll("path.line")
        .data(_data)
        .transition() // <-4D
        .attr("d", function (d) { return _line(d); });
}

function renderDots() {
    _data.forEach(function (list, i) {
        _bodyG.selectAll("circle._" + i) // <-4E
            .data(list)
            .enter()
            .append("circle")
            .attr("class", "dot _" + i);
        _bodyG.selectAll("circle._" + i)
            .data(list)
```

```
        .style("stroke", function (d, i) {
            return _colors(i); // <-4F
        })
        .transition() // <-4G
        .attr("cx", function (d) { return _x(d.x); })
        .attr("cy", function (d) { return _y(d.y); })
        .attr("r", 4.5);
    });
}
```

선 세그먼트와 점들은 7장에서 소개된 기술을 사용해 생성된다. 4A에서 d3.svg.line 생성자는 연속된 데이터 배열을 매핑하는 svg:path를 만들기 위해 정의된다. 입력과 업데이트 패턴은 데이터 라인^{data line}을 만들기 위해 사용된다(4B 참조). 4C는 이것의 인덱스에 기반을 두는 각 데이터 라인에 대해 다른 색상을 설정한다. 마지막으로 4E는 업데이트 모드에서 데이터 라인이 각 업데이트에 의해 부드럽게 움직일 수 있도록 전환을 설정했다. renderDots 함수는 각 데이터 포인트를 표현하기 위한 svg:circle 요소 집합을 생성하는 유사한 렌더링 로직을 수행하고, 데이터 배열 인덱스에 기반을 두고 색을 조직하고(4F 참조), 마지막으로 데이터가 업데이트될 때마다 선을 따라 점을 이동할 수 있도록 4G의 전환 효과를 적용한다.

이번 예제에서 보여주듯이 재활용 가능한 차트 요소를 만드는 것은 실질적으로 많은 노력이 요구된다. 하지만 그중 2/3 이상의 코드가 주변 그래픽 요소와 접근자 메소드를 만드는 데 요구되므로, 실제 프로젝트를 진행하면서 이러한 로직을 추출해 다른 차트에 이 구현의 대부분을 재사용할 수 있다. 이번 예제에서는 차트 렌더링에 대한 이해도를 높이기 위해 이러한 내용을 생략하지 않았다. 이 책의 제한된 범위로 인해 다음 예제부터는 모든 주변 렌더링 로직은 생략하고 각 차트 형태에 대한 핵심 로직에 집중하겠다.

영역 차트 만들기

영역 차트 또는 영역 그래프는 선 차트와 굉장히 유사하고 넓게 보면 선 차트를 기반으로 해서 구현됐다고 할 수 있다. 선 차트와 영역 차트의 가장 큰 차이점은 영역 차트에서 축과 선 사이가 색상 또는 어떤 질감으로 채워진다는 점이다. 이번 예제에서는 Layered Area Chart로 알려진 영역 차트의 구현을 통해 이러한 차이를 알아본다.

준비

다음 파일을 다운로드한 후에 로컬 머신의 웹 브라우저에서 열어보자.

https://github.com/NickQiZhu/d3-cookbook/blob/master/src/chapter8/area-chart.html

예제 구현

영역 차트 구현은 대부분 선 차트 구현에 기반을 두고 축과 클립 경로 같은 많은 일반적인 그래픽 요소를 공유한다. 따라서 이번 예제에서는 영역 차트 구현에 관련된 코드만 보여준다.

```
...
function renderBody(svg) {
    if (!_bodyG)
        _bodyG = svg.append("g")
            .attr("class", "body")
            .attr("transform", "translate("
                + xStart() + ","
                + yEnd() + ")")
            .attr("clip-path", "url(#body-clip)");

    renderLines();
```

```
        renderAreas();

        renderDots();
    }

    function renderLines() {
        _line = d3.svg.line()
            .x(function (d) { return _x(d.x); })
            .y(function (d) { return _y(d.y); });

        _bodyG.selectAll("path.line")
            .data(_data)
            .enter()
            .append("path")
            .style("stroke", function (d, i) {
                return _colors(i);
            })
            .attr("class", "line");

        _bodyG.selectAll("path.line")
            .data(_data)
            .transition()
            .attr("d", function (d) { return _line(d); });
    }

    function renderDots() {
        _data.forEach(function (list, i) {
            _bodyG.selectAll("circle._" + i)
                .data(list)
                .enter().append("circle")
                .attr("class", "dot _" + i);

            _bodyG.selectAll("circle._" + i)
                .data(list)
                .style("stroke", function (d, i) {
                    return _colors(i);
                })
                .transition()
```

```
                .attr("cx", function (d) { return _x(d.x); })
                .attr("cy", function (d) { return _y(d.y); })
                .attr("r", 4.5);
        });
    }

function renderAreas() {
    var area = d3.svg.area() // <-A
        .x(function(d) { return _x(d.x); })
        .y0(yStart())
        .y1(function(d) { return _y(d.y); });

    _bodyG.selectAll("path.area")
        .data(_data)
        .enter() // <-B
        .append("path")
        .style("fill", function (d, i) {
            return _colors(i);
        })
        .attr("class", "area");

    _bodyG.selectAll("path.area")
        .data(_data)
        .transition() // <-C
        .attr("d", function (d) { return area(d); });
}
...
```

이 예제는 다음과 같은 계층화된 영역 차트를 생성한다.

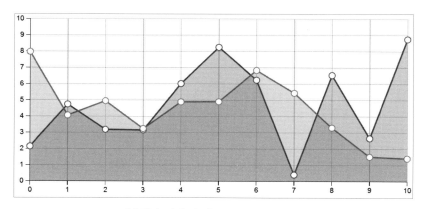

계층화된 영역 차트(Layered area chart)

예제 분석

앞에서 이야기했듯이 영역 차트는 선 차트에 기반을 두기 때문에 대부분의
구현은 선 차트와 동일하다. 사실 영역 차트는 선 차트에서 구현된 정확한
선과 점의 렌더링을 필요로 한다. 가장 주된 차이점은 renderArea 함수에
서 찾을 수 있다. 이번 예제에서는 7장에서 다룬 영역 생성 기술을 사용할
것이다. A에서 d3.svg.area 생성자는 x축에 고정된 하단 선(y0)과 선 차트
의 선과 매치되는 상단 선(y1)으로 만들어진다.

```
var area = d3.svg.area() // <-A
    .x(function(d) { return _x(d.x); })
    .y0(yStart())
    .y1(function(d) { return _y(d.y); });
```

일단 영역 생성자가 정의되면 클래식한 입력과 업데이트Enter-and-Update 패턴
이 범위를 만들고 업데이트하는 데 사용된다. 입력의 경우(B 참조) svg:path
요소는 각각의 연속된 데이터 배열에 만들어지고, 각 배열의 인덱스를 사용
해 선과 점에 색상을 입힌다(C 참조).

```
_bodyG.selectAll("path.area")
    .data(_data)
```

```
.enter() // <-B
.append("path")
.style("fill", function (d, i) {
    return _colors(i); // <-C
})
.attr("class", "area");
```

데이터가 업데이트되거나 새롭게 추가된 영역에 대해서는 원하는 모양으로
영역 svg:path 요소의 d 속성을 업데이트하기 위해 전환을 시작한다(D 참조).

```
_bodyG.selectAll("path.area")
    .data(_data)
    .transition() // <-D
    .attr("d", function (d) {
        return area(d); // <-E
    });
```

선 차트 구현이 업데이트될 때 선과 점은 모두 애니메이션으로 처리한다는
것을 알고 있기 때문에 여기에 영역 업데이트를 전환하면 차트의 선과 점에
따라 애니메이션 영역을 효과적으로 움직일 수 있다.

마지막으로 투명도를 감소시켜 겹쳐진 부분도 볼 수 있게 하기 위해서
path.area에 CSS 스타일을 추가한다.

```
.area {
    stroke: none;
    fill-opacity: .2;
}
```

분산형 차트 만들기

산점도 그래프 또는 분산형 차트는 두 개의 다른 변수 사이의 직교 좌표계에
서 데이터 점들을 보여주는 데 사용되는 다이어그램의 다른 일반적인 형태

다. 분산형 차트는 특히 군집과 분류의 문제에 유용한다. 이번 예제에서는 D3에서 다중 시리즈multi-series 분산형 차트를 구현하는 방법을 알아본다.

준비

다음 파일을 다운로드한 후에 로컬 머신의 웹 브라우저에서 열어보자.

https://github.com/NickQiZhu/d3-cookbook/blob/master/src/chapter8/scatterplot-chart.html

예제 구현

분산형 차트는 직교 좌표를 이용하는 또 다른 형태의 차트로, 지금껏 다뤄온 다른 차트와 대부분의 내용이 매우 유사하다. 그러므로 책의 공간 절약을 위해 주변 코드들은 앞의 코드에서와 같이 생략하겠다. 따라서 이에 대한 이해도를 높이기 위해 코드 전체를 꼭 보기 바란다.

```
...
_symbolTypes = d3.scale.ordinal() // <-A
    .range(["circle",
        "cross",
        "diamond",
        "square",
        "triangle-down",
        "triangle-up"]);
...

function renderBody(svg) {
    if (!_bodyG)
        _bodyG = svg.append("g")
            .attr("class", "body")
            .attr("transform", "translate("
                + xStart() + ","
```

```
                    + yEnd() + ")")
            .attr("clip-path", "url(#body-clip)");

    renderSymbols();
}

function renderSymbols() { // <-B
    _data.forEach(function (list, i) {
        _bodyG.selectAll("path._" + i)
            .data(list)
            .enter()
            .append("path")
            .attr("class", "symbol _" + i);

        _bodyG.selectAll("path._" + i)
            .data(list)
            .classed(_symbolTypes(i), true)
            .transition()
            .attr("transform", function(d){
                return "translate("
                    + _x(d.x)
                    + ","
                    + _y(d.y)
                    + ")";
            })
            .attr("d",
                d3.svg.symbol().type(_symbolTypes(i)));
    });
}
...
```

이 예제는 다음과 같은 분산형 차트를 생성한다.

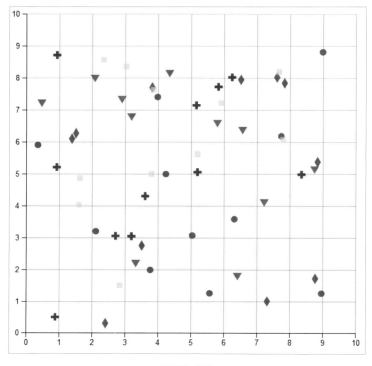

분산형 차트

예제 분석

분산형 차트의 내용은 주로 B의 renderSymbols 함수에 의해 렌더링된다.
아마 이 함수가 이전에 언급한 renderDots와 매우 유사할 것이라 짐작할
수 있을 것이다. 이는 우연의 일치가 아니라 renderSymbols 함수와
renderDots 함수 모두 x와 y의 두 변수를 사용하는 직교 좌표계를 사용하
기 때문이다. 점을 찍기 위해서는 svg:circle 요소를 사용하는 반면 여기
서는 d3.svg.symbol 요소를 사용할 것이다. D3는 svg:path 요소를 사용
해 쉽게 생성하고 렌더링할 수 있는 미리 정의된 기호 리스트를 제공한다.
A에서 정의된 순서 스케일^{ordinal scale}은 연속된 데이터 배열 인덱스를 다른
기호로 매핑하는 역할을 한다.

```
_symbolTypes = d3.scale.ordinal() // <-A
    .range(["circle",
        "cross",
        "diamond",
        "square",
        "triangle-down",
        "triangle-up"]);
```

기호를 갖는 데이터 포인트를 좌표 평면에 위치시키는 것은 굉장히 직관적이다. 먼저 연속된 데이터 배열의 반복을 통해 배열 안의 각 데이터 포인트를 나타내는 svg:path 요소를 만든다.

```
_data.forEach(function (list, i) {
    _bodyG.selectAll("path._" + i)
        .data(list)
        .enter()
        .append("path")
        .attr("class", "symbol _" + i);
    ...
});
```

연속된 데이터 배열이 업데이트되거나 새로운 기호가 만들어질 때마다 C의 전환 효과를 적용해 업데이트를 하고, D의 SVG 전환 변환을 통해 정확한 좌표에 위치시킨다.

```
_bodyG.selectAll("path._" + i)
    .data(list)
        .classed(_symbolTypes(i), true)
    .transition() // <-C
        .attr("transform", function(d){
            return "translate(" // <-D
                + _x(d.x)
                + ","
                + _y(d.y)
                + ")";
```

```
    })
    .attr("d",
        d3.svg.symbol() // <-E
            .type(_symbolTypes(i))
    );
```

마지막으로 각 `svg:path` 요소의 d 속성은 `d3.svg.symbol` 생성자 함수를 통해 만들어진다(E 참조).

버블 차트 만들기

버블 차트는 주로 3차원의 데이터를 보여주기 위해 일반적으로 사용되는 차트다. 세 가지 데이터 포인트 각각의 데이터 독립체는 분산형 차트와 유사하게 x축과 y축을 사용해 표현되는 두 가지 다른 변수와 함께 직교 좌표계에서 버블 또는 디스크로 시각화된다. 버블이나 디스크의 반지름에 의해 세 번째 요소가 표현된다. 버블 차트는 특히 데이터 독립체들 간의 관계를 이해하는 데 굉장히 유용하다.

준비

다음 파일을 다운로드한 후에 로컬 머신의 웹 브라우저에서 열어보자.

https://github.com/NickQiZhu/d3-cookbook/blob/master/src/chapter8/bubble-chart.html

예제 구현

이번 예제에서는 D3를 사용해 일반적인 버블 차트를 구현하는 방법을 알아본다. 다음의 코드는 접근자나 주변 코드의 자세한 구현이 생략되고 버블 차트의 주요 코드만을 보여주는 예제다.

```
...
var _width = 600, _height = 300,
    _margins = {top: 30, left: 30, right: 30, bottom: 30},
    _x, _y, _r, // <-A
    _data = [],
    _colors = d3.scale.category10(),
    _svg,
    _bodyG;

_chart.render = function () {
    if (!_svg) {
        _svg = d3.select("body").append("svg")
            .attr("height", _height)
            .attr("width", _width);

        renderAxes(_svg);

        defineBodyClip(_svg);
    }

    renderBody(_svg);
};
...

function renderBody(svg) {
    if (!_bodyG)
        _bodyG = svg.append("g")
            .attr("class", "body")
            .attr("transform", "translate("
                + xStart()
                + ","
                + yEnd() + ")")
            .attr("clip-path", "url(#body-clip)");
    renderBubbles();
}

function renderBubbles() {
    _r.range([0, 50]); // <-B
```

```
_data.forEach(function (list, i) {
    _bodyG.selectAll("circle._" + i)
        .data(list)
        .enter()
        .append("circle") // <-C
        .attr("class", "bubble _" + i);

    _bodyG.selectAll("circle._" + i)
        .data(list)
        .style("stroke", function (d, j) {
            return _colors(j);
        })
        .style("fill", function (d, j) {
            return _colors(j);
        })
        .transition()
        .attr("cx", function (d) {
            return _x(d.x); // <-D
        })
        .attr("cy", function (d) {
            return _y(d.y); // <-E
        })
        .attr("r", function (d) {
            return _r(d.r); // <-F
        });
    });
}
...
```

이 예제는 다음과 같은 시각화를 생성한다.

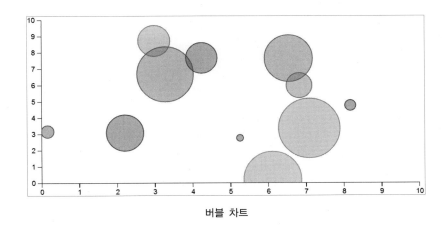

버블 차트

예제 분석

전반적으로 버블 차트 구현도 앞서 살펴본 다른 차트들의 구현과 같은 패턴 이다. 하지만 버블 차트는 2차원(x, y)이 아닌 3차원 정보(x, y, radius)를 다루기 때문에 새로운 스케일 _r이 구현 과정에서 추가됐다(A 참조).

```
var _width = 600, _height = 300,
    _margins = {top: 30, left: 30, right: 30, bottom: 30},
    _x, _y, _r, // <-A
    _data = [],
    _colors = d3.scale.category10(),
    _svg,
    _bodyG;
```

이전의 예제 구현과 관련된 대부분의 버블 차트는 renderBubbles의 조작 을 통해 다뤄진다. 먼저 반지름의 범위를 설정한다(B 참조). 물론 반지름 범위 설정을 차트 구현에서 만들 수 있지만, 간단한 구현을 위해 명시적으로 여기 서 설정하자.

```
function renderBubbles() {
    _r.range([0, 50]); // <-B
```

```
        _data.forEach(function (list, i) {
            _bodyG.selectAll("circle._" + i)
                .data(list)
                .enter()
                .append("circle") // <-C
                .attr("class", "bubble _" + i);
            _bodyG.selectAll("circle._" + i)
                .data(list)
                .style("stroke", function (d, j) {
                    return _colors(j);
                })
                .style("fill", function (d, j) {
                    return _colors(j);
                })
                .transition()
                .attr("cx", function (d) {
                    return _x(d.x); // <-D
                })
                .attr("cy", function (d) {
                    return _y(d.y); // <-E
                })
                .attr("r", function (d) {
                    return _r(d.r); // <-F
                });
        });
}
```

범위가 설정되면 연속된 데이터 배열을 반복하고 각 배열에 대해 일련의
svg:circle 요소(C 참조)를 만들었다. 마지막으로 svg:circle 요소가 채색
되고, cx 및 cy 속성(D와 E 참조)을 사용해 정확한 좌표에 배치되는 마지막
섹션에서 새로 작성된 버블과 관련 업데이트를 수행했다. 마지막으로 반지
름 속성인 r에 의해 버블의 크기를 제어할 수 있다(F 참조).

일부 버블 차트 구현은 4차원을 시각화하기 위해서 각 버블에 색을 추가하기도 하지만, 이러한 시각적 표현은 이해하기 어렵고 불필요한 경우가 많다.

막대 차트 만들기

막대 차트는 가로(행 차트) 또는 세로(열 차트)의 사각형 막대 길이로 그 값을 표현하는 시각화 수단이다. 이번 예제에서는 D3를 사용한 세로막대 파트에 대해 알아본다. 세로막대 차트는 두 개의 변수를 동시에 표현하는 것이 가능한데, 다시 말해 막대의 길이와 x축으로 y축의 표현이 동시에 가능하다. x축 값은 개별적인 값을 갖거나 히스토그램과 같이 연속된 값을 가질 수 있다. 이번 예제에서는 x축의 연속된 값을 시각화하기 위해 선택했고, 이를 히스토그램으로 효과적인 구현을 해보겠다. 하지만 개별적인 값을 가진 막대 차트 또한 같은 방법으로 구현이 가능하다.

준비

다음 파일을 다운로드한 후에 로컬 머신의 웹 브라우저에서 열어보자.

https://github.com/NickQiZhu/d3-cookbook/blob/master/src/chapter8/bar-chart.html

예제 구현

다음의 코드 예제는 접근자와 주변 시각화 구현이 생략된 히스토그램의 주요 코드만 보여준다.

```
...
var _width = 600, _height = 250,
```

```
        _margins = {top: 30, left: 30, right: 30, bottom: 30},
        _x, _y,
        _data = [],
        _colors = d3.scale.category10(),
        _svg,
        _bodyG;

        _chart.render = function () {
            if (!_svg) {
                _svg = d3.select("body").append("svg")
                    .attr("height", _height)
                    .attr("width", _width);

                renderAxes(_svg);

                defineBodyClip(_svg);
            }

            renderBody(_svg);
        };
    ...

    function renderBody(svg) {
        if (!_bodyG)
            _bodyG = svg.append("g")
                .attr("class", "body")
                .attr("transform", "translate("
                    + xStart()
                    + ","
                    + yEnd() + ")")
                .attr("clip-path", "url(#body-clip)");

        renderBars();
    }

    function renderBars() {
        var padding = 2; // <-A

        _bodyG.selectAll("rect.bar")
```

```
        .data(_data)
        .enter()
        .append("rect") // <-B
        .attr("class", "bar");

    _bodyG.selectAll("rect.bar")
        .data(_data)
        .transition()
        .attr("x", function (d) {
            return _x(d.x); // <-C
        })
        .attr("y", function (d) {
            return _y(d.y); // <-D
        })
        .attr("height", function (d) {
            return yStart() - _y(d.y); // <-E
        })
        .attr("width", function(d){
            return Math.floor(quadrantWidth() / _data.length) - padding;
        });
}
...
```

이 예제는 다음과 같은 시각화를 생성한다.

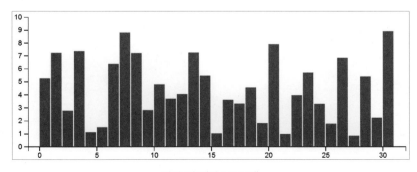

막대 차트(히스토그램)

여기에서 보여주는 주된 차이점은 막대 차트 구현이 여러 개의 연속된 데이터 배열을 지원하지 않는다는 점이다. 그러므로 여러 개의 연속된 데이터 배열을 저장하는 2차 배열을 사용하는 대신에 여기서는 _data 배열로 간단하게 1차 배열을 사용한다. 시각화 로직과 관련 있는 메인 막대 차트는 renderBars 함수를 통해 만들어진다.

```
function renderBars() {
    var padding = 2; // <-A
    ...
}
```

첫 번째 단계로 A에서 막대 간의 간격을 정의하고, 이로 인해 나중에 막대의 너비를 자동으로 계산하게 한다. 다음으로 svg:rect 요소(막대들)를 각 데이터 포인트에 맞게 생성한다(B 참조).

```
_bodyG.selectAll("rect.bar")
    .data(_data)
    .enter()
    .append("rect") // <-B
    .attr("class", "bar");
```

그런 다음 업데이트 섹션에서 x와 y 속성을 사용해 정확한 위치에 각 막대를 위치시킨다(C와 D 참조). 그리고 E에서는 각 막대들이 x축에 닿을 수 있게 길이를 조정한다.

```
_bodyG.selectAll("rect.bar")
    .data(_data)
    .transition()
    .attr("x", function (d) {
        return _x(d.x); // <-C
    })
```

```
    .attr("y", function (d) {
        return _y(d.y); // <-D
    })
    .attr("height", function (d) {
        return yStart() - _y(d.y); // <-E
    })
```

마지막으로 각 막대의 최적 너비뿐만 아니라 이전에 정의한 간격을 계산한다.

```
.attr("width", function(d){
    return Math.floor(quadrantWidth() / _data.length) - padding;
});
```

물론 더 유연한 구현에서는 간격을 2픽셀로 정하는 대신에 간격을 조정할
수 있게 만들 수 있다.

참고 사항

다음 시각화 프로젝트를 위해 자신만의 재사용 가능한 차트를 만들기 전에
다음의 D3 기반의 오픈소스로 재사용 가능한 차트 프로젝트를 참고해보자.

- NVD3: http://nvd3.org/.
- Rickshaw: http://code.shutterstock.com/rickshaw/.

9

레이아웃 다루기

9장에서 다루는 내용은 다음과 같다.

- 파이 차트 만들기
- 누적 영역 차트 만들기
- 트리맵 만들기
- 트리 만들기
- 인클로저^{Enclosure} 다이어그램 만들기

소개

9장에서는 아직까지 다루지 않은 개념인 레이아웃에 대해 집중적으로 살펴본다. 예상했겠지만 D3 레이아웃은 요소의 집합에 대한 배치 정보를 계산하고 생성하는 알고리즘이다. D3 레이아웃을 자세히 다루기 전에 미리 알아두면 좋을 몇 가지 속성은 다음과 같다.

- **레이아웃은 데이터다.** 레이아웃은 순수하게 데이터 중심적이며, 이에 기반을 둔다. 레이아웃은 어떠한 그래픽이나 디스플레이와 관련된 결과

물을 직접 생성하지 않는다. 이러한 속성은 SVG 또는 캔버스, 심지어 그래픽 출력물이 없는 곳에서도 사용과 재사용을 가능하게 해준다.

- **레이아웃은 추상화 및 재사용이 가능하다.** 레이아웃은 추상적이어서 높은 유연성과 재사용 가능성을 제공한다. 이러한 속성으로 다양한 흥미로운 방법을 사용해 레이아웃을 결합하고 재사용할 수 있다.

- **레이아웃은 다르다.** 각 레이아웃은 다르다. D3에서 제공하는 모든 레이아웃은 매우 특수한 그래픽 요구 사항과 데이터 구조에 초점을 맞추고 있다.

- **레이아웃은 상태를 유지하지 않는다.** 레이아웃은 주로 사용법을 단순화하기 위해 설계상 상태를 유지하지 않는다. 이는 일반적으로 레이아웃을 함수로 취급해 다양한 입력 데이터와 함께 여러 번 호출할 수 있고 다른 레이아웃 결과물을 생성할 수 있다.

레이아웃은 D3에서 흥미롭고 강력한 개념이다. 9장에서는 이러한 레이아웃을 활용해 완전하게 함수화된 시각화를 통해 D3에서 가장 일반적으로 사용하는 레이아웃을 살펴본다.

파이 차트 만들기

파이 차트 또는 원 그래프는 다중 섹터의 비율을 나타내기 위해 사용되는 원형 그래프다. 이번 예제에서는 D3 파이 레이아웃^{pie layout}을 포함하는 완전한 함수 파이 차트 레이아웃과 관련된 기술을 알아본다. 7장에서 D3 아크 생성자를 직접 사용하는 것은 다음과 같은 데이터 포맷의 작성이 필요한 아주 지루한 작업이다.

```
var data = [
    {startAngle: 0, endAngle: 0.6283185307179586},
    {startAngle: 0.6283185307179586, endAngle: 1.2566370614359172},
    ...
```

```
    {startAngle: 5.654866776461628, endAngle: 6.283185307179586}
];
```

이것은 본질적으로 2 * Math.PI의 전체 원에서의 각 조각에 대한 각 분할을
계산해야 한다. 이러한 과정은 알고리즘에 의해 자동화될 수 있으며, d3.
layout.pie가 바로 이런 목적을 달성하기 위해 고안됐다. 이번 예제에서는
완전한 함수화로 구성된 파이 차트를 구현하는 방법을 알아보자.

준비

다음 파일을 다운로드한 후에 로컬 머신의 웹 브라우저에서 열어보자.

https://github.com/NickQiZhu/d3-cookbook/blob/master/src/chapter9/pie-chart.html.

예제 구현

파이 차트 또는 원 그래프는 섹터(조각)로 나눠진 원형 다이어그램이다. 파이
차트는 여러 분야에서 널리 사용되고, 주로 여러 독립체 사이에서 관계를
설명하기 위해 많이 사용된다. d3.pie.layout를 먼저 사용해 파이 차트가
어떻게 구현되는지 살펴보자.

```
<script type="text/javascript">
    function pieChart() {
        var _chart = {};

        var _width = 500, _height = 500,
            _data = [],
            _colors = d3.scale.category20(),
            _svg,
            _bodyG,
            _pieG,
            _radius = 200,
```

```
        _innerRadius = 100;

        _chart.render = function () {
            if (!_svg) {
                _svg = d3.select("body").append("svg")
                    .attr("height", _height)
                    .attr("width", _width);
            }

            renderBody(_svg);
        };

    function renderBody(svg) {
        if (!_bodyG)
            _bodyG = svg.append("g")
                .attr("class", "body");

        renderPie();
    }

    function renderPie() {
        var pie = d3.layout.pie()
            .sort(function (d) {
                return d.id;
            })
            .value(function (d) {
                return d.value;
            });

        var arc = d3.svg.arc()
            .outerRadius(_radius)
            .innerRadius(_innerRadius);

        if (!_pieG)
            _pieG = _bodyG.append("g")
                .attr("class", "pie")
                .attr("transform", "translate(" + _radius + "," +
                    _radius + ")");
```

```
        renderSlices(pie, arc);

        renderLabels(pie, arc);
    }

    function renderSlices(pie, arc) {
        // 예제 분석에서 다룬다.
        ...
    }

    function renderLabels(pie, arc) {
        // 예제 분석에서 다룬다.
        ...
    }
    ...
    return _chart;
    }
    ...
</script>
```

이번 예제는 다음과 같은 파이 차트를 생성한다.

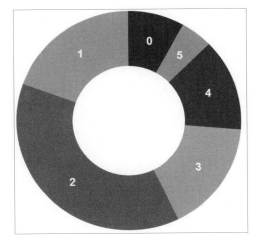

도넛 차트

이번 예제는 7장에서 배운 내용을 토대로 구성했다. 가장 큰 차이점은 d3. layout.pie를 사용해 원시 데이터를 아크 데이터로 변환한다는 점이다. 파이 레이아웃은 정렬 및 값 접근자를 모두 지정해 A에서 만들어졌다.

```
var pie = d3.layout.pie() // <-A
    .sort(function (d) {
        return d.id;
    })
    .value(function (d) {
        return d.value;
    });
```

sort 함수는 ID 필드를 기준으로 정렬된 조각을 파이 레이아웃에게 알려주기 때문에 조각들 간의 안정적인 순서를 유지할 수 있다. 정렬이 없는 파이 레이아웃은 기본적으로 파이 차트를 업데이트할 때마다 조각이 가진 값의 크기에 의해 위치가 교체된다. value 함수는 값 접근자를 제공하는 데 사용된다. 이 경우에는 value 필드를 반환한다. 조각들을 렌더링할 때 파이 레이아웃을 직접 데이터로 설정해(소개에서 언급한 "레이아웃은 데이터다."를 참고하라) 아크 svg:path 요소를 생성한다.

```
function renderSlices(pie, arc) {
    var slices = _pieG.selectAll("path.arc")
        .data(pie(_data)); // <-B

    slices.enter()
        .append("path")
        .attr("class", "arc")
        .attr("fill", function (d, i) {
            return _colors(i);
        });

    slices.transition()
```

```
        .attrTween("d", function (d) {
            var currentArc = this.__current__;//<-C

            if (!currentArc)
                currentArc = {startAngle: 0,
                    endAngle: 0};

            var interpolate = d3.interpolate(
                currentArc, d);
            this.__current__ = interpolate(1);//<-D
                return function (t) {
                    return arc(interpolate(t));
                };
        });
}
```

렌더링 로직의 나머지는 C를 제외하고 7장에서 배운 내용과 거의 동일하다. C에서 요소에 대한 현재 아크 값을 검색하므로 전환은 0도 대신 현재 각도에서부터 시작할 수 있다. D에서 현재 아크 값을 최신 값으로 재설정하므로 다음 파이 차트 데이터를 업데이트할 때 상태 유지 전환을 반복할 수 있다.

 기술: 상태 유지 시각화

DOM 요소에서 값을 주입하는 기법은 시각화 상태 유지를 위한 일반적인 방법이다. 즉, 이전 상태가 무엇인지 기억하는 시각화가 필요한 경우 DOM 요소에 저장할 수 있다.

마지막으로 각 조각에 라벨을 렌더링해 사용자가 각 조각이 나타내는 내용을 이해할 수 있게 해야 한다. 이는 renderLabels 함수에 의해 수행된다.

```
function renderLabels(pie, arc) {
    var labels = _pieG.selectAll("text.label")
        .data(pie(_data)); // <-E

    labels.enter()
```

```
        .append("text")
        .attr("class", "label");

    labels.transition()
        .attr("transform", function (d) {
            return "translate("
                + arc.centroid(d) + ")"; //<-F
        })
        .attr("dy", ".35em")
        .attr("text-anchor", "middle")
        .text(function (d) {
            return d.data.id;
        });
}
```

다시 한 번 파이 레이아웃을 데이터로 사용해 svg:text 요소를 생성한다. 라벨의 배치는 arc.centroid(F 참조)를 사용해 계산된다. 또한 라벨 배치는 전환을 통해 아크를 일제히 움직이는 애니메이션 효과를 가진다.

부연 설명

파이 차트는 여러 분야에서 굉장히 널리 사용되고 있다. 하지만 사람의 눈으로는 주어진 파이 차트 내의 여러 섹션을 비교하기 어렵고, 파이 차트가 가질 수 있는 정보의 밀도가 낮은 사실 때문에 비판의 대상이 되기도 한다. 따라서 섹션 개수를 3개 미만으로 제한하는 편이 좋다(2개가 이상적이다). 섹션 개수가 3개 이상이 될 경우에는 파이 차트를 대신에 막대 차트나 간단한 표를 이용하는 것이 더 나은 정확도와 정보 전달 효과를 가져올 것이다.

참고 사항

- 아크 생성자의 사용법은 7장을 참고하라.
- 아크 전환의 구현 또한 7장을 참고하라.

누적 영역 차트 만들기

8장의 '영역 차트 만들기' 절에서 D3를 사용해 기본 계층화된 차트를 구현하는 방법을 살펴봤다. 이번 예제에서는 영역 차트에서 배운 것을 토대로 한다. 누적 영역 차트는 각 범위의 값을 누적해 다른 데이터 계열을 개별적으로 비교할 수 있게 해줄 뿐만 아니라, 전체에서의 비례 관계 또한 비교할 수 있는 표준 영역 차트의 변형된 형태다.

준비

다음 파일을 다운로드한 후에 로컬 머신의 웹 브라우저에서 열어보자.

https://github.com/NickQiZhu/d3-cookbook/blob/master/src/chapter9/stacked-area-chart.html.

예제 구현

이번 예제는 8장에서 구현한 내용을 바탕으로 작성됐기 때문에 다음 코드 예제에서는 누적 영역 차트에 해당하는 부분만을 포함한다.

```
<script type="text/javascript">
    function stackedAreaChart() {
        var _chart = {};

        var _width = 900, _height = 450,
            _margins = {top: 30, left: 30, right: 30, bottom: 30},
            _x, _y,
            _data = [],
            _colors = d3.scale.category10(),
            _svg,
            _bodyG,
            _line;
```

```
        _chart.render = function () {
            if (!_svg) {
                _svg = d3.select("body").append("svg")
                    .attr("height", _height)
                    .attr("width", _width);

                renderAxes(_svg);

                defineBodyClip(_svg);
            }

            renderBody(_svg);
        };
...
function renderBody(svg) {
    if (!_bodyG)
        _bodyG = svg.append("g")
            .attr("class", "body")
            .attr("transform", "translate("
                + xStart() + ","
                + yEnd() + ")")
            .attr("clip-path", "url(#body-clip)");

    var stack = d3.layout.stack() //<-A
        .offset('zero');
    stack(_data); //<-B

    renderLines(_data);

    renderAreas(_data);
}

function renderLines(stackedData) {
    // 예제 분석에서 다룬다.
    ...
}

function renderAreas(stackedData) {
    // 예제 분석에서 다룬다.
```

```
        ...
    }
    ...
```

이번 예제는 다음과 같은 시각화를 생성한다.

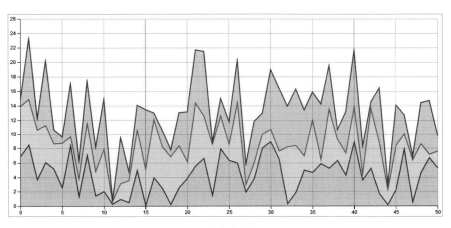

누적 영역 차트

예제 분석

이번 예제와 표준 영역 차트의 주요 차이점과 이 예제에서 중점적으로 다루는 내용은 누적^{stacking}이다. 누적 효과는 A에서 작성된 d3.layout.stack을 통해 만들어졌다.

```
var stack = d3.layout.stack() //<-A
    .offset('zero');
stack(_data); //<-B
```

누적 레이아웃에서 수행한 유일한 사용자 정의 설정은 offset을 zero로 설정한 것이다. D3 누적 레이아웃은 사용할 누적 알고리즘을 결정하는 몇 가지 다른 오프셋 모드를 제공하며, 이번 예제와 다음 예제를 통해 알아볼 것이다. 이번 경우에는 0의 기반으로 누적 알고리즘을 생성하는 zero 오프셋 누적을 사용할 것이다. 그런 다음에 B에서는 다음과 같은 레이아웃 데이터를 생성하는 주어진 데이터 배열에서 누적 레이아웃을 호출했다.

누적 데이터

그림에서 보여주는 것처럼 누적 레이아웃은 세 가지 데이터 배열에서 각 데이터에 대한 기준선인 y0를 자동으로 계산한다.

```
function renderLines(stackedData) {
    _line = d3.svg.line()
        .x(function (d) {
            return _x(d.x); //<-C
        })
        .y(function (d) {
            return _y(d.y + d.y0); //<-D
        });
    _bodyG.selectAll("path.line")
        .data(stackedData)
        .enter()
        .append("path")
        .style("stroke", function (d, i) {
            return _colors(i);
        })
        .attr("class", "line");
    _bodyG.selectAll("path.line")
        .data(stackedData)
        .transition()
```

```
            .attr("d", function (d) {
                return _line(d);
            });
}
```

D3 선형 생성자 함수는 x 값을 x(C 참조)에 직접 매핑하고 y 값을 y + y0(D 참조)에 매핑해 생성됐다. 이것이 선형 누적을 위해 필요한 모든 것이다. renderLines 함수의 나머지는 기본적으로 기본 영역 차트 구현과 동일하다. 영역 누적 로직은 약간 다르다.

```
function renderAreas(stackedData) {
    var area = d3.svg.area()
        .x(function (d) {
            return _x(d.x); //<-E
        })
        .y0(function(d){return _y(d.y0);}) //<-F
        .y1(function (d) {
            return _y(d.y + d.y0); //<-G
        });
    _bodyG.selectAll("path.area")
        .data(stackedData)
        .enter()
        .append("path")
        .style("fill", function (d, i) {
            return _colors(i);
        })
        .attr("class", "area");

    _bodyG.selectAll("path.area")
        .data(_data)
        .transition()
        .attr("d", function (d) {
            return area(d);
        });
}
```

영역 렌더링 또한 선형 렌더링 로직과 유사하게 d3.svg.area 생성자 설정만 변경하면 된다. 영역에서 x 값은 여전히 x(E 참조)로 매핑되고, y0는 y0로 직접 매핑되며, 마지막으로 y1은 y와 y0(G 참조)의 합으로 매핑된다.

지금까지 살펴본 것처럼 D3 누적 레이아웃은 다른 D3 SVG 생성자 함수와 호환되도록 설계됐다. 따라서 누적 효과를 생성하는 데 이를 사용하면 매우 간단하고 편리하다.

부연 설명

누적 영역 차트의 몇 가지 변형을 살펴보자.

확장 영역 차트

앞서 언급한 것처럼 d3.layout.stack은 다른 오프셋 모드를 지원한다. 지금까지 봤던 zero 오프셋 외에 영역 차트에서 매우 유용한 오프셋 모드는 expand다. expand 모드에서 누적 레이아웃은 다른 레이어를 [0, 1]의 범위로 채우도록 정규화한다. 이번 예제의 오프셋 모드와 y축 도메인을 [0, 1]로 변경하면 확장(정규화된) 영역 차트를 다음 그림과 같이 얻을 수 있다.

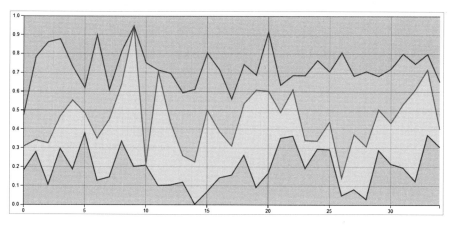

확장 영역 차트

완전한 소스코드 예제는 다음 링크를 참고하라.

https://github.com/NickQiZhu/d3-cookbook/blob/master/src/chapter9/expanded-area-chart.html

스트림 그래프

누적 영역 차트의 또 다른 흥미로운 변형은 스트림 그래프^{Streamgraph}다. 스트림 그래프는 중심 축 근처에 물결과 유기적인 형태를 만드는 누적 영역 차트다. 이 그래프는 리 바이런^{Lee Byron}에 의해 처음 개발됐으며, 2008년 영화 배급 수입에 대한 <뉴욕 타임즈> 기사에서 사용된 것을 기점으로 유명세를 탔다. D3 누적 레이아웃은 이런 종류의 누적 알고리즘을 자체적으로 제공하고 있으므로 zero 기반 누적 영역 차트를 바로 스트림 그래프로 변경할 수 있으며, 스트림 그래프의 레이아웃 오프셋 모드를 wiggle로 한다는 점이 가장 큰 차이점이다.

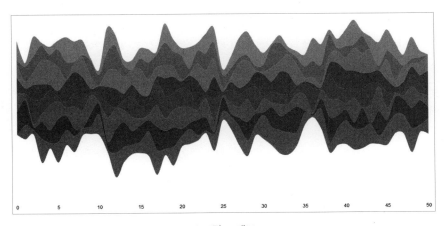

스트림 그래프

완전한 소스코드 예제는 다음 링크를 참고하라.

https://github.com/NickQiZhu/d3-cookbook/blob/master/src/chapter9/streamgraph.html

- `d3.layout.stack`은 속성의 사용자 정의를 위한 다양한 추가적인 함수를 제공한다. 더 많은 정보는 다음 링크를 참고하라.
  https://github.com/mbostock/d3/wiki/Stack-Layout
- 8장의 영역 차트 만들기를 참고하라.

트리맵 만들기

트리맵treemap은 1991년에 벤 슈나이더만Ben Shneiderman에 의해 소개됐다. 트리맵은 계층적으로 구조화된 데이터를 재귀적으로 세분화된 사각형 집합으로 표시한다. 다시 말해 트리의 각 분기를 큰 사각형으로 표시한 다음 작은 분기를 나타내는 작은 사각형을 바둑판식으로 배열한다. 이러한 작업은 트리의 잎에 도달할 때까지 반복된다.

> 트리맵에 대한 더 자세한 정보는 벤 슈나이더만의 논문을 참고하라.
> http://www.cs.umd.edu/hcil/treemap-history/

코드 예제를 살펴보기 전에 먼저 **계층적 데이터**hierarchical data의 의미에 대한 정의를 내려 보자. 지금까지는 보통 1차원이나 2차원 배열에 저장된 평면 데이터 구조를 표현할 수 있는 시각화의 다양한 형태를 배웠다. 9장의 나머지에서는 데이터 시각화에서 데이터 구조의 다른 일반적인 형태(계층적 구조)에 집중한다. 평면 데이터 구조의 경우처럼 배열을 사용하는 대신에 계층적 데이터는 일반적으로 루트 트리 구조로 구성된다. 다음 JSON 파일은 데이터 시각화 프로젝트에서 기대할 수 있는 일반적인 계층적 데이터를 보여준다.

```
{
    "name": "flare",
    "children": [
    {
        "name": "analytics",
        "children": [
        {
            "name": "cluster",
            "children": [
                {"name": "AgglomerativeCluster", "size": 3938},
                {"name": "CommunityStructure", "size": 3812},
                {"name": "MergeEdge", "size": 743}
            ]
        },
        {
            "name": "graph",
            "children": [
                {"name": "BetweennessCentrality", "size": 3534},
                {"name": "LinkDistance", "size": 5731}
            ]
        },
        {
            "name": "optimization",
            "children": [
                {"name": "AspectRatioBanker", "size": 7074}
            ]
        }
        ]
    }
    ]
}
```

이것은 데모를 목적으로 D3 커뮤니티에서 사용되는 인기 있는 계층적 데이터 집합의 축소판이다. 이 데이터는 UC버클리 시각화 랩에서 만든 유명한 플래시 기반 데이터 시각화 라이브러리인 Flare에서 추출했으며, 라이브러리

내의 여러 패키지 사이 크기와 계층 관계를 보여준다.

 Flare 프로젝트에 관한 자세한 정보는 다음의 링크를 참고하라.
http://flare.prefuse.org/

쉽게 볼 수 있듯이 이 특정 JSON은 하나의 부모와 children 배열로 저장된 여러 자식 노드를 가진 전형적인 단일 링크 루트 트리로 구성된다. D3 계층 레이아웃을 사용해 계층적 데이터를 구성하는 것이 가장 자연스러운 방법일 것이다. 9장의 나머지 부분에서도 D3가 제공하는 다양한 계층적 데이터 시각화를 살펴보기 위해 이 특정 데이터셋을 사용한다.

준비

다음 파일을 다운로드한 후에 로컬 머신의 웹 브라우저에서 열어보자.

https://github.com/NickQiZhu/d3-cookbook/blob/master/src/chapter9/treemap.html

예제 구현

이런 종류의 계층적 데이터를 시각화로 표현하기 위해서 D3 트리맵 레이아웃을 사용하는 방법을 살펴보자.

```
function treemapChart() {
    var _chart = {};

    var _width = 1600, _height = 800,
        _colors = d3.scale.category20c(),
        _svg,
        _nodes,
```

```
        _x = d3.scale.linear().range([0, _width]),
        _y = d3.scale.linear().range([0, _height]),
        _valueAccessor = function (d) {
            return 1;
        },
    _bodyG;

    _chart.render = function () {
        if (!_svg) {
            _svg = d3.select("body").append("svg")
                .attr("height", _height)
                .attr("width", _width);
        }

        renderBody(_svg);
    };

    function renderBody(svg) {
        // 예제 분석에서 다룬다
        ...

        renderCells(cells);
    }

    function renderCells(cells){
        // 예제 분석에서 다룬다
        ...
    }

    // 접근자는 생략됐다.
    ...

    return _chart;
}

d3.json("flare.json", function (nodes) {
    var chart = treemapChart();
    chart.nodes(nodes).render();
});
```

이번 예제는 다음과 같은 트리맵 시각화를 생성한다.

트리맵

예제 분석

몇 줄 안 되는 코드로 이렇게 복잡한 데이터 시각화를 생성한다는 사실이
조금 놀라울 수도 있다. 대부분의 복잡한 부분들은 d3.layout.treemap에
의해 만들어진다.

```
function renderBody(svg) {
    if (!_bodyG) {
        _bodyG = svg.append("g")
            .attr("class", "body");

        _treemap = d3.layout.treemap() //<-A
            .round(false)
            .size([_width, _height])
            .sticky(true);
    }

    _treemap.value(_valueAccessor); //<-B
```

```
var nodes = _treemap.nodes(_nodes) //<-C
    .filter(function (d) {
        return !d.children; //<-D
    });

var cells = svg.selectAll("g") //<-E
    .data(nodes);

renderCells(cells);
}
```

A에서 정의된 트리맵 레이아웃은 다음과 같은 몇 가지 기본적인 사용자 정의 설정을 포함한다.

- **round(false)** round 값을 true로 설정할 경우 트리맵 레이아웃은 정확하게 픽셀의 경계에서 반올림을 수행할 것이며, 이러한 점은 SVG에서 안티에일리어싱을 피하는 데 도움을 줄 것이다.

- **size([_width, _height])** 레이아웃 경계를 SVG의 크기로 설정한다.

- **sticky(true)** sticky 모드에서 트리맵 레이아웃을 전환을 하는 동안 노드(이번 경우에는 사각형)의 상대적 배열을 보전하려고 할 것이다.

- **value(_valueAccessor)** 이번 예제가 제공하는 한 가지 특징은 트리맵 값 접근자를 변경할 수 있다는 점이다. 값 접근자는 트리맵에서 각 노드의 값 필드에 접근하기 위해 사용된다. 이번 경우에 다음 함수 중 하나가 될 수 있다.

```
function(d){ return d.size; } // 패키지 크기 시각화
function(d){ return 1; } // 패키지 카운트 시각화
```

- Flare JSON 데이터 피드에 트리맵 레이아웃을 적용하려면 트리맵 레이아웃의 노드를 JSON 트리의 루트 노드(C 참조)로 설정하기만 하면 된다. 트리맵 구현에서 패키지 그룹을 강조하기 위해서 색상을 사용하는 동안 잎leaf 노드만 시각화하기를 원하기 때문에 트리맵 노드를 필터링해서 부모 노드(자식이 있는 노드)를 추가로 제거한다. 트리맵 레이아웃으로 생

성된 레이아웃 데이터에는 다음과 같은 구조가 포함된다.

```
▼5: Object
    area: 5818.181818181818
    depth: 3
    dx: 74.54545454545458
    dy: 78.04878048780485
    name: "LinkDistance"
  ▶ parent: Object
    size: 5731
    value: 1
    w: 91
    x: 316.3636363636364
    y: 117.07317073170732
    z: false
  ▶ __proto__: Object
```

트리맵 노드 객체

그림에서 보여주듯이 트리맵 레이아웃에는 알고리즘을 사용해 각 노드에 대한 몇 가지 속성이 계산됐다. 이러한 속성의 대부분은 시각화 과정에서 매우 유용하며, 이번 예제에서는 다음의 속성을 주의 깊게 살펴본다.

- **x** 셀의 x 좌표

- **y** 셀의 y 좌표

- **dX** 셀의 너비

- **dY** 셀의 높이

E에서 svg:g 요소의 집합은 주어진 노드에 대해 생성됐다. 다음으로 renderCelles 함수는 사각형과 그 라벨의 생성을 담당한다.

```
function renderCells(cells){
    var cellEnter = cells.enter().append("g")
        .attr("class", "cell");

    cellEnter.append("rect")
    cellEnter.append("text");

    cells.transition().attr("transform", function (d) {
        return "translate("+d.x+","+d.y+")"; //<-F
    })
}
```

```
        .select("rect")
            .attr("width", function (d) {return d.dx - 1;})
            .attr("height", function (d) {return d.dy - 1;})
            .style("fill", function (d) {
                return _colors(d.parent.name); //<-G
            });

    cells.select("text") //<-H
            .attr("x", function (d) {return d.dx / 2;})
            .attr("y", function (d) {return d.dy / 2;})
            .attr("dy", ".35em")
            .attr("text-anchor", "middle")
            .text(function (d) {return d.name;})
            .style("opacity", function (d) {
                d.w = this.getComputedTextLength();
                return d.dx > d.w ? 1 : 0; //<-I
            );

    cells.exit().remove();
}
```

각 사각형은 F의 레이아웃에 의해 결정된 위치 (x, y)에 배치되고 그 너비와 높이는 dx와 dy로 설정된다. G에서 부모의 이름을 사용해 모든 셀에 색상을 입히기 때문으로 같은 부모에 속한 모든 자식이 동일한 방식으로 색상이 지정된다. H부터 사각형에 대한 라벨 (svg:text) 요소를 만들고 그 텍스트를 노드 이름으로 설정했다. 추가적으로 한 가지 더 이야기하자면 라벨의 크기보다 작은 셀은 라벨을 출력하지 않기 위해서 라벨의 투명도가 0으로 설정된다는 점이다.

각 사각형은 F의 레이아웃에 의해 결정된 (x, y)에 위치하고 dx와 dy에 의해 너비와 높이가 결정된다. G에서 같은 부모에 속해 있는 모든 자식의 색을 통일하기 위해 부모의 이름을 사용해 각 셀에 색을 입혔다. H에서 각 사각형에 해당하는 (svg:text) 요소 라벨을 만들었고 노드 이름으로 그 라벨을 설정했다. 여기서 한 가지 더 언급하자면 라벨 크기보다 작은 셀에 라벨의 출력을 하지 않게 하기 위해서는 라벨의 투명도를 0으로 설정하면 된다(ⅰ 참조).

기술: 오토 하이딩 라벨

ⅰ에서 보여준 것은 오토 하이딩 라벨을 구현하기 위한 시각화를 하는 유용한 기술이다. 이 기술은 일반적으로 다음의 같은 형태로 이해할 수 있다.

```
.style("opacity", function (d) {
    d.w = this.getComputedTextLength();
    return d.dx > d.w ? 1 : 0;
}
```

참고 사항

- 이번 예제는 마이크 보스탁의 트리맵 예제를 참고했다.
  http://mbostock.github.io/d3/talk/20111018/treemap.html

트리 만들기

계층 데이터 구조로 작업할 때 트리(트리 그래프)는 일반적으로 서로 다른 데이터 요소 간의 구조적 종속성을 나타내기 위해 일반적으로 활용되는 가장 자연스럽고 일반적인 시각화의 방법 중 하나다. 트리는 임의의 두 노드(정점)가 하나의 경로로 연결된 방향성이 없는 그래프다. 이번 예제에서는 트리 레이아웃을 사용해 트리 시각화를 구현하는 방법을 알아본다.

준비

다음 파일을 다운로드한 후에 로컬 머신의 웹 브라우저에서 열어보자.

https://github.com/NickQiZhu/d3-cookbook/blob/master/src/chapter9/tree.html

d3.layout.tree를 살펴보자.

```
function tree() {
    var _chart = {};

    var _width = 1600, _height = 800,
        _margins = {top:30, left:120, right:30, bottom:30},
        _svg,
        _nodes,
        _i = 0,
        _tree,
        _diagonal,
        _bodyG;

    _chart.render = function () {
        if (!_svg) {
            _svg = d3.select("body").append("svg")
                .attr("height", _height)
                .attr("width", _width);
        }

        renderBody(_svg);
    };

    function renderBody(svg) {
        if (!_bodyG) {
            _bodyG = svg.append("g")
                .attr("class", "body")
                .attr("transform", function (d) {
                    return "translate(" + _margins.left
                        + "," + _margins.top + ")";
```

```
            });
        }

        _tree = d3.layout.tree()
            .size([
                (_height - _margins.top - _margins.bottom),
                (_width - _margins.left - _margins.right)
            ]);

        _diagonal = d3.svg.diagonal()
            .projection(function (d) {
                return [d.y, d.x];
            });

        _nodes.x0 = (_height- _margins.top- _margins.bottom) / 2;
        _nodes.y0 = 0;

        render(_nodes);
    }

    function render(source) {
        var nodes = _tree.nodes(_nodes);

        renderNodes(nodes, source);

        renderLinks(nodes, source);
    }

    function renderNodes(nodes, source) {
        // 예제 분석에서 다룬다.
        ...
    }

    function renderLinks(nodes, source) {
        // 예제 분석에서 다룬다.
        ...
    }

    // 접근자는 생략했다.
```

```
    ...

    return _chart;
}
```

이번 예제는 다음과 같은 트리 시각화를 생성한다.

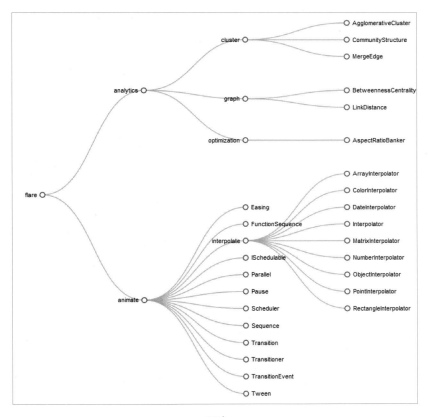

트리

예제 분석

앞서 언급했듯이 이번 예제는 D3 트리 레이아웃에 기반을 둔다. d3.layout.
tree는 계층 데이터 구조를 트리 그래프를 생성하는 데 적합한 시각화 레이아웃 데이터로 변환하도록 특별히 설계됐다. 트리 레이아웃 인스턴스는 다음과 같이 정의된다.

```
_tree = d3.layout.tree()
    .size([
        (_height - _margins.top - _margins.bottom),
        (_width - _margins.left - _margins.right)
    ]);
```

여기서 제공하는 유일한 설정은 SVG 이미지의 크기에서 여백을 뺀 시각화의 크기다. d3.layout.tree는 나머지 모든 과정을 처리하고 이에 따라 모든 노드의 위치를 계산한다. 트리 레이아웃을 사용하려면 nodes 함수만 호출하면 된다.

```
var nodes = _tree.nodes(_nodes);
```

nodes 레이아웃 데이터의 내부는 다음과 같다.

트리 레이아웃 데이터

이번 예제에서는 d3.svg.diagonal이라는 새로운 D3 SVG 모양 생성자가 필요하다. 대각선 생성자는 두 점을 연결하는 svg:path를 작성하게 고안됐다. 이번 예제에서는 트리의 각 노드를 연결하는 경로를 생성하기 위해 트리 레이아웃 `links` 함수와 대각선 생성자를 사용한다.

```
_diagonal = d3.svg.diagonal()
    .projection(function (d) {
        return [d.y, d.x];
    });
```

이번 경우에는 직교 좌표를 사용해 투영할 대각선 생성자를 설정하고 위치에 대해서는 트리 레이아웃으로 계산된 x와 y 좌표를 사용한다. 실제 렌더링은 다음 함수를 통해 수행됐다. 먼저 `renderNodes` 함수를 살펴보자.

```
function renderNodes(nodes, source) {
    nodes.forEach(function (d) {
        d.y = d.depth * 180;
    });
```

여기서 모든 노드를 순환해 인위적으로 180픽셀 간격을 할당한다. x 대신에 y 좌표를 왜 사용했는지 의문을 가질 것이다. 그 이유는 이번 예제에서 수직 렌더링 대신에 수평 렌더링을 하기 때문이다. 따라서 여기서는 x와 y 좌표를 반대로 사용해야 한다.

```
var node = _bodyG.selectAll("g.node")
    .data(nodes, function (d) {
        return d.id || (d.id = ++_i);
    });
```

이제는 트리 레이아웃에 의해 생성된 노드를 데이터로 묶어서 트리 노드 요소를 생성한다. 이 시점에서 객체 불변성을 얻기 위해 인덱스를 사용해 각 노드에 ID를 할당한다.

```
var nodeEnter = node.enter().append("svg:g")
    .attr("class", "node")
    .attr("transform", function (d) {
```

```
        return "translate(" + source.y0
            + "," + source.x0 + ")";
    });
```

이 시점에서 노드를 생성하고 renderBody 함수에서 설정한 것과 같은 원점으로 노드를 이동한다.

```
nodeEnter.append("svg:circle")
    .attr("r", 1e-6);

var nodeUpdate = node.transition()
    .attr("transform", function (d) {
        return "translate(" + d.y + "," + d.x + ")";
    });

nodeUpdate.select("circle")
    .attr("r", 4.5);
```

이제 노드를 적절한 위치로 이동하기 위해 업데이트 섹션에서 전환을 시작한다.

```
var nodeExit = node.exit().transition()
    .attr("transform", function (d) {
        return "translate(" + source.y
            + "," + source.x + ")";
    })
    .remove();

    nodeExit.select("circle")
        .attr("r", 1e-6);

    renderLabels(nodeEnter, nodeUpdate, nodeExit);
}
```

마지막으로 종료 케이스를 다루고 접는 효과의 간단한 애니메이션 후에 노드를 제거한다. renderLabels 함수는 매우 간단하기 때문에 여기서는 자세히 다루지 않을 것이다. 자세한 내용은 전체 소스코드를 참고하라.

이제 좀 더 흥미로운 renderLinks 함수에 대해 한번 살펴보자.

```
function renderLinks(nodes, source) {
    var link = _bodyG.selectAll("path.link")
        .data(_tree.links(nodes), function (d) {
            return d.target.id;
        });
```

먼저 d3.layout.tree의 links 함수를 사용해 데이터 묶음을 생성한다.
links 함수는 적절한 트리 노드를 가리키고 {source, target} 필드를 포
함하는 링크 객체의 배열을 반환한다.

```
link.enter().insert("svg:path", "g")
    .attr("class", "link")
    .attr("d", function (d) {
        var o = {x: source.x0, y: source.y0};
        return _diagonal({source: o, target: o});
    });
```

enter 섹션에서 소스 노드와 타겟 노드 사이의 링크를 시각화로 표현하기
위해 svg:path 요소가 만들어졌다. 경로 요소의 d 속성을 생성하기 위해
앞에서 정의한 d3.svg.diagonal 생성자를 사용한다. 생성 과정에서 소스
와 대상을 같은 원점으로 설정해 임시로 길이가 0인 경로에 링크를 설정한
다. 따라서 나중에 링크를 적절한 길이로 전환하면 확장 효과가 발생한다.

```
link.transition()
    .attr("d", _diagonal);
```

트리 레이아웃에 의해 생성된 링크 데이터를 사용해 링크를 적절한 길이와
위치로 전환한다.

```
link.exit().transition()
    .attr("d", function (d) {
        var o = {x: source.x, y: source.y};
```

```
        return _diagonal({source: o, target: o});
    })
    .remove();
```

노드를 다시 제거할 때 접는 효과를 시뮬레이션하기 위해 길이가 0인 부모 위치에 대한 링크를 설정하는 것과 동일한 방법을 사용했다.

참고 사항

- d3.layout.tree는 사용자 정의를 허용하는 다양한 함수를 제공한다. 더 자세한 사항은 다음의 API 문서를 참고하라.

  https://github.com/mbostock/d3/wiki/Tree-Layout.

- d3.svg.diagonal 생성자는 직교 좌표와 방사 좌표, 추가적인 좌표를 사용할 수 있다. 더 자세한 정보는 다음의 API 문서를 참고하라.

  https://github.com/mbostock/d3/wiki/SVGShapes#wiki-diagonal.

- 객체 불변성에 대해서는 6장의 '다중 요소 애니메이션' 절을 참고하라.

- 이번 예제는 다음 링크에 있는 마이크 보스탁의 트리 레이아웃 예제를 참고했다.

  http://mbostock.github.io/d3/talk/20111018/tree.html.

인클로저 다이어그램 만들기

인클로저Enclosure 다이어그램은 재귀 원형 패킹 알고리즘recursive circle packing algorithm 을 사용하는 계층 데이터 구조를 흥미롭게 시각화한 것이며, 계층을 나타내기 위해 포함(중첩)을 사용한다. 원은 데이터 트리의 각 잎leaf 노드에 대해 작성되며, 크기는 각 데이터 요소의 특정 양적 차원에 비례한다. 이번 예제에서는 D3 팩 pack 레이아웃을 사용해 이러한 종류의 시각화를 구현하는 방법을 배운다.

다음 파일을 다운로드한 후에 로컬 머신의 웹 브라우저에서 열어보자.

https://github.com/NickQiZhu/d3-cookbook/blob/master/src/chapter9/pack.
html

예제 구현

이번 예제에서는 d3.layout.pack을 사용해 인클로저 다이어그램을 구현
할 수 있다.

```
function pack() {
    var _chart = {};

    var _width = 1280, _height = 800,
        _svg,
        _r = 720,
        _x = d3.scale.linear().range([0, _r]),
        _y = d3.scale.linear().range([0, _r]),
        _nodes,
        _bodyG;

    _chart.render = function () {
        if (!_svg) {
            _svg = d3.select("body").append("svg")
                .attr("height", _height)
                .attr("width", _width);
        }

        renderBody(_svg);
    };

    function renderBody(svg) {
        if (!_bodyG) {
            _bodyG = svg.append("g")
```

```
                .attr("class", "body")
                .attr("transform", function (d) {
                    return "translate("
                        + (_width - _r) / 2 + ","
                        + (_height - _r) / 2
                        + ")";
                });
        }

        var pack = d3.layout.pack()
            .size([_r, _r])
            .value(function (d) {
                return d.size;
            });

        var nodes = pack.nodes(_nodes);

        renderCircles(nodes);

        renderLabels(nodes);
    }

    function renderCircles(nodes) {
        // 예제 분석에서 다룬다.
        ...
    }

    function renderLabels(nodes) {
        // 생략했다.
        ...
    }

    // 접근자는 생략했다.
    ...

    return _chart;
}
```

이번 예제는 다음과 같은 시각화를 생성한다.

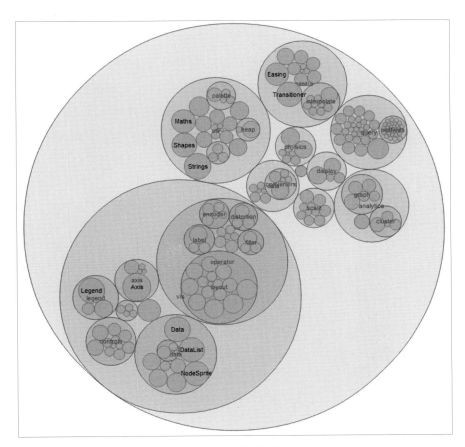

인클로저 다이어그램

예제 분석

이번 예제에서는 레이아웃의 설정을 가장 먼저 해야 하는데, d3.layout.
pack 레이아웃을 사용한다.

```
var pack = d3.layout.pack()
    .size([_r, _r])
    .value(function (d) {
        return d.size;
    });
```

```
var nodes = pack.nodes(_nodes);
```

외부 원의 반지름을 사용해 레이아웃 크기를 설정하고 Flare 패키지 크기를
사용하도록 값을 설정한다. 그렇게 하면 각 원의 크기가 결정된다. 따라서
각 원의 크기를 데이터에서 제공하는 패키지 크기에 비례하게 효과적으로
만들 수 있다. 레이아웃이 생성되면 nodes 함수를 통해 데이터 요소를 생성
해 다음과 같은 구조를 얻을 수 있다.

```
▼0: Object
  ▶ children: Array[2]
    depth: 0
    name: "flare"
    r: 360
    value: 124856
    x: 360
    y: 360
  ▶ __proto__: Object
▼1: Object
  ▶ children: Array[3]
    depth: 1
    name: "analytics"
  ▶ parent: Object
    r: 124.81356646107281
    value: 24832
    x: 124.81356646107284
    y: 360
  ▶ __proto__: Object
```

팩 레이아웃 데이터

원 렌더링은 renderCircle 함수에 의해 수행된다.

```
function renderCircles(nodes) {
    var circles = _bodyG.selectAll("circle")
        .data(nodes);

    circles.enter().append("svg:circle");
```

그런 다음 레이아웃 데이터를 간단하게 묶고 각 노드에 대해 svg:circle
요소를 생성한다.

```
circles.transition()
    .attr("class", function (d) {
        return d.children ? "parent" : "child";
```

```
    })
    .attr("cx", function (d) {return d.x; })
    .attr("cy", function (d) {return d.y; })
    .attr("r", function (d) {return d.r; });
```

업데이트의 경우 cx와 cy, radius를 각 원에 대해 팩 레이아웃이 계산한 값으로 설정한다.

```
circles.exit().transition()
    .attr("r", 0)
    .remove();
}
```

마지막으로 원을 제거를 할 때는 제거하기 전에 원의 크기를 점차적으로 0으로 줄여서 스무딩 전환 효과를 줄 수 있다. 이번 예제의 라벨 렌더링은 9장에서 소개한 오토 하이딩 기술을 사용해 직관적인 구현이 가능하므로 여기서 자세한 방법은 생략한다.

참고 사항

- d3.layout.pack은 사용자 정의가 가능한 다양한 함수를 제공한다. 더 자세한 내용은 다음의 API 문서를 참고하라.

  https://github.com/mbostock/d3/wiki/Pack-Layout

- 오토 라벨 하이딩 기술은 '트리맵 만들기' 절을 참고하라.

- 이 예제는 다음 링크에 있는 마이크 보스탁의 팩 레이아웃을 참고했다.

  http://mbostock.github.io/d3/talk/20111018/pack.html

10

시각화 상호작용

10장에서 다루는 내용은 다음과 같다.

- 마우스 상호작용
- 멀티터치 디바이스 상호작용
- 확대/축소와 이동 구현
- 드래그 구현

소개

시각화 디자인의 궁극적인 목표는 애플리케이션을 최적화해 인지 작업을 좀
더 효율적으로 수행할 수 있게 도와주는 것이다.

웨어 C.(Ware C., 2012)

데이터 시각화의 목표는 은유와 멘탈 모델 조정, 인지 확대를 통해 청중으로
하여금 다량의 원시 데이터에서 빠르고 효율적으로 정보를 얻을 수 있게 돕
는 것이다. 지금까지 이 책에서 다양한 유형의 시각화를 구현하는 D3 라이
브러리를 활용하는 다양한 기술을 소개했다. 하지만 시각화의 중요한 측면

인 인간 상호작용에 대해서는 아직 다루지 않았다. 다양한 연구들은 정보 시각화에서 인간 상호작용의 고유한 가치에 대해 결론을 지었다.

> 전산 조향(Computational steering)과 결합된 시각화는 더욱 복잡한 시나리오에 대한 빠른 분석을 가능케 해준다. 이번 사례 연구는 복잡한 모델의 상호작용과 상호작용 가능한 시각화 연구를 넘어 모델링 적용의 확장 가능성을 충분히 증명했다.
>
> 바라스 I. & 렝 J(Barrass I. & Leng J, 2011)

10장에서는 D3 인간 시각화 상호작용 지원에 초점을 맞추거나 앞서 언급한 것처럼 시각화에 전산 처리 기능을 추가하는 방법을 알아본다.

마우스 상호작용

마우스는 대부분의 데스크톱과 노트북에서 가장 일반적으로 사용되는 인간-컴퓨터 상호작용 제어 장치다. 심지어 오늘날에 멀티터치 장치가 부상함에도 터치 이벤트는 일반적으로 마우스의 이벤트를 여전히 모방한다. 따라서 터치 또한 마우스의 사용법과 동일하게 상호작용할 수 있도록 애플리케이션을 설계해야 한다. 이번 예제에서는 D3에서 마우스 이벤트를 처리하는 방법을 살펴본다.

준비

다음 파일을 다운로드한 후에 로컬 머신의 웹 브라우저에서 열어보자.

https://github.com/NickQiZhu/d3-cookbook/blob/master/src/chapter10/mouse.html

다음 코드 예제에서는 D3에서 마우스 이벤트를 등록하고 다루는 방법을 살펴본다. 이 특정 예제는 click과 mousemove만 다루지만, 여기에서 사용되는 기술은 최신 브라우저에서 지원되는 다른 모든 일반적인 마우스 이벤트에 쉽게 적용할 수 있다.

```javascript
<script type="text/javascript">
    var r = 400;

    var svg = d3.select("body")
        .append("svg");

    var positionLabel = svg.append("text")
        .attr("x", 10)
        .attr("y", 30);

    svg.on("mousemove", function () { //<-A
        printPosition();
    });

    function printPosition() { //<-B
        var position = d3.mouse(svg.node()); //<-C
        positionLabel.text(position);
    }

    svg.on("click", function () { //<-D
        for (var i = 1; i < 5; ++i) {
            var position = d3.mouse(svg.node());

            var circle = svg.append("circle")
                .attr("cx", position[0])
                .attr("cy", position[1])
                .attr("r", 0)
                .style("stroke-width", 5 / (i))
                .transition()
                    .delay(Math.pow(i, 2.5) * 50)
```

```
                .duration(2000)
                .ease('quad-in')
            .attr("r", r)
            .style("stroke-opacity", 0)
            .each("end", function () {
                d3.select(this).remove();
            });
        }
    });
</script>
```

이번 예제는 다음과 같은 상호작용 시각화를 생성한다.

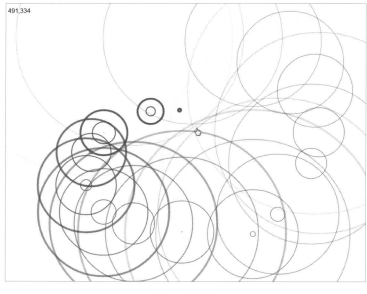

마우스 상호작용

예제 분석

D3에서 이벤트 리스너를 등록하려면 특정 선택에서 on 함수의 호출이 필요
하다. 주어진 이벤트 리스너는 지정된 이벤트(A 참조)에 대해 선택된 모든 요

소에 첨부된다. 이번 예제의 다음 코드는 현재 마우스 위치(B 참조)를 표시하는 mousemove 이벤트 리스너를 첨부한다.

```
svg.on("mousemove", function () { //<-A
    printPosition();
});

function printPosition() { //<-B
    var position = d3.mouse(svg.node()); //<-C
    positionLabel.text(position);
}
```

C에서 d3.mouse 함수를 사용해 주어진 컨테이너 요소를 기준으로 현재 마우스 위치를 알아낼 수 있었다. 이 함수는 2차원 요소 배열 [x, y]를 반환한다. 그런 다음에 동일한 on 함수를 사용해 D에서 마우스 click 이벤트를 마우스 이벤트 리스너를 등록했다.

```
svg.on("click", function () { //<-D
    for (var i = 1; i < 5; ++i) {
        var position = d3.mouse(svg.node());

        var circle = svg.append("circle")
            .attr("cx", position[0])
            .attr("cy", position[1])
            .attr("r", 0)
            .style("stroke-width", 5 / (i)) // <-E
            .transition()
                .delay(Math.pow(i, 2.5) * 50) // <-F
                .duration(2000)
                .ease('quad-in')
            .attr("r", r)
            .style("stroke-opacity", 0)
            .each("end", function () {
                d3.select(this).remove(); // <-G
            });
```

```
        }
});
```

다시 한 번 d3.mouse 함수를 사용해 현재 마우스 위치를 찾은 다음 5개의 확장 동심원을 생성해 잔물결 효과를 생성했다. 잔물결 효과는 기하학적으로 증가하는 딜레이(F 참조)와 감소하는 선의 폭(E 참조)을 사용해 생성했다. 마지막으로 전환 효과가 끝나면 전환 종료 리스너를 사용해 원을 제거한다 (G 참조). 이러한 유형의 전환 제어에 익숙하지 않은 경우 자세한 내용은 6장을 참조하라.

부연 설명

이번 예제에서는 click과 mouseover 이벤트만 살펴봤지만, on 함수를 통해 브라우저가 지원하는 모든 이벤트를 사용할 수 있다. 다음은 대화형 시각화를 작성할 때 유용한 마우스 이벤트 리스트다.

- **click** 마우스 버튼을 클릭할 때 동작한다.
- **dbclick** 마우스를 두 번 클릭할 때 동작한다.
- **mousedown** 마우스 버튼을 눌렀을 때 동작한다.
- **mouseenter** 마우스가 요소나 이 요소의 자식 요소 경계로 들어올 때 작동한다.
- **mouseleave** 마우스가 요소나 이 요소의 자식 요소 경계 밖으로 나갈 때 동작한다.
- **mousemove** 마우스가 요소 위로 움직일 때 동작한다.
- **mouseout** 마우스가 요소의 경계 밖으로 움직일 때 동작한다.
- **mouseover** 마우스가 요소의 경계 위로 움직일 때 동작한다.
- **mouseup** 요소 위에서 마우스 버튼을 놓았을 때 동작한다.

- 이번 예제에서 사용된 잔물결 효과는 6장를 참고하라.

- 이벤트 타입의 모든 리스트는 다음 링크에서 "W3C DOM Level 3 Event specification"을 참고하라.

  http:// www.w3.org/TR/DOM-Level-3-Events/

- 마우스 검출에 대한 더 자세한 내용은 d3.mouse API를 참고하라.

  https://github. com/mbostock/d3/wiki/Selections#wiki-d3_mouse

멀티터치 디바이스 상호작용

오늘날 멀티터치 디바이스가 확산됨에 따라 대량 소비를 목표로 하는 모든 시각화는 전통적인 포인팅 장치뿐만 아니라 멀티터치 및 제스처를 통한 상호작용의 가능성을 고려해야 한다. 이번 예제에서는 D3에서 제공하는 멀티터치 지원을 통해 멀티터치가 가능한 장치와의 흥미로운 상호작용을 생성하는 방법을 알아본다.

준비

다음 파일을 다운로드한 후에 로컬 머신의 웹 브라우저에서 열어보자.

https://github.com/NickQiZhu/d3-cookbook/blob/master/src/chapter10/touch. html

예제 구현

이번 예제에서는 사용자가 터치한 주변에 진행되는 원을 생성한다. 진행이 완료된 후에는 원 주위로 잔물결 효과가 생성된다. 하지만 사용자의 터치가 완전히 종료되면 잔물결이 발생하지 않고 진행되는 원 또한 멈춘다.

```javascript
<script type="text/javascript">
    var initR = 100,
        r = 400,
        thickness = 20;

    var svg = d3.select("body")
            .append("svg");

    d3.select("body")
            .on("touchstart", touch)
            .on("touchend", touch);

    function touch() {
        d3.event.preventDefault();

        var arc = d3.svg.arc()
            .outerRadius(initR)
            .innerRadius(initR - thickness);

        var g = svg.selectAll("g.touch")
            .data(d3.touches(svg.node()), function (d) {
                return d.identifier;
            });

        g.enter()
            .append("g")
            .attr("class", "touch")
            .attr("transform", function (d) {
                return "translate(" + d[0] + "," + d[1] + ")";
            })
            .append("path")
                .attr("class", "arc")
            .transition().duration(2000)
            .attrTween("d", function (d) {
                var interpolate = d3.interpolate(
                    {startAngle: 0, endAngle: 0},
```

```
                {startAngle: 0, endAngle: 2 * Math.PI}
            );
            return function (t) {
                return arc(interpolate(t));
            };
        })
        .each("end", function (d) {
            if (complete(g))
                ripples(d);
            g.remove();
        });

    g.exit().remove().each(function () {
        this.__stopped__ = true;
    });
}

function complete(g) {
    return g.node().__stopped__ != true;
}

function ripples(position) {
    for (var i = 1; i < 5; ++i) {
        var circle = svg.append("circle")
            .attr("cx", position[0])
            .attr("cy", position[1])
            .attr("r", initR - (thickness / 2))
            .style("stroke-width", thickness / (i))
            .transition().delay(Math.pow(i, 2.5) * 50).
                duration(2000).ease('quad-in')
            .attr("r", r)
            .style("stroke-opacity", 0)
            .each("end", function () {
                d3.select(this).remove();
            });
    }
```

```
    }
</script>
```

이번 예제는 터치가 가능 디바이스에서 다음과 같은 상호작용 시각화를 생성한다.

터치 상호작용

예제 분석

터치 이벤트의 이벤트 리스너는 이전 예제에서 마우스 이벤트로 수행한 것과 유사한 D3 선택의 on 함수를 통해 등록된다.

```
d3.select("body")
    .on("touchstart", touch)
    .on("touchend", touch);
```

여기서 한 가지 중요한 차이점은 svg 요소 대신 body 요소에 터치 이벤트 리스너를 등록했다는 점이다. 다양한 운영체제와 브라우저에는 기본 터치 동작이 정의돼 있으며, 사용자 정의 구현으로 이를 오버라이딩할 수 있다. 이는 다음의 함수 호출을 통해 수행된다.

```
d3.event.preventDefault();
```

터치 이벤트가 트리거되면 다음 코드 조각에서 보여주는 것처럼 d3.touches 함수를 사용해 멀티터치 포인트를 검색한다.

```
var g = svg.selectAll("g.touch")
    .data(d3.touches(svg.node()), function (d) {
        return d.identifier;
    });
```

d3.mouse 함수가 했던 것처럼 2차원 배열을 반환하는 대신 각 터치 이벤트에 대한 멀티터치 포인트가 존재할 수도 있기 때문에 d3.touches는 2차원 배열의 배열을 반환한다. 각 터치 위치 배열은 다음과 같은 데이터 구조를 가진다.

```
▼ 0: Array[2]
    0: 669
    1: 232
    identifier: 0
    length: 2
  ▶ __proto__: Array[0]
```

터치 위치 배열

터치 포인트의 [x, y] 위치 외에 각 위치 배열은 각 터치 포인트를 구분할 수 있게 도와주는 식별자가 있다. 이번 예제에서는 이 식별자를 사용해 객체 불변성을 설정했다. 터치 데이터가 선택 영역에 묶여지면 사용자의 손가락 주변을 터치할 때마다 진행되는 원이 생성된다.

```
g.enter()
    .append("g")
    .attr("class", "touch")
    .attr("transform", function (d) {
        return "translate(" + d[0] + "," + d[1] + ")";
    })
    .append("path")
    .attr("class", "arc")
    .transition().duration(2000).ease('linear')
    .attrTween("d", function (d) { // <-A
        var interpolate = d3.interpolate(
            {startAngle: 0, endAngle: 0},
```

```
                {startAngle: 0, endAngle: 2 * Math.PI}
        );
        return function (t) {
            return arc(interpolate(t));
        };
    })
    .each("end", function (d) { // <-B
        if (complete(g))
            ripples(d);
        g.remove();
    });
```

이 작업은 7장에서 설명한 대로 특성 트위닝(A 참조)을 가진 표준 아크 전환을 통해 수행된다. 사용자에 의해 원이 그려지는 것이 취소되지 않고 마무리된 후에 이전 예제에서 수행한 것과 유사한 잔물결 효과가 B에서 생성된다. touchstart와 touchend 이벤트 모두 동일한 이벤트 리스너인 touch 함수에 등록을 했기 때문에 다음과 같은 코드를 통해 진행되는 원을 제거하고 또한 이 진행되는 원이 너무 일찍 중단됐음을 나타내는 플래그를 설정할 수 있다.

```
g.exit().remove().each(function () {
    this.__stopped__ = true;
});
```

전환이 일단 시작되면 취소할 방법이 없기 때문에 이러한 상태 플래그를 설정해야 한다. 따라서 DOM 트리에서 진행되는 원의 요소를 제거한 후에도 전환이 완료돼 B를 트리거한다.

부연 설명

touchstart와 touchend 이벤트를 통해 터치 상호작용에 대해 알아봤다. 이를 통해 동일한 패턴을 사용해서 브라우저가 지원하는 다른 터치 이벤트

를 처리할 수 있다. 다음 목록에는 W3C에서 권장하는 터치 이벤트 유형이
포함돼 있다.

- **touchstart** 터치 표면에 사용자가 터치 포인트를 위치시킬 때 동작한다.
- **touchend** 터치 표면에서 사용자가 터치 포인트를 제거할 때 동작한다.
- **touchmove** 터치 표면으로 사용자가 터치 포인트를 움직일 때 동작한다.
- **touchcancel** 세부 구현에 의해 터치가 종료될 경우 동작한다.

참고 사항

- 6장에서 잔물결 효과와 객체 불변성에 대해 자세히 다뤘다.
- 7장에서 진행하는 원의 속성과 트위닝 전환에 대해 자세히 다뤘다.
- W3C Touch Events에서 제안된 터치 이벤트 유형의 추천은 다음 링크
  의 리스트에서 확인할 수 있다.

  http://www.w3.org/TR/touch-events/

- 멀티터치 검출에 대한 더 자세한 정보는 d3.touch API 문서를 참고하라.

  https://github.com/mbostock/d3/wiki/Selections#wiki-d3_touches

확대/축소와 이동 구현

확대/축소와 이동은 데이터 시각화에서 일반적으로 유용한 테크닉이다. 벡
터 그래픽은 비트맵과는 달리 픽셀레이션^{pixilation}에 의한 품질 저하가 없기
때문에 시각화에 기반을 둔 SVG와 특히 잘 동작한다. 확대/축소는 전체 데
이터 집합을 한 번에 보여주기 어렵거나 불가능한 큰 데이터 집합을 다룰
때 특히 유용한다. 이로 인해 확대/축소와 드릴 다운^{drill-down} 접근법을 사용
해야 한다. 이번 예제에서는 확대/축소와 이동을 기본적으로 지원하는 D3에
대해 알아본다.

다음 파일을 다운로드한 후에 로컬 머신의 웹 브라우저에서 열어보자.

https://github.com/NickQiZhu/d3-cookbook/blob/master/src/chapter10/zoom.
html

이번 예제에서는 D3 확대/축소 지원을 사용해 기하학적인 확대/축소와 이동
을 구현한다. 다음의 코드를 한번 살펴보자.

```javascript
<script type="text/javascript">
    var width = 960, height = 500, r = 50;

    var data = [
        [width / 2 - r, height / 2 - r],
        [width / 2 - r, height / 2 + r],
        [width / 2 + r, height / 2 - r],
        [width / 2 + r, height / 2 + r]
    ];

    var svg = d3.select("body").append("svg")
            .attr("width", width)
            .attr("height", height)
            .call(
                d3.behavior.zoom()
                    .scaleExtent([1, 10])
                    .on("zoom", zoom)
            )
            .append("g");

    svg.selectAll("circle")
        .data(data)
        .enter().append("circle")
```

```
        .attr("r", r)
        .attr("transform", function (d) {
            return "translate(" + d + ")";
        });

    function zoom() {
        svg.attr("transform", "translate("
            + d3.event.translate
            + ")scale(" + d3.event.scale + ")");
    }
</script>
```

이번 예제는 다음의 확대/축소와 이동 효과를 가지는 결과물을 생성한다.

원본

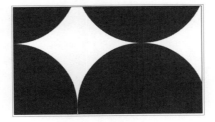

확대/축소

이동

예제 분석

D3에서 확대/축소 및 이동 효과를 완전하게 구현하는 코드의 양은 굉장히 작다. 이번 예제를 브라우저에 열어둔 상태에서 확대/축소 및 이동이 마우스 휠과 멀티터치 제스처에 모두 잘 반응하는지 확인할 수 있다. 대부분의 복잡한 구현은 D3 라이브러리를 통해 완성되며, 여기서 해야 할 일은 단순히 확대/축소 동작을 정의하는 것이다. 이러한 동작들이 코드에서 어떻게 보이는지 살펴보자. 먼저 SVG 컨테이너에 확대/축소에 대한 동작을 정의해야 한다.

```
var svg = d3.select("body").append("svg")
        .attr("style", "1px solid black")
        .attr("width", width)
        .attr("height", height)
        .call( // <-A
            d3.behavior.zoom() // <-B
                .scaleExtent([1, 10]) // <-C
                .on("zoom", zoom) // <-D
        )
        .append("g");
```

A에서 볼 수 있듯이 d3.behavior.zoom 함수가 생성됐고(B 참조), svg 컨테이너에서 호출됐다. d3.behavior.zoom은 관련 SVG 컨테이너(이번 경우 svg 요소 자신)에서 저수준의 확대/축소와 이동 제스처를 다루기 위해 이벤트 리스너를 자동으로 만든다. 저수준의 확대/축소 제스처는 그런 다음 고수준의 D3

확대/축소 이벤트로 변환될 것이다. 기본 이벤트 리스너는 마우스 및 터치 이벤트를 모두 지원한다. C에서 2 요소 배열 [1, 10](범위)로 scaleExtent 를 정의한다. 스케일 규모는 얼마만큼의 확대/축소를 허용할지 정의한다(이번 경우에는 10배 확대까지 허용). 마지막으로 D에서 D3 확대/축소 이벤트를 다루기 위해 사용자 정의 확대/축소 이벤트 핸들러를 정의한다. 이제 이 확대/축소 이벤트 핸들러가 어떻게 동작하는지 살펴보자.

```
function zoom() {
    svg.attr("transform", "translate("
        + d3.event.translate
        + ")scale(" + d3.event.scale + ")");
}
```

zoom 함수에서 단순히 실제 확대/축소 및 이동을 SVG 변환으로 위임한다. 이 작업을 더욱 단순화하기 위해 D3 확대/축소 이벤트는 필요한 전환 및 스케일을 계산했다. 따라서 SVG 변환 속성에 이들을 포함시켜야 한다. 확대/축소 이벤트에 포함된 속성은 다음과 같다.

- **scale** 현재 스케일을 나타내는 숫자
- **translate** 현재 변환 벡터를 나타내는 2차원 배열

여기서 zoom 함수가 갖는 점에 대해 의문점이 생길 수도 있을 것이다. 왜 D3가 이러한 단계를 다루지 않을까? 그 이유는 D3 확대/축소 행동은 SVG 만을 위해 고안된 것이 아니라 일반적인 확대/축소 행동 지원 메커니즘을 지원하게 고안됐기 때문이다. 그러므로 이 zoom 함수는 일반적인 확대/축소 와 이동 이벤트의 변환을 SVG 세부 변환으로 구현한다.

부연 설명

zoom 함수는 간단한 좌표계 변환 이외에도 추가적인 작업을 수행할 수 있 다. 예를 들어 사용자가 확대/축소 제스처를 발생시켰을 때 추가적인 데이터

를 불러와 확대/축소 기능에서 드릴 다운^{drill-down} 기능을 구현하는 것이 일반적인 방법이다. 잘 알려진 예로는 디지털 지도가 있다. 지도에서 확대/축소 수준을 높이면 더 많은 데이터와 세부 정보를 불러오고 표현된다.

참고 사항

- `d3.selection.call` 함수와 선택 조작은 2장을 참고하라.
- SVG에서 확대/축소와 이동에 대한 더 많은 정보는 다음 링크의 "W3C SVG Coordinate system transformations specification"을 참고하라.

  http://www.w3.org/TR/SVG/coords.html#EstablishingANewUserSpace
- D3 확대/축소 지원에 대한 더 자세한 정보는 d3.behavior.zoom API 문서를 참고하라.

  https://github.com/mbostock/d3/wiki/Zoom-Behavior#wiki-zoom

드래그 구현

10장에서 다룰 대화형 시각화의 또 다른 공통점은 드래그^{drag}다. 드래그는 시각적으로 재구성할 수 있는 기능을 제공하거나 강제로 사용자 입력을 허용하는 데 유용한다. 이에 대해서는 1장에서 다룬다. 이번 예제에서는 D3에서 드래그 동작을 지원하는 방법을 알아본다.

준비

다음 파일을 다운로드한 후에 로컬 머신의 웹 브라우저에서 열어보자.

https://github.com/NickQiZhu/d3-cookbook/blob/master/src/chapter10/drag.html

여기에서는 D3 드래그 동작 지원을 사용해 드래그할 수 있는 4개의 원과 드래그하는 동안 SVG 경계 검출을 추가로 생성한다. 이제 이것을 코드로 구현하는 방법을 살펴보자.

```javascript
<script type="text/javascript">
    var width = 960, height = 500, r = 50;

    var data = [
        [width / 2 - r, height / 2 - r],
        [width / 2 - r, height / 2 + r],
        [width / 2 + r, height / 2 - r],
        [width / 2 + r, height / 2 + r]
    ];

    var svg = d3.select("body").append("svg")
            .attr("width", width)
            .attr("height", height)
            .append("g");

    var drag = d3.behavior.drag()
            .on("drag", move);

    svg.selectAll("circle")
            .data(data)
            .enter().append("circle")
            .attr("r", r)
            .attr("transform", function (d) {
                return "translate(" + d + ")";
            })
            .call(drag);

    function move(d) {
        var x = d3.event.x,
            y = d3.event.y;
```

```
        if(inBoundaries(x, y))
            d3.select(this)
                .attr("transform", function (d) {
                    return "translate(" + x + ", " + y + ")";
                });
    }

    function inBoundaries(x, y){
        return (x >= (0 + r) && x <= (width - r))
            && (y >= (0 + r) && y <= (height - r));
    }
</script>
```

이번 예제는 드래그 동작을 가진 4개의 원을 생성한다.

원본

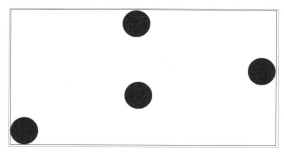

드래그

D3 확대/축소 지원과 유사하게 드래그 지원 또한 유사한 패턴을 가진다. 주요 드래그 기능은 d3.behavior.drag 함수(A 참조)에 의해 제공된다. D3 드래그 동작은 적절한 저수준의 이벤트 리스너를 자동으로 생성해 지정된 요소의 드래그 동작을 처리한 후 저수준의 이벤트를 고수준의 D3 드래그 이벤트로 변환한다. 마우스와 터치 이벤트가 모두 지원된다.

```
var drag = d3.behavior.drag() // <-A
    .on("drag", move);
```

이번 예제에서는 move 함수에 의해 다뤄지는 drag 이벤트를 살펴보자. 확대/축소 동작과 유사하게 D3 드래그 동작은 이벤트 기반으로 구현돼 유연성이 극대화됨에 따라 SVG뿐만 아니라 HTML5 캔버스도 지원한다. 정의된 동작은 지정된 선택 영역에서 호출해 모든 요소에 붙여진다.

```
svg.selectAll("circle")
        .data(data)
        .enter().append("circle")
        .attr("r", r)
        .attr("transform", function (d) {
            return "translate(" + d + ")";
        })
        .call(drag); // <-B
```

다음으로 move 함수에서 드래그 이벤트에 의해 전달된 정보를 바탕으로 (C 참조) 간단하게 SVG 변환을 사용해 드래그된 요소를 적절한 위치로 이동시킨다(D 참조).

```
function move(d) {
    var x = d3.event.x, // <-C
        y = d3.event.y;

    if(inBoundaries(x, y))
```

```
        d3.select(this)
            .attr("transform", function (d) { // <-D
                return "translate(" + x + ", " + y + ")";
            });
}
```

추가적으로 SVG 경계 제한 조건을 계산해 사용자가 SVG의 외부로 요소를 드래그할 수 없게 한다. 이는 다음 코드를 통해 살펴보자.

```
function inBoundaries(x, y){
    return (x >= (0 + r) && x <= (width - r))
        && (y >= (0 + r) && y <= (height - r));
}
```

부연 설명

드래그 이벤트와 더불어 D3 드래그 동작은 추가적으로 두 가지 다른 이벤트 유형을 지원한다. 다음의 리스트는 지원되는 모든 드래그 이벤트 유형과 그 속성을 보여준다.

- **dragstart** 드래그 제스처가 시작될 때 동작한다.
- **drag** 요소가 드래그될 때 동작한다. d3.event는 선택된 요소의 절대 드래그 좌표를 나타내는 x와 y 속성을 포함한다. 또한 제스처 시작 부분의 위치에 대한 요소의 좌표를 나타내는 dx와 dy 속성을 포함한다.
- **dragend** 드래그 제스처가 종료될 때 동작한다.

참고 사항

- d3.selection.call 함수와 선택 조작에 대한 자세한 정보는 2장을 참고하라.

- D3 드래그 지원에 대한 자세한 정보는 d3.behavior.drag API 문서를 참고하라.

  https://github.com/mbostock/d3/wiki/Drag-Behavior#wiki-drag

11

포스 사용

11장에서 다루는 내용은 다음과 같다.

- 중력과 전하 사용

- 운동량 생성

- 링크 제약 설정

- 시각화 보조를 위한 포스 사용

- 포스 조작

- 포스-방향 그래프 만들기

소개

힘을 사용해, 루크!

스타워즈에서 사용된 관용구

11장에서는 D3에서 가장 매력적인 부분 중 하나인 포스^{Force}에 대해 다룬다. 포스 시뮬레이션은 시각화에 추가할 수 있는 가장 멋진 기법 중 하나다. 높은 상호작용과 완벽하게 동작하는 다양한 예제를 통해 D3 포스의 일반적인 애플리케이션(예를 들어 포스-방향 그래프)뿐만 아니라 포스 조작에 필요한 다른 중요한 부분도 살펴본다.

D3 포스 시뮬레이션 지원은 별도의 기능이 아닌 추가 D3 레이아웃으로 만들어졌다. 9장에서 언급한 것처럼 D3 레이아웃은 다양한 시각화와 함께 사용하게 설계된 비시각화 데이터 지향 레이아웃 관리 프로그램이다. 포스 레이아웃은 원래 **포스-방향 그래프**force-directed graph라고 불리는 특정 시각화 형태를 구현할 목적으로 만들어졌다. 이 구현은 간단한 제약 조건을 지원하는 표준 **버렛 통합**verlet integration 기반의 입자 모션 시뮬레이션을 사용한다.

다시 말해 D3는 뉴턴의 입자 방정식과 입자 사이에 링크로 시뮬레이션된 간단한 제약조건을 느슨하게 시뮬레이션할 수 있는 수치적 방법을 구현한다. 물론 이런 종류의 레이아웃은 포스-방향 그래프로 구현하는 것이 이상적이지만, 11장의 예제를 통해 사용자 정의 포스 조작의 유연성으로 다른 많은 재미있는 시각화 효과를 생성할 수 있다는 점도 알아본다. 11장에서 소개된 기술의 응용은 데이터 시각화 영역을 넘어 사용자 인터페이스 디자인과 같은 다른 많은 영역에서 실용적으로 활용할 수 있다. 물론 포스-방향 그래프와 같이 클래식한 포스의 애플리케이션 또한 다룬다.

중력과 전하 사용

이번 예제에서는 중력gravity과 전하charge라는 포스의 두 가지 개념에 대해 먼저 소개한다. 앞에서 이야기 했듯이 포스 레이아웃 디자인의 목적 중 한 가지는 뉴턴의 입자 방정식을 느슨하게 시뮬레이션하는 것이고, 이 시뮬레이션의 주된 특징은 전하의 힘force of charge이다. 또한 포스 레이아웃은 SVG 캔버스를 벗어나는 시각화를 유지하기 위해 활용될 수 있는 SVG 중심의 약한 기하학적 제약 조건이나 의사 중력을 좀 더 정확하게 구현한다. 다음 예제에서는 입자 시스템으로 다양한 효과를 생성하기 위해 이 두 가지 기본

원리를 활용하는 방법을 알아본다.

다음 파일을 다운로드한 후에 로컬 머신의 웹 브라우저에서 열어보자.

https://github.com/NickQiZhu/d3-cookbook/blob/master/src/chapter11/gravity-and-charge.html

다음 예제에서는 포스 레이아웃 중력^{Gravity}과 전하^{Charge} 설정에 대한 실험을 진행해 관련된 다른 힘과 상호작용에 대한 이해를 할 수 있게 도와준다.

```javascript
<script type="text/javascript">
    var w = 1280, h = 800,
        force = d3.layout.force()
            .size([w, h])
            .gravity(0)
            .charge(0)
            .friction(0.7);

    var svg = d3.select("body")
            .append("svg")
                .attr("width", w)
                .attr("height", h);

    force.on("tick", function () {
        svg.selectAll("circle")
            .attr("cx", function (d) { return d.x; })
            .attr("cy", function (d) { return d.y; });
    });

    svg.on("mousemove", function () {
        var point = d3.mouse(this),
```

```
                node = {x: point[0], y: point[1]}; // <-A

            svg.append("circle")
                    .data([node])
                .attr("class", "node")
                .attr("cx", function (d) { return d.x; })
                .attr("cy", function (d) { return d.y; })
                .attr("r", 1e-6)
            .transition()
                .attr("r", 4.5)
            .transition()
                .delay(7000)
                .attr("r", 1e-6)
                .each("end", function () {
                    force.nodes().shift(); // <-B
                })
                .remove();

            force.nodes().push(node); // <-C
            force.start(); // <-D
        });

        function changeForce(charge, gravity) {
            force.charge(charge).gravity(gravity);
        }
    </script>

    <div class="control-group">
        <button onclick="changeForce(0, 0)">
            No Force
        </button>
        <button onclick="changeForce(-60, 0)">
            Mutual Repulsion
        </button>
        <button onclick="changeForce(60, 0)">
            Mutual Attraction
        </button>
```

```
    <button onclick="changeForce(0, 0.02)">
        Gravity
    </button>
    <button onclick="changeForce(-30, 0.1)">
        Gravity with Repulsion
    </button>
</div>
```

이번 예제는 다음의 다이어그램과 같이 모드를 조작할 수 있으며, 포스가 활성화된 입자 시스템을 생성한다.

포스 시뮬레이션 모드

예제 분석

방금 살펴본 코드를 분석하기 전에 이번 예제에서 사용한 모든 매직 넘버에 대한 이해를 높이기 위해 먼저 중력과 전하, 마찰력에 대한 개념을 살펴보자.

전하

입자 상호 간의 n 바디 포스를 시뮬레이션하기 위해 전하^{Charge}가 지정된다. 음수 값은 노드 사이의 척력^{Repulsion}을 나타내고, 양수 값은 노드 사이의 인력을 나타낸다. 전하의 기본 값은 -30이며, 전하 값은 포스 시뮬레이션이 시작될 때마다 각 노드에 평가되는 함수가 될 수도 있다.

중력

포스 레이아웃에서 중력^{Gravity} 시뮬레이션은 물리적인 중력(양전하를 사용한 시뮬레이션)을 시뮬레이션하기 위해 설계된 것이 아니다. 대신 레이아웃의 중심에서 각 노드에 연결되는 가상 스프링과 비슷한 약한 기하학적 제약 조건으로 구현된다. 중력의 기본 강도는 0.1로 설정된다. 노드가 레이아웃의 중심에 가까워질수록 중력의 강도는 0으로 감소하게 되며, 노드가 중심에서 멀어질수록 그 거리에 선형으로 비례해 강도는 강해진다. 따라서 중력은 어느 순간부터 반발하는 전하를 극복하기 때문에 노드는 레이아웃을 벗어날 수 없다.

마찰력

D3 포스 레이아웃의 마찰력Friction은 일반 물리학에서의 마찰 계수를 나타내기보다는 속도의 감소로 구현된다. 입자 시뮬레이션의 각 틱에서 속도는 지정된 마찰력에 의해 감소된다. 따라서 1의 값이 마찰력이 없는 환경이라면 0의 값은 모든 입자가 자신의 속도를 즉시 잃고 멈춘 상황을 나타낸다. [0, 1]의 범위를 벗어나는 값은 레이아웃의 불안정을 초래하기 때문에 추천하지 않는다.

자, 이제 딱딱한 정의는 뒤로하고 이런 포스들이 재미있는 시각화 효과를 생성하기 위해 어떻게 사용되는지 살펴보자.

제로 포스 레이아웃 설정

먼저 단순하게 중력이나 전하가 없는 상태에서 포스 레이아웃을 설정한다. d3.layout.force 함수를 사용해 포스 레이아웃을 만들 수 있다.

```
var w = 1280, h = 800,
    force = d3.layout.force()
        .size([w ,h])
        .gravity(0)
        .charge(0)
        .friction(0.7);
```

여기서 필수적인 것은 아니지만 통상적으로 SVG 그래픽의 크기를 레이아웃의 크기로 설정을 한다. 일부 사용 사례에서는 SVG보다 크거나 작은 레이아웃을 갖는 것이 유리할 때가 있다. 중력과 전하를 0으로 설정하면서 friction의 값은 0.7로 설정한다. 기본 설정이 완료된 후에 사용자가 마우스를 움직일 때마다 SVG 위에 svg:circle로 표현되는 추가적인 노드를 생성한다.

```
svg.on("mousemove", function () {
    var point = d3.mouse(this),
        node = {x: point[0], y: point[1]}; // <-A

    svg.append("circle")
            .data([node])
        .attr("class", "node")
        .attr("cx", function (d) { return d.x; })
        .attr("cy", function (d) { return d.y; })
        .attr("r", 1e-6)
    .transition()
        .attr("r", 4.5)
    .transition()
        .delay(7000)
        .attr("r", 1e-6)
        .each("end", function () {
            force.nodes().shift(); // <-B
        })
        .remove();

    force.nodes().push(node); // <-C
    force.start(); // <-D
});
```

먼저 A에서 현재 마우스 위치를 좌표로 갖는 노드 객체가 생성된다. 다른 모든 D3 레이아웃과 같이 포스 레이아웃은 의식하지 못하며, 시각화 요소도 갖지 않는다. 따라서 우리가 만드는 모든 모드는 C의 레이아웃 노드 배열에 추가돼야 하고, 이러한 노드의 시각화 표현이 제거될 때 B와 같이 함께 제거된다. D에서 포스 시뮬레이션을 시작하기 위해 start 함수를 호출한다. 중력과 전하의 영향을 받지 않는 레이아웃은 다음의 스크린샷에서 보여주듯 마우스 움직임에 대한 노드를 나타낸다.

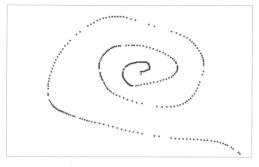

중력과 전하가 없는 경우

상호 척력 설정

다음 모드에서는 서로 밀어내는 힘을 생성하기 위해 중력은 여전히 0으로 유지한 채로 전하에 음수 값을 설정한다.

```
function changeForce(charge, gravity) {
    force.charge(charge).gravity(gravity);
}
changeForce(-60, 0);
```

위 코드는 포스 레이아웃에게 각 노드의 전하 값을 -60으로 설정하고 각 틱의 시뮬레이션 값에 기반을 해서 노드의 {x, y} 좌표를 업데이트하게 지시한다. 하지만 레이아웃이 시각화 요소를 갖지 않기 때문에 이런 작업만으로는 SVG에서 입자를 움직일 수 없다. 다음으로 포스 레이아웃에 의해 조작되는 데이터를 시각화 요소에 연결하는 코드를 다음과 같이 작성해야 한다.

```
force.on("tick", function () {
    svg.selectAll("circle")
        .attr("cx", function (d) { return d.x; })
        .attr("cy", function (d) { return d.y; });
    });
```

여기서는 포스 레이아웃에 의해 계산된 새로운 위치로 모든 원circle 요소를 업데이트하는 tick 이벤트 리스너 함수를 등록한다. 틱 리스너는 시뮬레이션의 각 틱마다 트리거된다. 각 틱에서 cx 및 cy 속성을 d의 x와 y 값으로 설정한다. 이는 이미 노드 객체를 데이터로서 원 요소에 바인딩했기 때문에 포스 레이아웃에 의해 계산된 새 좌표를 포함하게 된다. 이런 방법으로 모든 입자에 대해 포스 레이아웃을 효과적으로 제어할 수 있다.

틱 외에 포스 레이아웃은 다음과 같은 이벤트도 지원한다.

- **start** 시뮬레이션이 시작될 때 트리거된다.
- **tick** 시뮬레이션의 각 틱마다 트리거된다.
- **end** 시뮬레이션이 종료될 때 트리거된다.

이러한 포스 설정은 다음과 같은 시각화 효과를 생성한다.

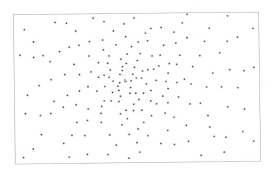

상호 척력

상호 인력 설정

전하를 양의 값으로 바꾸면 입자 사이에 끌어당기는 인력을 생성한다.

```
function changeForce(charge, gravity) {
  force.charge(charge).gravity(gravity);
}
changeForce(60, 0);
```

이는 다음과 같은 시각화 효과를 생성한다.

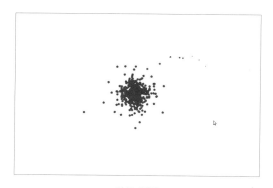

상호 인력

중력 설정

전하를 0로 하고 중력 값을 설정하면 상호 인력과 유사한 효과가 생성된다. 하지만 마우스가 중심에서 멀어질수록 중력의 선형 스케일링을 확인할 수 있다.

```
function changeForce(charge, gravity) {
    force.charge(charge).gravity(gravity);
}
changeForce(0, 0.02);
```

중력만 사용한 이 예제는 다음과 같은 효과를 생성한다.

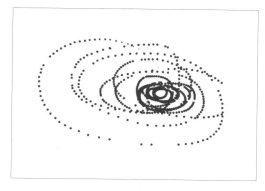

중력

중력과 함께 척력 사용

마지막은 중력과 상호 척력을 모두 사용한다. 그 결과로 입자 간의 충돌이나 레이아웃에서의 탈출 없이 모든 입자가 다소 안정화를 유지하게 되는 힘의 평형을 이루게 된다.

```
function changeForce(charge, gravity) {
    force.charge(charge).gravity(gravity);
}
changeForce(-30, 0.1);
```

힘의 평형은 다음과 같이 생성된다.

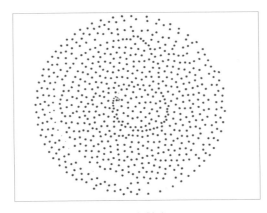

중력과 척력

참고 사항

- 버렛 통합Verlet integration은 다음 링크를 참고하라.

  http://en.wikipedia.org/wiki/Verlet_integration

- 확장 가능하고, 다목적이며 단순한 제약의 그래프 레이아웃은 다음 링크를 참고하라.

  http://www.csse.monash.edu.au/~tdwyer/Dwyer2009FastConstraints.pdf

- 물리 시뮬레이션은 다음 링크를 참고하라.

  http://www.gamasutra.com/resource_guide/20030121/jacobson_pfv.htm

- 11장의 내용은 마이크 보스톡의 D3 포스를 참고했다.

  http://mbostock.github.io/d3/talk/20110921/

- D3에서 마우스를 이용한 상호작용에 대한 자세한 정보는 10장을 참고하라.

- 포스 레이아웃에 대한 자세한 정보는 D3 포스 레이아웃 API 문서를 참고하라.

  https://github.com/mbostock/d3/wiki/Force-Layout

운동량 생성

앞 예제에서는 포스 레이아웃의 노드 객체와 레이아웃에서 노드의 위치를 정하는 {x, y} 속성에 대해 다뤘다. 이번 예제에서는 운동량momentum이라고 불리는 물리 운동 시뮬레이션에서의 또 다른 재미있는 주제에 대해 알아본다. D3 포스 레이아웃은 노드 객체의 {px, py} 속성에 의존하는 운동량 시뮬레이션을 자체적으로 지원한다. 이번 예제에서 이러한 작업을 수행하는 방법을 살펴보자.

준비

다음 파일을 다운로드한 후에 로컬 머신의 웹 브라우저에서 열어보자.

https://github.com/NickQiZhu/d3-cookbook/blob/master/src/chapter11/momentum-and-friction.html

예제 구현

이번 예제 코드는 먼저 이전 예제의 중력과 전하를 비활성화시킨 후에 초기
속력을 갖는 새로운 노드를 추가한다. 결과적으로 마우스를 더 빠르게 움직
일수록 초기 속도와 운동량이 각 노드에 대해 더 높아진다. 다음 코드를 살
펴보자.

```javascript
<script type="text/javascript">
    var force = d3.layout.force()
        .gravity(0)
        .charge(0)
        .friction(0.95);

    var svg = d3.select("body").append("svg:svg");

    force.on("tick", function () {
        // 이전 예제와 동일하기 때문에 생략됨
        ...
    });

    var previousPoint;

    svg.on("mousemove", function () {
        var point = d3.mouse(this),
            node = {
                x: point[0],
                y: point[1],
                px: previousPoint?previousPoint[0]:point[0],
                py: previousPoint?previousPoint[1]:point[1]
            };

        previousPoint = point;

        // 이전 예제와 동일하기 때문에 생략함
        ...
    });
</script>
```

이번 예제는 다음 스크린샷과 같이 사용자의 마우스 움직임에 비례하는 초기 방향 속도를 가진 입자 시스템을 생성한다.

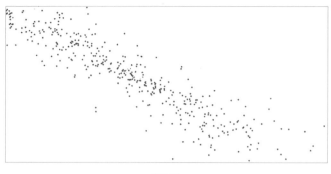

운동량

예제 분석

이번 예제의 전반적인 구조는 사용자의 마우스 움직임에 따라 주위에 입자를 생성한다는 점에서 이전 예제와 굉장히 유사하다. 게다가 포스 시뮬레이션이 시작되면 입자의 위치는 포스 레이아웃의 `tick` 이벤트 리스너 함수에 의해 완전하게 제어된다. 이번 예제는 중력과 전하의 영향을 받지 않기 때문에 운동량 대해서만 집중할 것이다. 마찰력을 사용함으로써 이에 따라 줄어드는 속도는 시뮬레이션을 좀 더 현실적으로 만들어준다. 다음의 포스 레이아웃 설정을 살펴보자.

```
var force = d3.layout.force()
            .gravity(0)
            .charge(0)
            .friction(0.95);
```

이번 예제의 주된 차이점은 현재 마우스의 위치뿐만 아니라 이전 마우스 위치를 계속 추적한다는 점이다. 이와 더불어 사용자가 마우스를 움직일 때마다 현재 위치 {x, y}와 이전 위치 {px, py}를 포함하는 노드 객체가 생성된다.

```
var previousPoint;

svg.on("mousemove", function () {
    var point = d3.mouse(this),
        node = {
            x: point[0],
            y: point[1],
            px: previousPoint ? previousPoint[0] : point[0],
            py: previousPoint ? previousPoint[1] : point[1]
        };

    previousPoint = point;
    ...
}
```

사용자 마우스 위치는 일정한 간격으로 샘플링되기 때문에 마우스를 빨리 움직이면 두 위치의 간격이 더 벌어지게 된다. 이러한 두 위치에서부터 얻어진 방향 정보의 속성은 이번 예제에서 보여준 것과 같이 포스 레이아웃에 의해 자동으로 각 입자의 초기 운동량으로 멋지게 변환된다.

지금까지 살펴본 {x, y, px, py} 속성뿐만 아니라, 포스 레이아웃의 노드 객체 또한 다음의 목록과 같이 다른 유용한 몇 가지 속성을 지원한다.

- **index** 노드 배열 내에서의 0에서 시작되는 인덱스
- **x** 현재 노드 위치의 x 좌표
- **y** 현재 노드 위치의 y 좌표
- **px** 이전 노드 위치의 x 좌표
- **py** 이전 노드 위치의 y 좌표
- **fixed** 노드 위치의 고정 유무를 나타내는 불리언 값
- **weight** 노드의 가중치로 관련된 링크의 수다. 다음 장에서 다루겠지만, 링크는 포스 레이아웃에서 노드의 연결에 사용된다.

- D3의 마우스 이벤트와 관련된 자세한 내용은 10장을 참고하라.
- 포스 레이아웃 노트 속성에서 D3 포스 레이아웃 노트 API에 대한 자세한 내용은 다음 링크를 참고하라.

  https://github.com/mbostock/d3/wiki/Force-Layout#wiki-nodes

링크 제약 설정

지금까지 중력과 전하, 마찰력, 운동량 같이 포스 레이아웃의 중요한 부분에 대해 알아봤다. 이번 예제에서는 링크[link]라고 불리는 또 다른 필수 기능을 다룬다. '소개' 절에서 잠깐 언급했듯이 D3 포스 레이아웃은 확장 가능한 간단한 그래프 제약을 구현한다. 이번 예제에서는 링크 제약이 어떻게 다른 포스와 맞물려 영향을 끼치는지 알아본다.

준비

다음 파일을 다운로드한 후에 로컬 머신의 웹 브라우저에서 열어보자.

https://github.com/NickQiZhu/d3-cookbook/blob/master/src/chapter11/link-constraint.html

예제 구현

이번 예제에서는 사용자가 마우스를 클릭할 때마다 노드 사이 링크에 의해 제한된 입자의 포스-방향 입자 고리를 생성해본다. 다음 코드를 살펴보자.

```
<script type="text/javascript">
    var force = d3.layout.force()
```

```
        .gravity(0.1)
        .charge(-30)
        .friction(0.95)
        .linkDistance(20)
        .linkStrength(1);

var duration = 60000; // 밀리초

var svg = d3.select("body").append("svg:svg");

force.size([svg.node().clientWidth, svg.node().clientHeight])
    .on("tick", function () {
        // 생략됨, 뒤에서 자세히 다룬다.
        ...
    });

function offset() {
    return Math.random() * 100;
}

function createNodes(point) {
    var numberOfNodes = Math.round(Math.random() * 10);
    var nodes = [];

    for (var i = 0; i < numberOfNodes; ++i) {
        nodes.push({
            x: point[0] + offset(),
            y: point[1] + offset()
        });
    }

    return nodes;
}

function createLinks(nodes) {
    // 생략됨, 뒤에서 자세히 다룬다.
    ...
}
```

```
svg.on("click", function () {
    var point = d3.mouse(this),
        nodes = createNodes(point),
        links = createLinks(nodes);

    nodes.forEach(function (node) {
        svg.append("circle")
                .data([node])
            .attr("class", "node")
            .attr("cx", function (d) {return d.x;})
            .attr("cy", function (d) {return d.y;})
            .attr("r", 1e-6)
            .call(force.drag)
                .transition()
            .attr("r", 7)
                .transition()
                .delay(duration)
            .attr("r", 1e-6)
            .each("end", function () {force.nodes().shift();})
            .remove();
    });

    links.forEach(function (link) {
        // 생략됨, 뒤에서 자세히 다룬다.
        ...
    });

    nodes.forEach(function (n) {force.nodes().push(n);});
    links.forEach(function (l) {force.links().push(l);});

    force.start();
});
</script>
```

이 예제는 다음의 스크린샷과 같이 마우스 클릭에 의한 포스-방향 입자 고리를 생성한다.

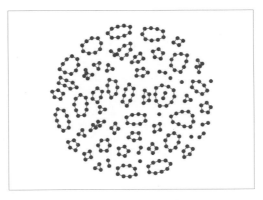

포스-방향 입자 고리

링크 제약은 지원되는 시각화를 강제하는 또 다른 유용한 차원을 추가한다. 이 예제에서는 다음과 같은 매개변수를 사용해 포스 레이아웃을 설정했다.

```
var force = d3.layout.force()
            .gravity(0.1)
            .charge(-30)
            .friction(0.95)
            .linkDistance(20)
            .linkStrength(1);
```

중력과 전하, 마찰력과 더불어 이번에는 링크 거리와 링크 강도가 추가됐다. 추가된 두 매개변수는 오직 링크만을 위한 것이다.

- **linkDistance** 상수나 함수가 될 수 있으며, 기본 값은 20픽셀이다. 링크 거리는 레이아웃이 시작될 때 계산되며, 약한 기하학적 제약으로 구현된다. 레이아웃의 각 틱에 대해 연결된 노드의 각 쌍 사이 거리가 계산되고 목표 거리와 비교된다. 이 후에 링크는 서로 가까워지거나 멀어지게 된다.

- **linkStrength** 상수나 함수가 될 수 있으며, 기본 값은 1이다. 링크

강도는 [0, 1] 사이 범위의 값으로 링크의 강도가 설정된다. 링크 강도 또한 레이아웃이 시작될 때 계산된다.

사용자가 마우스를 클릭할 때 임의의 수를 가진 노드가 생성되고, 이전 예제와 유사하게 포스 레이아웃의 제어 아래에 놓여진다. 이번 예제의 주요 추가 사항은 코드 조각에서 보여주듯이 링크 생성과 이에 관련된 제어 방법이다.

```
function createLinks(nodes) {
    var links = [];
    for (var i = 0; i < nodes.length; ++i) {
        if(i == nodes.length - 1)
            links.push(
                {source: nodes[i], target: nodes[0]}
            );
        else
            links.push(
                {source: nodes[i], target: nodes[i + 1]}
            );
    }
    return links;
    }
...
svg.on("click", function () {
    var point = d3.mouse(this),
        nodes = createNodes(point),
        links = createLinks(nodes);
    ...

    links.forEach(function (link) {
        svg.append("line")
                .data([link])
            .attr("class", "line")
            .attr("x1", function (d) {return d.source.x;})
            .attr("y1", function (d) {return d.source.y;})
            .attr("x2", function (d) {return d.target.x;})
```

```
        .attr("y2", function (d) {return d.target.y;})
            .transition()
            .delay(duration)
        .style("stroke-opacity", 1e-6)
        .each("end", function () {force.links().shift();})
        .remove();
    });

    nodes.forEach(function (n) {force.nodes().push(n);});
    links.forEach(function (l) {force.links().push(l);});
    force.start();
}
```

createLinks 함수에서 n-1 링크 객체는 고리로 노드 집합의 연결로 생성됐다(A의 for 루프). 각 링크 객체는 포스 레이아웃에게 노드의 각 쌍이 링크 객체로 연결됨을 알려주기 위해서 source와 target 두 가지 속성을 반드시 가져야 한다. 생성된 후에 svg:line 요소를 사용해 링크의 시각화를 결정한다(B 참조). 다음 예제에서는 이런 것들이 항상 필요하지는 않다는 것을 보여준다. 사실 여러분이 만들 시각화의 대상이 이해를 할 수 있는 한도 내에서 링크에 대한 시각화는 어떤 것(링크를 숨길 수도 있지만 레이아웃 계산을 위해 링크를 유지해야 한다)이든 상관이 없다. 다음으로 포스 레이아웃의 제어를 받을 수 있도록 링크 객체를 포스 레이아웃 링크 배열(C 참조)에 추가해야 한다. 마지막으로 포스 레이아웃에 의해 생성된 위치 데이터를 노드에게 했던 것처럼 각 링크에 대한 tick 함수에서 SVG 구현으로 변환해야 한다.

```
force.size([svg.node().clientWidth, svg.node().clientHeight])
    .on("tick", function () {
        svg.selectAll("circle")
            .attr("cx", function (d) {return d.x;})
            .attr("cy", function (d) {return d.y;});

        svg.selectAll("line")
            .attr("x1", function (d) {return d.source.x;})
            .attr("y1", function (d) {return d.source.y;})
```

```
        .attr("x2", function (d) {return d.target.x;})
        .attr("y2", function (d) {return d.target.y;});
    });
```

여기서 볼 수 있는 것과 같이 D3 포스 레이아웃은 대부분의 작업을 스스로 처리하기 때문에 간단하게 tick 함수에서 {x1, y1}과 {x2, y2}를 설정해 주기만 하면 된다. 참고로 다음 스크린샷은 포스 레이아웃에 의해 조작된 후 링크 객체의 모습을 보여준다.

```
▼ Object {source: Object, target: Object} ℹ
  ▼ source: Object
      index: 0
      px: 951.4705519195337
      py: 271.0029557216189
      weight: 2
      x: 951.4710369236894
      y: 271.00290704145897
    ▶ __proto__: Object
  ▼ target: Object
      index: 0
      px: 951.4705519195337
      py: 271.0029557216189
      weight: 2
      x: 951.4710369236894
      y: 271.00290704145897
    ▶ __proto__: Object
  ▶ __proto__: Object
```

링크 객체

이번 예제에서 마지막으로 가치 있게 다룰 내용은 포스-활성화 드래깅이다. 이번 예제에서 생성된 모든 노드는 드래그가 가능하고 포스 레이아웃은 다음 스크린샷에서 사용자가 고리 주위를 드래그함으로써 자동으로 모든 포스와 제약 사항에 대해 다시 계산한다.

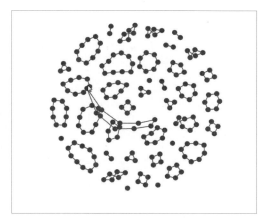

포스 레이아웃 드래그

D3 포스 레이아웃은 드래그를 자체적으로 지원하기 때문에 이렇게 화려한
효과를 간단하게 `svg:circle` 선택에 `force.drag` 호출을 통해 사용할 수
있다(D 참조).

```
nodes.forEach(function (node) {
    svg.append("circle")
            .data([node])
        .attr("class", "node")
        ...
        .call(force.drag)
            .transition()
        ...
        .each("end", function () {force.nodes().shift();})
        .remove();
    });
```

참고 사항

- 확장 가능하고 다목적이며, 단순한 제약의 그래프 레이아웃:

  http://www.csse.monash.edu.au/~tdwyer/Dwyer2009FastConstraints.pdf

- **`force.links()`**

  https://github.com/mbostock/d3/wiki/Force-Layout#wiki-links

- **`force.linkDistance()`**

  https://github.com/mbostock/d3/wiki/Force-Layout#wiki-linkDistance

- **`force.linkStrength()`**

  https://github.com/mbostock/d3/wiki/Force-Layout#wiki-linkStrength

- **`force.drag`**

  https://github.com/mbostock/d3/wiki/Force-Layout#wiki-drag

시각화를 위한 포스 사용

지금까지는 포스 레이아웃을 사용해 입자와 링크를 시각화하는 방법을 알아봤다. 이런 방법은 클래식 애플리케이션인 포스-방향 그래프에서 포스 레이아웃을 사용하는 방법과 유사하다. 이러한 시각화는 포스 레이아웃이 추구하는 첫 번째 목표다. 그렇다고 해서 이것이 시각화에서 포스를 다루는 모든 방법이라고 생각하는 것은 오산이다. 이번 예제에서는 포스-지원 시각화라고 불리는 방법을 알아본다. 이는 포스를 이용해 시각화에 임의성^{randomness}과 자의성^{arbitrariness}을 부여할 수 있다.

준비

다음 파일을 다운로드한 후에 로컬 머신의 웹 브라우저에서 열어보자.

https://github.com/NickQiZhu/d3-cookbook/blob/master/src/chapter11/arbitrary-visualization.html

이번 예제에서는 사용자의 마우스 클릭으로 버블을 생성할 것이다. 버블은 그라디언트 색상^{gradient color}으로 채워진 svg:path 요소로 만들어진다. svg: path 요소는 포스 레이아웃에 의해 큰 영향을 받지 않기 때문에 실생활에서 볼 수 있는 버블을 시뮬레이션하기 위한 임의성을 줄 수 있다.

```
<svg>
    <defs>
        <radialGradient id="gradient" cx="50%" cy="50%" r="100%"
            fx="50%" fy="50%">
            <stop offset="0%" style="stop-color:blue;stop-
                opacity:0"/>
            <stop offset="100%" style="stop-
                color:rgb(255,255,255);stop-opacity:1"/>
        </radialGradient>
    </defs>
</svg>

<script type="text/javascript">
    var force = d3.layout.force()
            .gravity(0.1)
            .charge(-30)
            .friction(0.95)
            .linkDistance(20)
            .linkStrength(1);

    var duration = 10000;

    var svg = d3.select("svg");

    var line = d3.svg.line()
            .interpolate("basis-closed")
            .x(function(d){return d.x;})
            .y(function(d){return d.y;});
```

```
force.size([svg.node().clientWidth, svg.node().clientHeight])
    .on("tick", function () {
        // 생략됨, 뒤에서 자세히 다룬다.
        ...
    });

function offset() {
    return Math.random() * 100;
}

function createNodes(point) {
    // 생략됨, 이전 예제와 동일
    ...
}

function createLinks(nodes) {
    // 생략됨, 이전 예제와 동일
    ...
}

svg.on("click", function () {
    // 생략됨, 뒤에서 자세히 다룬다.
    ...
});
</script>
```

이 예제는 다음 스크린샷에서 볼 수 있는 것처럼 사용자의 마우스 클릭에
따라 포스가 지원된 버블을 생성한다.

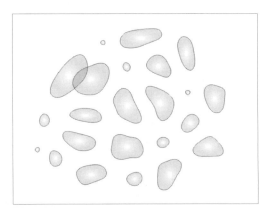

포스 지원 버블

예제 분석

이 예제는 이전 예제에서 완성한 코드를 토대로 작성을 했기 때문에 사용자 마우스 클릭으로 입자 고리를 만드는 이전 예제처럼 전반적인 접근법은 매우 유사하다. 두 예제 사이에서 볼 수 있는 주요 차이점은 이번 예제가 버블의 윤곽선을 그리기 위해 svg:circle과 svg:line을 사용하는 대신에 svg:path 요소를 만들기 위한 d3.svg.line 생성자를 사용한다는 점이다.

```
var line = d3.svg.line() // <-A
            .interpolate("basis-closed")
            .x(function(d){return d.x;})
            .y(function(d){return d.y;});
...
svg.on("click", function () {
    var point = d3.mouse(this),
            nodes = createNodes(point),
            links = createLinks(nodes);

    var circles = svg.append("path")
            .data([nodes])
        .attr("class", "bubble")
```

```
        .attr("fill", "url(#gradient)") // <-B
        .attr("d", function(d){return line(d);}) // <-C
            .transition().delay(duration)
        .attr("fill-opacity", 0)
        .attr("stroke-opacity", 0)
        .each("end", function(){d3.select(this).remove();});

    nodes.forEach(function (n) {force.nodes().push(n);});
    links.forEach(function (l) {force.links().push(l);});

    force.start();
});
```

A에서는 버블의 매끄러운 표현을 위해 basis-closed 보간 모드의 선 생성
자를 만들었다. 사용자가 마우스 클릭을 할 때마다 모든 노드를 연결하는
svg:path 요소가 생성된다(C 참조). 또한 버블 안을 미리 정의한 그라디언트
색상으로 채워 빛을 반사하는 듯한 효과를 낸다(B 참조). 마지막으로 tick
함수에서 포스에 기반을 둔 위치 구현이 필요하다.

```
force.size([svg.node().clientWidth, svg.node().clientHeight])
    .on("tick", function () {
        svg.selectAll("path")
            .attr("d", line);
    });
```

tick 함수에서 각 경로의 d 속성을 업데이트하기 위해서 간단하게 선 생성
자 함수를 다시 호출한다. 이로 인해 포스 레이아웃 계산을 사용해 버블에
애니메이션 효과를 줄 수 있다.

참고 사항

- SVG 그라디언트와 패턴

    http://www.w3.org/TR/SVG/pservers.html

- D3 선 생성자에 대한 자세한 정보는 7장의 '선 생성자 사용' 예제를 참고하라.

포스 조절

지금까지 D3 포스 레이아웃에 대한 여러 가지 흥미로운 점을 다뤘지만, 지금껏 다룬 내용들을 살펴보면 단순하게 포스 레이아웃의 계산(중력, 전하, 마찰력, 운동량)을 시각화에 적용시키는 정도였다. 이번 예제에서는 한 단계 더 나아가 사용자 정의 포스 조작을 구현해 자기만의 포스 유형을 만들어본다.

이번 예제에서는 먼저 다섯 세트의 색상 입자를 생성하고 사용자의 터치에 대응하도록 배정한다. 이로 인해 색에 해당하는 입자만을 당길 수 있게 된다. 이번 예제가 조금 복잡한 관계로, 예를 들어 이해를 돕는다. 첫 번째 손가락으로 시각화를 터치하면 파란색 원이 생성되고, 원 안으로 모든 파란 입자를 끌어온다. 처음 터치가 유지된 상태에서 또 다른 손가락으로 터치를 하면 주황색 원을 생성하고 모든 주황색 입자를 끌어오는 방식이다. 이러한 형태의 포스 조작은 일반적으로 범주형 다중 초점이라고 일컫는다.

준비

다음 파일을 다운로드한 후에 로컬 머신의 웹 브라우저에서 열어보자.

https://github.com/NickQiZhu/d3-cookbook/blob/master/src/chapter11/multi-foci.html

예제 구현

다음 코드를 통해 살펴보자.

```
<script type="text/javascript">
    var svg = d3.select("body").append("svg:svg"),
        colors = d3.scale.category20(),
        w = 900,
        h = 600;

    svg.attr("width", w).attr("height", h);

    var force = d3.layout.force()
        .gravity(0.1)
        .charge(-30)
        .size([w, h]);

    var nodes = force.nodes(),
        centers = [];

    for (var i = 0; i < 5; ++i) {
        for (var j = 0; j < 50; ++j) {
            nodes.push({x: w / 2 + offset(), y: h / 2 + offset(),
            color: colors(i),  // <- A
            type: i}); // <- B
        }
    }

    function offset() {
        return Math.random() * 100;
    }

    svg.selectAll("circle")
            .data(nodes).enter()
        .append("circle")
        .attr("class", "node")
        .attr("cx", function (d) {return d.x;})
        .attr("cy", function (d) {return d.y;})
        .attr("fill", function(d){return d.color;})
        .attr("r", 1e-6)
            .transition()
        .attr("r", 4.5);
```

```
force.on("tick", function(e) {
    // 생략됨, 뒤에서 자세히 다룬다.
    ...
});

d3.select("body")
    .on("touchstart", touch)
    .on("touchend", touch);

function touch() {
    // 생략됨, 뒤에서 자세히 다룬다.
    ...
}

force.start();
</script>
```

이 예제는 다음 스크린샷에서 보여주는 것과 같이 터치에 의한 다중 범주의
초점을 생성한다.

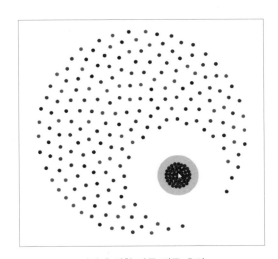

터치에 의한 다중 범주 초점

이번 예제의 첫 단계는 색상을 갖는 입자를 만들고, 중력과 척력 사이에서 힘의 균형을 생성하는 것이다. 모든 노드 객체는 다른 색상과 타입 ID 속성 (A와 B 참조)을 포함하기 때문에 나중에 쉽게 구분이 가능하다. 다음으로 사용자가 터치한 위치를 표현하는 svg:circle 요소를 만들어야 한다.

```
function touch() {
    d3.event.preventDefault();

    centers = d3.touches(svg.node());

    var g = svg.selectAll("g.touch")
            .data(centers, function (d) {
                return d.identifier;
            });

    g.enter()
        .append("g")
        .attr("class", "touch")
        .attr("transform", function (d) {
            return "translate(" + d[0] + "," + d[1] + ")";
        })
        .append("circle")
            .attr("class", "touch")
            .attr("fill", function(d){
                return colors(d.identifier);
            })
                .transition()
            .attr("r", 50);

    g.exit().remove();

    force.resume();
}
```

터치 포인트가 식별되면 모든 사용자 정의 포스의 마법은 tick 함수 내에서 구현된다. tick 함수를 한번 살펴보자.

```
force.on("tick", function(e) {
    var k = e.alpha * .2;
    nodes.forEach(function(node) {
        var center = centers[node.type];
        if(center){
            node.x += (center[0] - node.x) * k; // <-C
            node.y += (center[1] - node.y) * k; // <-D
        }
    });

    svg.selectAll("circle")
        .attr("cx", function(d) { return d.x; })
        .attr("cy", function(d) { return d.y; });
});
```

여기서 새로운 개념인 알파 매개변수를 처음 접한다. 알파는 포스 레이아웃에서 사용되는 내부 쿨링 매개변수다. 알파는 0.1에서 시작하고 레이아웃 틱처럼 0으로 이동한다. 간단하게 말해 높은 알파 값은 낮은 알파 값에 비해 더 무질서하고, 낮은 알파 값은 높은 알파 값에 비해 더 안정적이다. 이 구현에서 알파 값을 활용해 다른 내부 포스와의 동기화에서 사용자 정의 포스 구현을 쿨다운시킨다. 입자의 움직임은 C와 D에서 k 계수로 계산되기 때문에 터치 포인트로 더 가까이 이동할 수 있다.

참고 사항

- D3 멀티터치 지원에 대한 정보는 10장의 '멀티터치 디바이스 상호작용' 절을 참고하라.

포스-방향 그래프 만들기

마지막으로 D3 레이아웃의 클래식한 애플리케이션인 포스-방향 그래프의
구현에 대해 살펴본다. 11장에서 지금까지 배운 모든 기술과 지식을 바탕으
로 포스-방향 그래프의 구현이 꽤나 직관적이라는 것을 알 수 있다.

다음 파일을 다운로드한 후에 로컬 머신의 웹 브라우저에서 열어보자.

https://github.com/NickQiZhu/d3-cookbook/blob/master/src/chapter11/force-
directed-graph.html

이번 예제에서는 플레어flare 데이터 집합을 포스-방향 트리(트리는 그래프의 특별
한 형태다)로 시각화해본다.

```
<script type="text/javascript">
    var w = 1280,
        h = 800,
        z = d3.scale.category20c();

    var force = d3.layout.force()
        .size([w, h]);

    var svg = d3.select("body").append("svg")
        .attr("width", w)
        .attr("height", h);

    d3.json("/data/flare.json", function(root) {
        var nodes = flatten(root),
            links = d3.layout.tree().links(nodes); // <-B

        force
```

```
            .nodes(nodes)
            .links(links)
            .start();

        var link = svg.selectAll("line")
                .data(links)
            .enter().insert("line")
                .style("stroke", "#999")
                .style("stroke-width", "1px");

        var node = svg.selectAll("circle.node")
                .data(nodes)
            .enter().append("circle")
                .attr("r", 4.5)
                .style("fill", function(d) {
                    return z(d.parent && d.parent.name);
                })
                .style("stroke", "#000")
                .call(force.drag);

        force.on("tick", function(e) {
            link.attr("x1", function(d) { return d.source.x; })
                .attr("y1", function(d) { return d.source.y; })
                .attr("x2", function(d) { return d.source.x; })
                .attr("y2", function(d) { return d.source.y; })

            node.attr("cx", function(d) { return d.x; })
                .attr("cy", function(d) { return d.y; });
        });
    });

    function flatten(root) { // <-A
        var nodes = [];
        function traverse(node, depth) {
            if (node.children) {
                node.children.forEach(function(child) {
                    child.parent = node;
```

```
                traverse(child, depth + 1);
            });
        }
        node.depth = depth;
        nodes.push(node);
    }
    traverse(root, 1);
    return nodes;
    }
</script>
```

이번 예제는 계층적인 플레어 데이터 집합을 포스-방향 트리로 시각화했다.

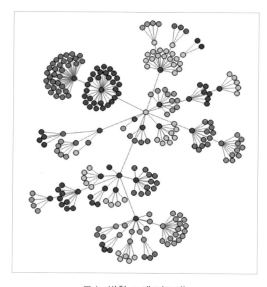

포스-방향 그래프(트리)

이미 살펴봤겠지만 이번 예제의 코드는 굉장히 짧고, 그중 1/4은 실질적으로 데이터 처리를 위해 할애됐다. 이렇게 간단하게 포스-방향 그래프를 만들 수 있는 이유는 포스 레이아웃이 포스-방향 그래프를 위해 설계됐기 때문이다. 따라서 간단하게 레이아웃에 정확한 데이터 구조를 적용시키는 것 외에는 할 일이 그리 많지 않는다. 먼저 A에서 포스 레이아웃에 맞게 구조를 평탄화한다. 둘째, d3.layout.tree.links 함수를 사용해 트리 노드 사이에 적당한 링크를 생성한다. d3.layout.tree.links 함수는 주어진 각 노드 객체 사이의 부모와 자식 간의 링크를 나타내는 링크 객체의 배열을 반환한다. 다시 말해 트리 구조를 생성한다. 데이터가 적절하게 형성되면 이 예제의 나머지 부분에서는 사용자 정의가 거의 필요 없는 표준 포스 레이아웃 사용을 적용한다.

참고 사항

- 트리 레이아웃은 9장의 '트리 만들기' 절을 참고하라.
- 포스-방향 그래프에 대한 자세한 정보는 다음 링크를 참고하라.
  http://en.wikipedia.org/wiki/Force-directed_graph_drawing

12

맵 다루기

12장에서 다루는 내용은 다음과 같다.

- US 지도 투영
- 세계 지도 투영
- 등치 지역도 만들기

소개

데이터 포인트를 지리적 영역에 투영하고 상호 연관시키는 기능은 여러 유형의 시각화에서 매우 중요한다. 지리적 시각화는 현대의 웹 기술에서 많은 경쟁 표준들이 나타나고 성숙돼 가는 복잡한 주제다. D3는 지리 정보와 지도 제작 데이터를 시각화하는 몇 가지 방법을 제공한다. 12장에서는 기본 D3 지도 제작 시각화 기술과 완전하게 동작하는 등치 지역도(특정 목적을 가진 색 지도)를 D3에서 구현해본다.

US 지도 투영

이번 예제에서는 D3 geo API를 사용해 US 지도를 투영하는 것을 시작으로 지리학적인 데이터 표현을 위한 몇 가지 다른 JSON 데이터 포맷에 대해 알아본다. 먼저 지리학적 데이터를 자바스크립트에서 표시하고 소비하는 일반적인 방법을 살펴보자.

GeoJSON

자바스크립트 지도 데이터 포맷의 첫 번째 표준은 GeoJSON이다. GeoJSON 포맷은 인터넷 작업 그룹의 개발자에 의해 작성되고 관리된다는 점에서 다른 GIS 표준과는 다르다.

> GeoJSON은 다양한 지리적인 데이터 구조의 인코딩을 위한 포맷이다. GeoJSON 객체는 기하학, 특징, 또는 특징의 집합을 나타낸다. GeoJSON은 Point, LineString, Polygon, MultiPoint, MultiLineString, MultiPolygon, GeomertyCollection 같은 기하학 유형을 지원한다. GeoJSON의 특징은 기하학 객체와 추가적인 속성, 그리고 특징 목록을 표현하는 특징 집합을 포함한다는 점이다.
>
> Source: http://www.geojson.org/

GeoJSON 포맷은 GIS 정보를 인코딩하는 데 매우 유명한 표준이고, 상용 소프트웨어뿐만 아니라 수많은 오픈소스에서도 지원된다. GeoJSON 포맷은 위도와 경도를 좌표로 사용하기 때문에 D3를 포함하는 모든 소프트웨어는 데이터를 시각화하기 위한 적절한 투영, 비율 및 변환 방법을 찾아야 한다. 다음의 GeoJSON 데이터는 지형 좌표계에서 앨라배마 주를 설명한다.

```
{
    "type":"FeatureCollection",
    "features":[{
        "type":"Feature",
        "id":"01",
```

```
        "properties":{"name":"AL"},
        "geometry":{
            "type":"Polygon",
            "coordinates":[[
                [-87.359296,35.00118],
                [-85.606675,34.984749],
                [-85.431413,34.124869],
                [-85.184951,32.859696],
                ...
                [-88.202745,34.995703],
                [-87.359296,35.00118]
            ]]
        }]
}
```

GeoJSON은 현재 자바스크립트 프로젝트를 위한 사실상의 GIS 정보 표준이
며, D3에서도 지원이 잘 되고 있다. 하지만 이러한 데이터 포맷을 사용해
D3의 지리적 시각화로 바로 넘어가기 전에 GeoJSON과 밀접한 관련이 있는
또 다른 신기술을 알아보자.

TopoJSON

TopoJSON은 위상 기하학을 다루는 GeoJSON의 확장판이다. 기하학적인 표
현을 이산적(discretely)으로 표현하는 대신 TopoJSON 파일에서는 기하학적
표현을 아크(arcs)라고 하는 공유 선 세그먼트로 함께 스티칭된다. TopoJSON
는 중복성을 제거해 GeoJSON보다 더욱 간결한 지리적 정보를 제공한다. 일
반적으로 TopoJSON 파일은 동일한 표현의 GeoJSON 파일보다 80% 가량
적은 용량을 차지한다. 게다가 TopoJSON은 topology-preserving shape
simplication, automatic map coloring, cartogram 같은 토폴로지를 사용하
는 애플리케이션을 가능하게 한다.

TopoJSON 위키 https://github.com/mbostock/topojson

TopoJSON은 D3의 저자 마이크 보스톡에 의해 만들어지고 지리 정보 표현에 있어 유사한 특징 정보를 제공하면서 GeoJSON의 몇 가지 단점을 극복하기 위해 설계됐다. 지도 제작에 있어서 GeoJSON을 TopoJSON으로 대체하면 더 작은 수고로 더 나은 성능을 기대할 수 있다. 그러므로 12장에서는 GeoJSON 대신 TopoJSON을 사용해보겠다. 그럼에도 불구하고 12장에서 다루는 모든 기술은 GeoJSON에서도 완벽하게 지원된다. TopoJSON의 데이터는 아크arc 기반 형태로 사람이 알아보기 힘든 형태이기 때문에 여기에서 보여주는 않겠다. 하지만 GDAL(http://gdal.org/ogr2ogr.html)에서 제공하는 ogr2ogr 명령어 실행기를 사용해 shapefiles(인기 있는 오픈소스 지리 정보 벡터 포맷 파일)을 TopoJSON로 쉽게 변환할 수 있다.

이러한 배경 지식을 바탕으로 D3에서 어떻게 지도가 만들어지는지 한번 살펴보자.

준비

다음 파일을 다운로드한 후에 로컬 머신의 웹 브라우저에서 열어보자.

https://github.com/NickQiZhu/d3-cookbook/blob/master/src/chapter12/usa.html

예제 구현

이번 예제에서는 US TopoJSON 데이터를 불러온 뒤에 D3 geo API를 사용해 렌더링한다. 예제 코드는 다음과 같다.

```
<script type="text/javascript">
    var width = 960, height = 500;

    // 기본 USA Albers 프로젝션을 사용한다.
    var path = d3.geo.path();
```

```
var svg = d3.select("body").append("svg")
    .attr("width", width)
    .attr("height", height);

var g = svg.append('g')
    .call(d3.behavior.zoom()
        .scaleExtent([1, 10])
        .on("zoom", zoom));

d3.json("../../data/us.json", function (error, topology) { // <-A
    g.selectAll("path")
        .data(topojson.feature(topology,
            topology.objects.states).features)
        .enter().append("path")
        .attr("d", path);
});

function zoom() {
    g.attr("transform", "translate("
        + d3.event.translate
        + ")scale(" + d3.event.scale + ")");
}
</script>
```

이 예제는 다음과 같은 Albers USA 모드의 US 지도를 나타낸다.

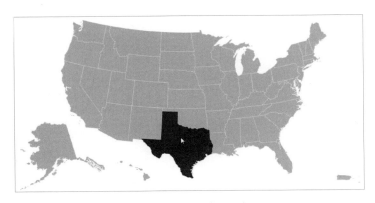

Albers USA 모드의 US 지도

앞에서 살펴본 것처럼 TopoJSON과 D3를 사용해 US 지도를 투영하는 데 필요한 코드는 꽤나 짧다. 특히 맵 투영에 관련된 부분은 굉장히 간결하다. D3 geo API와 TopoJSON 라이브러리 모두 개발자가 가능한 한 쉽게 작업할 수 있게 만들어졌기 때문이다. 지도를 만들려면 먼저 A와 같이 TopoJSON 데이터 파일을 불러와야 한다. 다음 스크린샷은 토폴로지topology 데이터를 불러온 후의 모습을 보여준다.

```
▼ Object {type: "Topology", transform: Object, objects: Object, arcs: Array[10890]}
  ▶ arcs: Array[10890]
  ▼ objects: Object
    ▶ counties: Object
    ▶ land: Object
    ▼ states: Object
      ▶ geometries: Array[53]
        type: "GeometryCollection"
      ▶ __proto__: Object
    ▶ __proto__: Object
  ▶ transform: Object
    type: "Topology"
  ▶ __proto__: Object
```

TopoJSON에서의 토폴로지 데이터

토폴로지 데이터를 불러온 후에 스크린샷처럼 토폴로지 아크를 GeoJSON 포맷과 유사한 좌표로 변환하기 위해 TopoJSON 라이브러리의 `topojson.feature` 함수를 사용해야 한다.

```
▼ Object {type: "FeatureCollection", features: Array[53]}
  ▶ features: Array[53]
    type: "FeatureCollection"
  ▶ __proto__: Object
```

topojson.feature 함수를 사용해 변환된 특징 집합

다음으로 `d3.geo.path`는 다음 코드 조각에서 `svg:path`를 생성하기 위해서 좌표를 자동으로 인식하고 사용한다.

```
var path = d3.geo.path();
...
```

```
g.selectAll("path")
            .data(topojson.feature(topology,
                topology.objects.states).features)
            .enter().append("path")
            .attr("d", path);
```

TopoJSON을 사용해 D3에서 지도를 투영하는 데 필요한 모든 작업은 여기까지다. 이와 함께 부모의 svg:g 요소에 확대/축소 핸들러를 추가할 수 있다.

```
var g = svg.append('g')
        .call(d3.behavior.zoom()
            .scaleExtent([1, 10])
            .on("zoom", zoom));
```

이는 사용자가 간단한 기하학적인 확대/축소 기능을 수행할 수 있게 제공한다.

참고 사항

- GeoJSON v1.0 사양

  http://www.geojson.org/geojson-spec.html

- TopoJSON 위키

  https://github.com/mbostock/topojson/wiki

- TopoJSON로 만들어진 지도 구경하기

  http://bost.ocks.org/mike/map/

- 비동기 방식으로 데이터를 불러오는 방법에 대한 자세한 정보는 3장을 참고하라.

- 확대/축소를 구현하는 방법은 10장을 참고하라.

- 이번 예제는 마이크 보스톡의 Albers USA 투영 포스트를 기반으로 작성됐다.

  http://bl.ocks.org/mbostock/4090848

세계 지도 투영

US뿐만 아니라 전 세계를 대상으로 시각화 프로젝트를 진행해야 한다면 어떻게 해야 할까? D3는 이번 예제에서 다루는 세계 지도와 잘 동작하는 내장 투영 모드를 지원하기 때문에 아무런 걱정은 하지 않아도 된다.

준비

다음 파일을 다운로드한 후에 로컬 머신의 웹 브라우저에서 열어보자.

https://github.com/NickQiZhu/d3-cookbook/blob/master/src/chapter12/world.html

예제 구현

이번 예제에서는 다양하고 다채로운 D3 내장 투영 모드를 사용해 시계 지도를 만들어본다. 다음 예제 코드를 살펴보자.

```
<script type="text/javascript">
    var width = 300, height = 300,
        translate = [width / 2, height / 2];

    var projections = [ // <-A
        {name: 'azimuthalEqualArea', fn:
            d3.geo.azimuthalEqualArea()
                .scale(50)
                .translate(translate)},
        {name: 'conicEquidistant', fn: d3.geo.conicEquidistant()
            .scale(35)
                .translate(translate)},
        {name: 'equirectangular', fn: d3.geo.equirectangular()
            .scale(50)
                .translate(translate)},
```

```
        {name: 'mercator', fn: d3.geo.mercator()
            .scale(50)
                .translate(translate)},
        {name: 'orthographic', fn: d3.geo.orthographic()
            .scale(90)
                .translate(translate)},
        {name: 'stereographic', fn: d3.geo.stereographic()
            .scale(35)
                .translate(translate)}
    ];

    d3.json("/data/world-50m.json", function (error, world) {//<-B
        projections.forEach(function (projection) {
            var path = d3.geo.path() // <-C
                .projection(projection.fn);

            var div = d3.select("body")
                .append("div")
                .attr("class", "map");

            var svg = div
                .append("svg")
                .attr("width", width)
                .attr("height", height);

            svg.append("path") // <-D
                .datum(topojson.feature(world,
                    world.objects.land))
                .attr("class", "land")
                .attr("d", path);

            svg.append("path") // <-E
                .datum(topojson.mesh(world,
                    world.objects.countries))
                .attr("class", "boundary")
                .attr("d", path);

            div.append("h3").text(projection.name);
```

```
        });
    });
</script>
```

이 예제에서는 다음 스크린샷에서 보여주는 다양한 모드의 세계 지도를 생성한다.

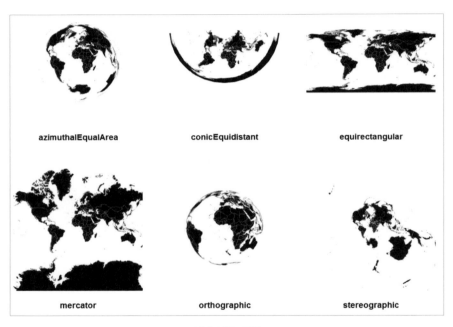

세계 지도 투영

예제 분석

이번 예제에서는 A에서 6까지 다른 D3 투영 모드를 포함하는 배열을 먼저 정의한다. 세계 토폴로지^{topology} 데이터를 B를 통해 불러온다. 이전 예제와 유사하게 d3.geo.path 생성자가 C에 정의돼 있지만, 이번 예제에서는 projection 함수로 불리는 geo path 생성자의 투영 모드를 사용자 정의화했다. 이번 예제의 나머지 부분은 이전 예제에서 한 것과 거의 동일하다.

topojson.feature 함수는 topology 데이터를 지도 좌표로 변환하기 위해 사용됐고, 이로 인해 d3.geo.path가 맵 렌더링에 필요한 svg:path를 생성할 수 있게 됐다(D와 E 참조).

참고 사항

- 다양한 투영 모드와 원시 사용자 정의 투영의 구현에 대한 자세한 정보는 D3 위키 Geo Projection 페이지를 참고하라.
  https://github.com/mbostock/d3/wiki/Geo-Projections

등치 지역도 만들기

등치 지역도는 주제를 가진 지도다. 다른 말로 일반적인 목적이 아니라 다른 색이나 패턴을 사용해 통계학적 변수의 측량을 보여주기 위한 것과 같이 특수한 목적으로 설계된 지도다. 또는 간단하게 지리적 열지도heat-map를 생각하면 된다. 앞서 살펴본 두 가지 예제에서 본 것처럼 D3의 지리적 투영은 svg:path 요소 그룹으로 구성돼 있으므로, 색상을 포함하는 다른 svg 요소로의 조작도 가능하다. 이번 예제에서는 geo-projection의 기능을 알아보고 등치 지역도를 구현해본다.

준비

다음 파일을 다운로드한 후에 로컬 머신의 웹 브라우저에서 열어보자.

https://github.com/NickQiZhu/d3-cookbook/blob/master/src/chapter12/choropleth.html

등치 지역도에서 다른 지리학적 위치는 해당 변수에 따라 다른 색상을 입힌
다. 2008년 미국 실업률을 사용해 예제를 구현해본다.

```javascript
<script type="text/javascript">
    var width = 960, height = 500;

    var color = d3.scale.threshold() // <-A
        .domain([.02, .04, .06, .08, .10])
        .range(["#f2f0f7", "#dadaeb", "#bcbddc",
            "#9e9ac8", "#756bb1", "#54278f"]);

    var path = d3.geo.path();

    var svg = d3.select("body").append("svg")
            .attr("width", width)
            .attr("height", height);

    var g = svg.append("g")
    ...
    d3.json("/data/us.json", function (error, us) {
        d3.tsv("/data/unemployment.tsv", function (error,
                unemployment) {
            var rateById = {};
            unemployment.forEach(function (d) { // <-B
                rateById[d.id] = +d.rate;
            });

            g.append("g")
                .attr("class", "counties")
                .selectAll("path")
                .data(topojson.feature(us,
                    us.objects.counties).features)
                .enter().append("path")
                .attr("d", path)
                .style("fill", function (d) {
```

```
                return color(rateById[d.id]); // <-C
            });

        g.append("path")
            .datum(topojson.mesh(us, us.objects.states,
                function(a, b) { return a !== b; }))
            .attr("class", "states")
                .attr("d", path);

        });
    });
    ...
</script>
```

이 예제는 다음과 같은 등치 지역도를 생성한다.

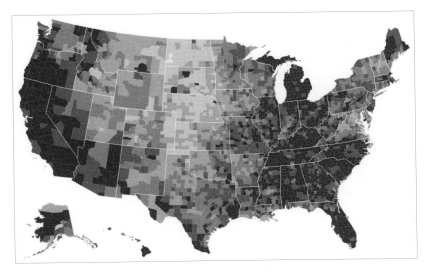

2008년 실업률의 등치 지역도

예제 분석

이번 예제에서는 두 가지 다른 데이터 집합을 불러왔다. 하나는 US 토폴로지고, 다른 하나는 2008년 실업률을 포함하는 자료다. 이러한 기술을 보통 레이어링^{layering}이라고 하며, 이 예제와 같이 꼭 두 개의 레이어에만 국한되는 것은 아니다. B와 C에서 실업률 데이터는 해당 ID에 의해 추가되며, 지역에 색상을 입히는 작업은 임계값 스케일^{threshold scale}을 사용해 작업을 완료할 수 있다(A 참조). 여기서 한 가지 더 강조할 만한 사항은 주^{state}의 경계를 렌더링하기 위해 사용된 `topojson.mesh` 함수다. `topojson.mesh` 함수는 한꺼번에 여러 개의 특징에 의해 공유된 외곽선을 렌더링하기 때문에 복잡한 객체의 외곽선을 효과적으로 렌더링하는 데 굉장히 유용하다.

참고 사항

- `mesh` 함수에 대한 자세한 정보는 TopoJSON 위키를 참고하라.

  https://github.com/mbostock/topojson/wiki/API-Reference#wiki-mesh

- 임계값 스케일에 대한 자세한 정보는 D3 위키를 참고하라.

  https://github.com/mbostock/d3/wiki/Quantitative-Scales#wiki-threshold

- 이 예제는 마이크 보스톡의 단계 구분도^{choropleth map}를 기반으로 작성했다.

  http://bl.ocks.org/mbostock/4090848

시각화 테스트

13장에서 다루는 내용은 다음과 같다.

- Jasmine을 통한 테스트 환경 구축
- 시각화 테스트: 차트 생성
- 시각화 테스트: SVG 렌더링
- 시각화 테스트: pixel-perfect 막대 렌더링

소개

전문 프로그래머로서 프로그래밍할 때마다 작성한 함수가 계획했던 대로 동작하고 예상 결과를 출력하는지 확인하는 테스트를 수행하는 것은 항상 중요하다. D3 데이터 시각화는 주로 자바스크립트 언어로 구성돼 있기 때문에 작성해 오던 다른 프로그램과 마찬가지로 데이터 시각화를 테스트해 기본 데이터를 정확하게 나타내야 한다. 물론 눈으로 직접 결과를 살펴보거나 간단하게 테스트 코드를 작성해 검증할 수도 있다. 이를 통해 정확성뿐만 아니라 미적인 측면과 더불어 유용성 및 다른 다양한 측면에 대한 테스트가 가능

하다. 하지만 육안 검사는 매우 주관적일 수 있으므로 13장에서는 자동화된 유닛 테스트에 초점을 맞춰 다룰 예정이다. 유닛 테스트를 잘 다루면 매번 테스트 코드를 작성해야 하는 번거로움을 덜어줌으로써 미적인 측면이나 유용성 같이 자동화가 어려운 테스트에 시간을 좀 더 할애할 수 있다.

유닛 테스트 소개

유닛 테스트^{unit test}는 프로그램의 가장 작은 단위를 테스트 케이스^{test case}라 불리는 다른 프로그램으로 테스트하고 검증하는 방법을 말한다. 유닛 테스트의 기본 로직은 프로그램을 유닛 단위로 보기 때문에 일반적으로 더 간단하고 테스트하기 쉽다. 모든 유닛이 테스트를 통과했고, 테스트를 통과한 유닛을 결합해 좀 더 복잡한 프로그램을 만든 경우에 이 프로그램 또한 무결성이 검증된 것이라 볼 수 있다. 뿐만 아니라 유닛 테스트는 실행하기 가볍고 빠르기 때문에 현재 작성 중인 프로그램이 올바르게 수행되는지 확인하기 위해서 유닛 테스트 그룹으로 묶어 빠르게 확인할 수 있다.

소프트웨어 테스트는 굉장히 복잡한 주제다. 지금까지는 이 주제에 대해 수박 겉핥기로만 이야기했다. 이 책의 제한된 범위로 인해 소개는 여기까지 하는 것으로 하고, 이제 유닛 테스트 개발을 시작해본다.

- 유닛 테스트에 대한 자세한 정보는 다음 링크를 참고하라.
  http://en.wikipedia.org/wiki/Unit_testing
- TDD(Test driven development)에 대한 자세한 정보는 다음 링크를 참고하라.
  http://en.wikipedia.org/wiki/Test-driven_development
- 코드 커버리지에 대한 자세한 정보는 다음 링크를 참고하라.
  http://en.wikipedia.org/wiki/Code_coverage

Jasmine을 통한 테스트 환경 구축

유닛 테스트 케이스 작성에 앞서 테스트 케이스가 실행될 수 있는 환경을 먼저 구성해본다. 이번 예제에서는 시각화 프로젝트를 테스트하는 데 필요한 라이브러리와 환경을 구성하는 방법을 알아본다.

준비

Jasmine(http://pivotal.github.io/jasmine/)은 행동 주도 개발^{BDD, Behavior-Driven Development} 프레임워크로 자바스크립트 코드를 테스트할 수 있게 해준다.

다음 파일을 다운로드한 후에 로컬 머신의 웹 브라우저에서 열어보자

https://github.com/NickQiZhu/d3-cookbook/tree/master/src/chapter13

 BDD는 소프트웨어 개발 기술 중 하나로, 테스트 주도 개발(TDD, Test-Driven Development)과 도메인 주도 설계(DDD, Domain-Driven Design)가 결합된 방법이다.

테스트 프레임워크로 Jasmine을 선택한 이유는 이 프레임워크가 자바스크립트 커뮤니티에서 가장 유명할 뿐만 아니라 세련된 BDD 문법을 갖기 때문이다. Jasmine 라이브러리는 다음 링크에서 다운로드할 수 있다.

https://github.com/pivotal/jasmine/downloads

이 책에서 사용된 버전은 1.3.1로 다음 링크에서 다운로드할 수 있다.

https://github.com/jasmine/jasmine/releases/tag/v1.3.1

jasmine을 다운로드한 후에 압축을 풀어보자. Jasmine 라이브러리는 lib 폴더 안에 위치한다. lib 폴더 외에도 소스 파일과 테스트 케이스를 저장하기 위해 src와 spec 폴더가 존재한다(BDD 용어에서 테스트 케이스는 specification으로 불린다). 다

음 스크린샷을 통해 전반적인 폴더 구조를 살펴보자.

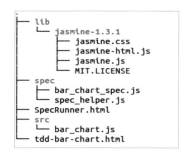

Testing Directory 구조

예제 구현

Jasmine 라이브러리를 설치한 후 소스코드와 테스트 케이스 모두를 검증할
수 있도록 해당 라이브러리를 HTML 페이지에 인클루드[include]시킨다. 이
HTML 파일은 SpecRunner.html로, 다음 코드를 포함하고 있다.

```html
<head>
    <meta charset="utf-8">
    <title>Jasmine Spec Runner</title>

    <link rel="stylesheet" type="text/css" href="lib/jasmine-
        1.3.1/jasmine.css">
    <script type="text/javascript" src="lib/jasmine-
        1.3.1/jasmine.js"></script>
    <script type="text/javascript" src="lib/jasmine-1.3.1/jasmine-
        html.js"></script>
    <script type="text/javascript" src="../../lib/d3.js"></script>

    <!-- include source files here... -->
    <script type="text/javascript"
        src="src/bar_chart.js"></script>
    <!-- include spec files here... -->
    <script type="text/javascript"
```

```
        src="spec/spec_helper.js"></script>
  <script type="text/javascript"
        src="spec/bar_chart_spec.js"></script>
  <script type="text/javascript">
      (function () {
          var jasmineEnv = jasmine.getEnv();
          jasmineEnv.updateInterval = 1000;

          var htmlReporter = new jasmine.HtmlReporter();

          jasmineEnv.addReporter(htmlReporter);

          jasmineEnv.specFilter = function (spec) {
              return htmlReporter.specFilter(spec);
          };

          var currentWindowOnload = window.onload;

          window.onload = function () {
              if (currentWindowOnload) {
                  currentWindowOnload();
              }
              execJasmine();
          };

          function execJasmine() {
              jasmineEnv.execute();
          }
      })();
  </script>

</head>
```

예제 분석

이 코드는 표준 Jasmine 스펙 러너 구조를 따르고 HTML 페이지에 직접
실행 리포트를 생성한다. 이제 시각화 개발에 있어서 완벽한 테스트 환경을

구성했다. SpecRunner.html 파일을 웹 브라우저로 열어보면 코드 샘플에 대한 다음과 같은 리포트를 확인할 수 있다.

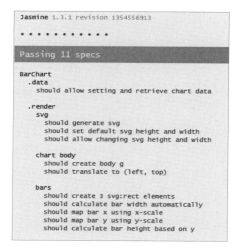

jasmine 리포트

참고 사항

- Jasmine 문서는 다음 링크를 참고하라.

  http://pivotal.github.io/jasmine/

시각화 테스트: 차트 생성

테스트 환경이 준비되면 8장에서 했던 것과 매우 유사하지만 TDD 방법으로 간단한 막대 차트를 만들어본다. tdd-bar-chart.html 페이지를 열면 다음과 같은 차트를 볼 수 있다.

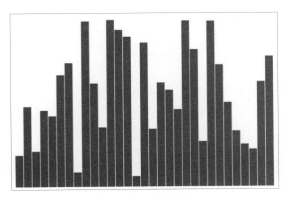

테스트 주도 막대 차트

지금까지 배운 내용으로 D3를 이용한 막대 차트 구현에 대해서는 잘 알고 있을 것이다. 이번 예제의 초점은 막대 차트의 구현보다는 막대 차트를 구현하는 동안 어떠한 테스트 케이스를 구성해 자동으로 코드들을 검증할 수 있는지를 보여주는 데 그 목적이 있다. 이번 예제는 TDD의 개발 방법을 사용해 구성했다. TDD는 책의 제한된 범위로 인해 모든 단계를 설명하기는 어렵고 대신 세부 단계를 크게 묶어 3가지 정도로 설명하겠다. 먼저 첫 번째 단계를 살펴보자.

먼저 막대 차트를 구현한 코드와 이 코드가 데이터를 받을 수 있는지 확인해야 한다. 어디서부터 개발을 시작할지는 마음이 이끌리는 곳에서 시작하면 되겠지만, 여기서는 가장 간단한 함수에서부터 시작을 해본다. 다음의 테스트 케이스를 먼저 살펴보자.

```
describe('BarChart', function () {
    var div,
        chart,
        data = [
            {x: 0, y: 0},
```

```
            {x: 1, y: 3},
            {x: 2, y: 6}
        ];

    beforeEach(function () {
        div = d3.select('body').append('div');
        chart = BarChart(div);
    });

    afterEach(function () {
        div.remove();
    });

    describe('.data', function () {
        it('should allow setting and retrieve chart data',
                function () {
            expect(chart.data(data).data()).toBe(data);
        });
    });
});
```

예제 분석

첫 번째 테스트 케이스에서는 다음과 같은 몇 개의 Jasmine 구조를 사용했다.

- **describe** 테스트 케이스 수행을 정의한다. describe 안에 하부 테스트 케이스가 정의되고 수행될 수 있다.

- **it** 테스트 케이스를 정의한다.

- **beforeEach** 각 테스트 케이스가 실행되기 전에 실행될 선행 함수를 정의한다.

- **afterEach** 각 테스트 케이스가 종료된 후에 실행될 후행 함수를 정의한다.

- **expect** 테스트 케이스에서 단언문^{assertion}을 수행해 연속된 매칭으로 테스트 케이스의 예상 값을 정의한다(예를 들어 toBe와 toBeEmpty).

예제에서는 각 테스트 케이스에 div 컨테이너를 설정하기 위해 beforeEach를 사용했다. 그리고 다른 테스트 케이스 간의 독립성을 향상시키기 위해 afterEach를 사용해 사용된 후의 div 요소들을 제거했다. 테스트 케이스 자체로만 보다면 굉장히 단순하다. 테스트 케이스는 막대 차트가 데이터를 받을 수 있고 정확하게 데이터 속성을 반환하는지 살펴본다. 여기서 SpecRunner를 실행하면 BarChart 객체가 없다는 빨간색의 메시지를 생성할 것이다. 따라서 이제 BarChart 객체와 함수를 만들어보자.

```
function BarChart(p) {
    var that = {};
    var _parent = p, data;
    that.data = function (d) {
        if (!arguments.length) return _data;
        _data = d;
        return that;
    };

    return that;
}
```

다시 한 번 SpecRunner.html을 실행시키면 테스트 케이스가 통과된 것을 나타내는 녹색 메시지를 볼 수 있을 것이다.

시각화 테스트: SVG 렌더링

이제 만들어진 막대 차트 객체의 기본 골격을 갖고 있으며, 무언가 렌더링을 할 준비가 돼 있다. 여기서는 두 번째 단계로 svg:svg 요소를 한번 생성해 본다.

svg:svg 요소를 렌더링하려면 단순하게 svg:svg 요소를 HTML 바디에 더하는 것뿐만 아니라, 차트 객체에서 width와 height에 대한 설정을 적절한 SVG 속성으로 변환해야 한다. 다음 코드에서 테스트 케이스에 대한 예상 결과 값을 나타내는 방법을 살펴보자.

```
describe('.render', function () {
    describe('svg', function () {
        it('should generate svg', function () {
            chart.render();
            expect(svg()).not.toBeEmpty();
        });

        it('should set default svg height and width',
                function () {
            chart.render();
            expect(svg().attr('width')).toBe('500');
            expect(svg().attr('height')).toBe('350');
        });

        it('should allow changing svg height and width',
                function () {
            chart.width(200).height(150).render();
            expect(svg().attr('width')).toBe('200');
            expect(svg().attr('height')).toBe('150');
        });
    });
});

function svg() {
    return div.select('svg');
}
```

아직 렌더링에 관련된 함수를 생성하지 않았기 때문에 모든 테스트 케이스는
실패하겠지만, 렌더링 함수가 svg:svg 요소를 생성하고 width와 height
속성을 올바르게 설정하는지를 분명하게 표현하고 있다. 두 번째 테스트 케
이스는 또한 사용자가 height와 width 속성의 입력 여부를 확인해 입력을
하지 않았을 경우에는 기본 값으로 설정해준다. 여기서는 이러한 예상 값을
만족하는지 확인하는 렌더링 메소드를 구현할 수 있다.

```
...
var _parent = p, _width = 500, _height = 350
    _data;

that.render = function () {
    var svg = _parent
        .append("svg")
        .attr("height", _height)
        .attr("width", _width);
};

that.width = function (w) {
    if (!arguments.length) return _width;
    _width = w;
    return that;
};

that.height = function (h) {
    if (!arguments.length) return _height;
    _height = h;
    return that;
};
...
```

여기서 SpecRunner.html을 다시 한 번 실행하면 녹색의 메시지를 볼 수 있
다. 하지만 데이터를 전혀 사용하지 않은 빈 svg 요소를 생성하기 때문에

여전히 해야 할 일이 많다.

시각화 테스트: pixel-perfect 막대 렌더링

이번 단계에서는 드디어 데이터를 사용해 막대를 생성한다. 테스트 케이스를 통해 모든 막대가 렌더링되는 것과 동시에 pixel-perfect의 정확도를 갖는지 확인해야 한다.

예제 구현

다음 테스트 케이스를 살펴보자.

```
describe('chart body', function () {
    it('should create body g', function () {
        chart.render();
        expect(chartBody()).not.toBeEmpty();
    });

    it('should translate to (left, top)', function () {
        chart.render();
        expect(chartBody().attr('transform')).
        toBe('translate(30,10)')
    });
});

describe('bars', function () {
    beforeEach(function () {
        chart.data(data).width(100).height(100)
            .x(d3.scale.linear().domain([0, 3]))
            .y(d3.scale.linear().domain([0, 6]))
            .render();
    });

    it('should create 3 svg:rect elements', function () {
```

```
        expect(bars().size()).toBe(3);
});

it('should calculate bar width automatically',
        function () {
    bars().each(function () {
        expect(d3.select(this).attr('width')).
            toBe('18');
    });
});

it('should map bar x using x-scale', function () {
        expect(d3.select(bars()[0][0]).
    attr('x')).toBe('0');
    expect(d3.select(bars()[0][1]).
        attr('x')).toBe('20');
    expect(d3.select(bars()[0][2]).
        attr('x')).toBe('40');
});

it('should map bar y using y-scale', function () {
    expect(d3.select(bars()[0][0]).
        attr('y')).toBe('60');
    expect(d3.select(bars()[0][1]).
        attr('y')).toBe('30');
    expect(d3.select(bars()[0][2]).
        attr('y')).toBe('0');
});

it('should calculate bar height based on y',
        function () {
    expect(d3.select(bars()[0][0]).
        attr('height')).toBe('10');
    expect(d3.select(bars()[0][1]).
        attr('height')).toBe('40');
    expect(d3.select(bars()[0][2]).
        attr('height')).toBe('70');
```

```
        });
    });

    function chartBody() {
        return svg().select('g.body');
    }

    function bars() {
        return chartBody().selectAll('rect.bar');
    }
```

예제 분석

앞의 테스트 케이스 모음에서 기대했던 것은 차트 바디에서 svg:g 요소를
정확하게 변환하고 막대의 적절한 특성 (width, x, y, height) 집합을
설정하는 것이다. 테스트가 잘 된 구현은 일반적인 경우에 앞의 테스트 케이
스보다 더 짧게 구현할 수 있다.

```
...
var _parent = p, _width = 500, _height = 350,
    _margins = {top: 10, left: 30, right: 10, bottom: 30},
    _data,
    _x = d3.scale.linear(),
    _y = d3.scale.linear();

that.render = function () {
    var svg = _parent
            .append("svg")
            .attr("height", _height)
            .attr("width", _width);

    var body = svg.append("g")
            .attr("class", 'body')
            .attr("transform", "translate(" + _margins.left + ","
                + _margins.top + ")")
```

```
    if (_data) {
        _x.range([0, quadrantWidth()]);
        _y.range([quadrantHeight(), 0]);
        body.selectAll('rect.bar')
            .data(_data).enter()
            .append('rect')
            .attr("class", 'bar')
            .attr("width", function () {
                return quadrantWidth() / _data.length -
                    BAR_PADDING;
            })
            .attr("x", function (d) {return _x(d.x); })
            .attr("y", function (d) {return _y(d.y); })
            .attr("height", function (d) {
                return _height - _margins.bottom - _y(d.y);
            });
    }
};
...
```

이제 큰 그림을 그린 후에 반복해서 이런 사이클로 구현하면 된다. D3 시각화는 간단한 마크업 언어인 HTML과 SVG로 만들어졌기 때문에 굉장히 쉽게 검증할 수 있다. 잘 구성된 테스트 케이스를 통해 여러분의 시각화가 pixel-perfect인지 더 나아가서 sub-pixel perfect인지를 확인할 수 있다.

참고 사항

- TDD에 대한 자세한 정보는 다음 링크를 참고하라.

  http://en.wikipedia.org/wiki/Test-driven_development

부록

몇 분 안에 대화형 분석 기능 구현

부록에서 다루는 내용은 다음과 같다.

- Crossfilter.js 라이브러리
- 차원 차트: dc.js

소개

축하한다! 여러분은 D3.js를 사용해 데이터 시각화의 모든 내용을 끝냈다. 이 책을 통해 다양한 주제와 기법을 배웠다. 이 시점에서 D3와 같이 강력한 라이브러리의 도움을 받더라도 대화형의 정확하고 아름다운 데이터 시각화를 구현하는 것이 그리 만만하지 않다는 사실에 동의할 것이다. 일반적으로 전문적인 데이터 시각화 프로젝트를 마무리하기 위해서는 프로젝트를 셋업하는 기간을 제외하고라도 며칠에서 몇 주가 소요되기도 한다. 본격적으로 시각화 프로젝트를 시작하기 전에 대화형 분석을 빠른 시간 내에 구축하거나 개념 증명이 필요한 경우 며칠이 아닌 짧은 시간 내에 수행해야 한다. 부록에서는 두 가지 자바스크립트 라이브러리를 소개한다. 이를 이용하면 손쉽고 빠르게 대화형 다차원 데이터 분석을 단 몇 분 안에 만들 수 있다.

Crossfilter.js 라이브러리

Crossfilter 또한 D3의 저자인 마이크 보스톡에 의해 만들어진 라이브러리며, 스퀘어 레지스터의 강력한 분석에 먼저 사용됐다.

> Crossfilter는 브라우저에서 대용량의 다양한 데이터셋을 살펴보기 위한 자바 스크립트 라이브러리다. Crossfilter는 수백만 개 이상의 데이터를 포함하는 관련 뷰(view)와 굉장히 빠른(<30ms) 상호작용을 지원한다.
>
> — Crossfilter 위키(2013년 8월)

다시 말해 Crossfilter는 대용량 데이터 차원을 만들고 일반적으로 평탄한 다변수의 데이터셋을 생성하는 데 사용한다. 여기서 데이터 차원이란 무엇일까? 데이터 차원은 데이터의 그룹이나 범주화로 생각할 수 있다. 각 차원의 데이터 요소는 또한 범주형 변수로 간주된다. 이러한 개념이 여전히 모호할 수도 있기 때문에 Crossfilter를 사용해 다음의 JSON 데이터셋을 차원의 데이터셋으로 변환하는 방법을 한번 살펴보자. 다음의 데이터가 JSON 형태로 술집의 거래 명세서를 보여준다고 가정해보자.

```
[
    {"date": "2011-11-14T01:17:54Z", "quantity": 2, "total": 190,
    "tip": 100, "type": "tab"},
    {"date": "2011-11-14T02:20:19Z", "quantity": 2, "total": 190,
    "tip": 100, "type": "tab"},
    {"date": "2011-11-14T02:28:54Z", "quantity": 1, "total": 300,
    "tip": 200, "type": "visa"},
..
]
```

Crossfilter 위치에서 샘플 데이터셋을 가져올 수 있다.

https://github.com/square/crossfilter/wiki/API-Reference

샘플 데이터셋에서 몇 가지 차원을 만들 수 있을까? 데이터를 어떤 식으로 분류하느냐에 따라 차원이 달라진다. 한 가지 예를 들어보자. 앞의 데이터는 고객이 지불한 내용을 나타내기 때문에 분명 시간에 따른 관찰이라고 생각할 수 있다. 따라서 "date"는 하나의 차원이 된다. 두 번째로 지불 방식 또한 자연스럽게 분류가 가능한 데이터기 때문에 "type" 또한 또 다른 차원을 구성할 수 있다. 이외에 추가로 차원을 생성하는 것은 약간 곤란할 수도 있다. 데이터를 너무 작게 쪼개면 그 데이터가 가진 의미를 정확하게 파악하기 힘들 수도 있기 때문이다. 총액이나 팁 같은 경우는 기수성을 갖기 때문에 분류가 까다로울 수 있다(하지만 tip/total을 퍼센트와 같은 비율로 사용한다면 또 다른 흥미로운 차원이 될 수도 있다). 여기서 수량의 경우는 술집에서 한 사람이 수백 수천 잔의 술을 마시는 경우는 드물기 때문에 추가적인 차원으로의 사용이 가능하다. 이제 다음 그림과 같은 차원 로직 모델을 살펴보자.

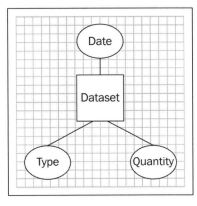

차원 데이터셋

이러한 차원들은 데이터를 다른 각도에서 볼 수 있게 해주고, 또 여러 차원을 함께 생각해볼 때 다양한 질문을 만들 수 있을 것이다. 이를 통한 예상 질문은 다음과 같다.

- 외상으로 계산하는 고객들이 술을 더 많이 마실까?
- 금요일 저녁에 고객들이 술을 더 많이 마실까?
- 외상 고객과 현금으로 계산하는 고객 중에 누가 팁을 더 많이 줄까?

이제 왜 차원 데이터셋이 그토록 강력한지 볼 수 있을 것이다. 본질적으로 각 데이터 차원은 데이터를 보는 다른 시야를 제공할 것이다. 그리고 다른 차원의 결합을 통해 원시 자료에서 지식을 재빨리 도출해 낼 수 있을 것이다. 솜씨 좋은 분석가는 이러한 도구를 사용해 데이터로부터 의미 있는 지식을 재빨리 도출해 낼 수 있어야 할 것이다.

예제 구현

이제 데이터셋으로 차원을 만들어야 되는 이유를 이해했으니, Crossfilter를 사용해 실제로 구현해보자.

```
var timeFormat = d3.time.format.iso;
var data = crossfilter(json); // <-A

var hours = data.dimension(function(d){
    return d3.time.hour(timeFormat.parse(d.date)); // <-B
});

var totalByHour = hours.group().reduceSum(function(d){
    return d.total;
});

var types = data.dimension(function(d){return d.type;});
var transactionByType = types.group().reduceCount();

var quantities = data.dimension(function(d){return d.quantity;});
```

```
var salesByQuantity = quantities.group().reduceCount();
```

예제 분석

앞 절에서 설명한 것처럼 차원과 그룹을 만드는 일은 Crossfilter에서 매우 간단한다. 어떤 것을 만들기 전에 먼저 Crossfilter의 `crossfilter` 함수를 호출함으로써 D3를 사용해 불러온 JSON 데이터셋을 공급한다(A 참조). 이러한 작업이 마무리되면 `dimension` 함수를 호출해 차원을 생성하고 차원을 정의하는 데 사용할 수 있는 데이터 요소를 검색하는 접근자 함수를 전달할 수 있다. `type`의 경우에는 간단하게 `function(d){return d.type;}`의 형태로 전달한다. 뿐만 아니라 차원 함수에 데이터 형식화나 다른 작업을 수행할 수도 있다(예를 들어 B의 날짜 형식 지정). 차원을 만든 후에는 그 차원을 사용해 분류나 그룹화를 수행할 수 있다. 따라서 `totalByHour`는 매 시간에 대한 판매 총액의 합계를 그룹화한 것이 되고, `salesByQuantity`는 수량별로 거래 수를 계산하는 그룹이 된다. 그룹이 어떻게 동작하는지에 대한 이해도를 높이기 위해 그룹 객체가 어떻게 생겼는지 살펴보자. 여러분이 `transactionByType` 그룹에서 `all` 함수를 호출한다면 다음과 같은 객체들을 얻을 수 있을 것이다.

```
[▼Object 🔢          , ▼Object 🔢          , ▼Object 🔢          ]
   key: "cash"           key: "tab"            key: "visa"
   value: 4              value: 16             value: 5
   ▶__proto__: Object    ▶__proto__: Object    ▶__proto__: Object
```

Crossfilter 그룹 객체

`transactionByType` 그룹은 본질적으로 `type`에 대한 데이터 요소의 그룹화를 하는 것을 볼 수 있다. 이와 함께 그룹이 생성될 때마다 `reduceCount` 함수가 호출되기 때문에 각 그룹 내에서 데이터의 총 개수를 파악할 수 있다.

다음은 이번 예제에서 사용된 함수들에 대한 설명이다.

- **crossfilter** 지정된 레코드가 있는 새로운 crossfilter를 생성한다. 레코드는 객체나 원시 값의 배열이 될 수 있다.

- **dimension** 주어진 값 접근자 함수를 사용해 새로운 차원을 생성한다. 이 함수는 반드시 자바스크립트의 <, <=, >=, > 연산자와 잘 동작하는 순서로 정렬되는 값을 반환한다. 불리언이나 숫자, 문자열이 일반적으로 이에 해당된다.

- **dimension.group** 차원 값을 입력 값으로 받고 이에 해당되는 반올림된 값을 반환하는 groupValue 함수에 기반을 두고 주어진 차원에 대한 새로운 그룹화를 생성한다.

- **group.all** 모든 그룹을 주어진 키에 대한 오름차순으로 반환한다.

- **group.reduceCount** 레코드를 세는 함수로, 해당 그룹을 반환한다.

- **group.reduceSum** 특정 값 접근 함수를 사용해 레코드의 합을 구하는 함수다.

여기서는 분석하고자 하는 모든 것을 몇 시간이나 며칠이 아닌 단 몇 분 안에 완성했다.

부연 설명

여기서는 Crossfilter 함수의 극히 일부분만 다뤘다. Crossfilter는 차원과 그룹을 생성하는 데 관련된 엄청난 기능들을 제공한다. 이에 대한 자세한 정보는 https://github.com/square/crossfilter/wiki/API-Reference의 API를 참고하라.

참고 사항

- 데이터 차원은 다음 링크를 참고하라.

  http://en.wikipedia.org/wiki/Dimension_(data_warehouse)

- 기수성^{Cardinality}은 다음 링크를 참고하라.

  https://en.wikipedia.org/wiki/Cardinality

차원 차트: dc.js

Crossfilter 차원과 그룹을 시각화하는 것이 바로 dc.js가 만들어진 이유다. 이렇게 편리한 자바스크립트 라이브러리는 겸손한 제작자가 만들었으며, 쉽고 빠르게 Crossfilter 차원 데이터셋을 시각화할 수 있도록 설계됐다.

준비

다음 파일을 다운로드한 후에 로컬 머신의 웹 브라우저에서 열어보라.

https://github.com/NickQiZhu/d3-cookbook/tree/master/src/appendix-a/dc.html

예제 구현

이번 예제는 다음과 같은 세 가지 차트를 생성한다.

- 시간 흐름에 따라 거래 명세서의 총액을 시각화하는 선 차트
- 거래 명세서의 지불 유형을 나타내는 파이 차트
- 구매 수량에 따른 판매 수를 보여주는 막대 차트

다음 예제를 살펴보자.

```
<div id="area-chart"></div>
<div id="donut-chart"></div>
<div id="bar-chart"></div>
...
dc.lineChart("#area-chart")
```

```
            .width(500)
            .height(250)
            .dimension(hours)
            .group(totalByHour)
            .x(d3.time.scale().domain([
                timeFormat.parse("2011-11-14T01:17:54Z"),
                    timeFormat.parse("2011-11-14T18:09:52Z")
            ]))
            .elasticY(true)
            .xUnits(d3.time.hours)
            .renderArea(true)
            .xAxis().ticks(5);

dc.pieChart("#donut-chart")
            .width(250)
            .height(250)
            .radius(125)
            .innerRadius(50)
            .dimension(types)
            .group(transactionByType);

dc.barChart("#bar-chart")
            .width(500)
            .height(250)
            .dimension(quantities)
            .group(salesByQuantity)
            .x(d3.scale.linear().domain([0, 7]))
            .y(d3.scale.linear().domain([0, 12]))
            .centerBar(true);

dc.renderAll();
```

이 코드는 다음과 같은 세 가지 대화형 차트를 생성한다.

대화형 dc.js 차트

마우스를 이용해 차트 위를 클릭하거나 드래그하면 모든 차트에서 기본 Crossfilter 차원이 필터링된다.

필터링된 dc.js 차트

예제 분석

이 예제를 통해 살펴본 것처럼 dc.js는 Crossfilter 위에 표준 차트 기반 시각화를 생성하게 설계됐다. 각 dc.js 차트는 대화형으로 설계됐기 때문에 사용자는 차트와의 상호작용을 통해 차원 필터를 적용할 수 있다. dc.js는 D3를 기반으로 작성됐으므로 API는 D3와 매우 흡사하며, 이 책에서 얻은 지식을 토대로 dc.js를 사용할 때 큰 무리가 없을 것이다. 차트는 일반적으로 다음과 같은 단계로 생성된다.

1. 첫 번째 단계에서는 앵커 요소(이번 예제에서는 차트를 호스팅하는 div 요소)에 대한 D3 선택을 전달하는 동안 차트 생성 함수 중 하나를 호출해 차트 객체를 만든다.

   ```
   <div id="area-chart"></div>
   ...
   ```

```
dc.lineChart("#area-chart")
```

2. 그럼 다음 각 차트에 대한 width와 height, dimension, group을 설정한다.

```
chart.width(500)
    .height(250)
    .dimension(hours)
    .group(totalByHour)
```

직교 좌표계에서 렌더링되는 좌표 차트의 경우는 x와 y 스케일을 설정해야 한다.

```
chart.x(d3.time.scale().domain([
    timeFormat.parse("2011-11-14T01:17:54Z"),
    timeFormat.parse("2011-11-14T18:09:52Z")
])).elasticY(true)
```

이 첫 번째 경우에는 x축 스케일은 명시적으로 설정하고 차트에서 자동으로 y 스케일을 계산하도록 한다. 다음 경우는 x와 y 스케일 모두 명시적으로 설정한다.

```
chart.x(d3.scale.linear().domain([0, 7]))
    .y(d3.scale.linear().domain([0, 12]))
```

부연 설명

다른 차트는 표현을 위한 다양한 사용자 정의 함수를 제공한다. 다음의 링크를 통해 완벽한 API 문서를 살펴보라.

https://github.com/NickQiZhu/dc.js/wiki/API

crossfilter.js와 dc.js를 함께 사용해 복잡한 데이터 분석 대시보드를 빠르게 만들 수 있다. 다음은 최근 20년 동안의 NASDAQ 100 Index 분석에 대한 데모 대시보드를 보여준다.

http://dc-js.github.io/dc.js/

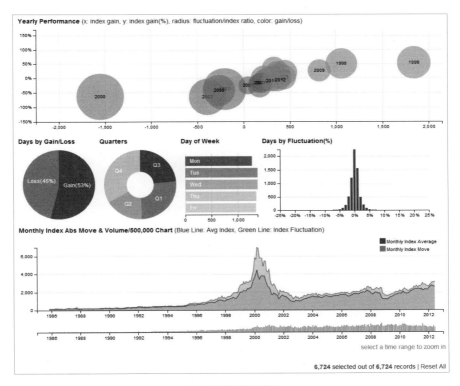

dc.js NASDAQ 데모

책을 집필하는 시점에 dc.js는 다음과 같은 차트를 지원한다.

- 막대 차트(누적 가능)

- 선 차트(누적 가능)

- 영역 차트(누적 가능)

- 파이 차트

- 버블 차트

- 합성 차트

- 등치 지역도
- 버블 오버레이 차트

dc.js 라이브러리에 대한 자세한 정보는 다음의 위키 페이지를 참고하라.
https://github.com/dc-js/dc.js/wiki

참고 사항

다음은 재사용 가능한 차트 라이브러리에 기반을 둔 다른 유용한 몇 가지 D3
를 보여준다. dc.js와는 달리 Crossfilter와 함께 동작하게 설계돼 있지는 않지
만, 일반적인 시각화 문제를 해결할 때 더욱 풍부하고 유연함을 제공한다.

- NVD3   http://nvd3.org/
- 릭쇼(Rickshaw)   http://code.shutterstock.com/rickshaw/

찾아보기

에이콘출판의 기틀을 마련하신 故 정완재 선생님 (1935-2004)

다양한 레시피로 보는 D3.js 쿡북

웹 기반 상호작용이 가능한 강력한 데이터 시각화

인 쇄 | 2017년 2월 20일
발 행 | 2017년 2월 27일

지은이 | 닉 치 주
옮긴이 | 김 동 영

펴낸이 | 권 성 준
편집장 | 황 영 주
편 집 | 나 수 지

에이콘출판주식회사
서울특별시 양천구 국회대로 287 (목동 802-7) 2층 (07967)
전화 02-2653-7600, 팩스 02-2653-0433
www.acornpub.co.kr / editor@acornpub.co.kr

이 도서의 국립중앙도서관 출판시도서목록(CIP)은 서지정보유통지원시스템 홈페이지(http://seoji.nl.go.kr)와
국가자료공동목록시스템(http://www.nl.go.kr/kolisnet)에서 이용하실 수 있습니다.(CIP제어번호: CIP2017004731)

책값은 뒤표지에 있습니다.